国家社科基金
GUOJIA SHEKE JIJIN HOUQI ZIZHU XIANGMU
后期资助项目

翻译伦理与中国典籍英译研究

The Ethics of Translation and the English Translation of Chinese Classics

李 征 著

科 学 出 版 社

北 京

内 容 简 介

翻译实践中的各种问题与冲突归根结底都属于伦理问题。本书借助伦理学相关概念和研究方法，构建一个新的翻译伦理研究框架，以厘清翻译伦理中的重要概念，提出翻译伦理研究可以分为两个层次：元翻译伦理（纯理论）和应用翻译伦理（应用性理论）。其中，应用翻译伦理又包含规范翻译伦理和美德翻译伦理。此外，本书还对翻译中的伦理关系与伦理诉求做了深入讨论，并在此基础上，以中国典籍英译为例，分析其中的翻译伦理问题，以期为中国典籍走出国门提供一些建议。

本书适合读者人群包括从事翻译理论研究的学者，高校翻译专业的博士和硕士研究生，以及对我国典籍外译感兴趣的普通读者。

图书在版编目（CIP）数据

翻译伦理与中国典籍英译研究 / 李征著. —北京：科学出版社，2023.9
国家社科基金后期资助项目
ISBN 978-7-03-076138-5

Ⅰ. ①翻… Ⅱ. ①李… Ⅲ. ①翻译学-伦理学-研究 ②古籍-英语-翻译-研究-中国 Ⅳ. ①H059-05 ②H315.9

中国国家版本馆 CIP 数据核字（2023）第 150320 号

责任编辑：杨 英 宋 丽 / 责任校对：贾伟娟
责任印制：赵 博 / 封面设计：蓝正设计

科 学 出 版 社 出版
北京东黄城根北街 16 号
邮政编码：100717
http://www.sciencep.com
北京市金木堂数码科技有限公司印刷
科学出版社发行 各地新华书店经销
*
2023 年 9 月第 一 版 开本：720×1000 1/16
2024 年 1 月第二次印刷 印张：13 3/4
字数：280 000
定价：98.00 元
（如有印装质量问题，我社负责调换）

国家社科基金后期资助项目
出版说明

　　后期资助项目是国家社科基金设立的一类重要项目，旨在鼓励广大社科研究者潜心治学，支持基础研究多出优秀成果。它是经过严格评审，从接近完成的科研成果中遴选立项的。为扩大后期资助项目的影响，更好地推动学术发展，促进成果转化，全国哲学社会科学工作办公室按照"统一设计、统一标识、统一版式、形成系列"的总体要求，组织出版国家社科基金后期资助项目成果。

全国哲学社会科学工作办公室

序

人类社会自有翻译活动以来，就有了翻译理论，而所有的翻译理论都直接或间接地牵涉到翻译伦理问题，即"应该"如何翻译或如何协调翻译活动相关各方的关系问题。传统的"直译意译之争"，围绕着为作者负责还是为读者负责的问题，争论了 2000 年。20 世纪 80 年代贝尔曼首次提出了"翻译伦理"的概念，为人们回答这个看似无解的问题提供了新的思路。随后，切斯特曼、皮姆和韦努蒂等西方学者从不同的视角审视了翻译伦理问题，并提出了一些理论框架和模式。在我国，吕俊、王大智和骆贤凤等人也对翻译伦理问题进行了比较深入的探讨。但是，从总体上看，翻译伦理研究的成果还不够丰富，不够深入，不够系统，翻译伦理学的学科框架还没有真正建立起来。

这本书对 30 多年来的翻译伦理研究进行了回顾与总结，分析了几大主流理论的优势与不足，进而探讨了翻译伦理研究的未来。作者从后现代主义哲学思想的影响谈起，逐步通过女性主义、后殖民主义、解构主义等例证层层引入，讨论了后现代主义和伦理研究之间的联系，进而探讨了翻译伦理学。在对翻译伦理学的研究现状做了较为充分的综述的基础上，作者尝试提出了一个新的翻译伦理研究框架。

这本书全面地描述了翻译伦理学的学科特征，结构清晰，条理分明，逻辑缜密。论述涉及翻译学、伦理学、心理学、文化与语言比较等各个学科，成功地运用跨学科的研究方法探讨了翻译伦理问题。在此基础上，作者提出了对翻译伦理学科发展的设想，主要包括以下三方面。

第一，借鉴伦理学的研究方法和概念，提出了构建翻译伦理研究的整体框架。作者认为翻译伦理研究包括：元翻译伦理、规范翻译伦理和美德翻译伦理三个分支。这为今后翻译伦理学的建立提供了一种思路。

第二，提出译者"翻译伦理诉求"这一概念，并结合马斯洛的人类需求层次理论原型，对各种翻译伦理诉求分别进行了讨论，这对今后的译者研究和翻译活动指导也具有一定现实意义。

第三，将现有翻译伦理研究纳入规范翻译伦理范畴，同时提出美德翻译伦理，将译者美德纳入了研究视野。

　　诚如作者所言，伦理贯穿于翻译的整个过程，是研究翻译活动的关键所在。翻译伦理学涉及的问题错综复杂，这本书仅回答了其中一部分问题，作者提出的有些观点和建议也不一定很成熟，但是，该研究对翻译伦理做了有益的尝试和探索，对今后翻译伦理学学科的建设也有一定的启示，这是该研究的一点贡献。非常期待该书作者再接再厉，继续深入研究下去，也非常期待该书作为引玉之砖，能引起学术界对翻译伦理学研究的更多关注。

张春柏

2023 年 7 月 12 日

前　言

　　本书借鉴伦理学的学科架构和研究方法，构建了一个翻译伦理研究的整体框架，在这个框架下，定义了翻译伦理的重要概念，并对翻译实践中的伦理关系与伦理诉求做了深入讨论。理论研究需要服务于实践，本书以典籍英译为例，从翻译伦理角度探讨了中国典籍英译的问题与出路，以期为中国典籍真正走向世界提供一点帮助。

　　本书第一章为绪论，主要讨论翻译伦理研究的时代背景、本书的逻辑框架、体系结构以及研究的创新所在。

　　第二章和第三章主要介绍和总结了伦理学和翻译伦理研究的历史与现状。其中，第二章梳理了伦理学的研究与发展，通过回顾伦理学的起源、历史和研究现状，重点分析伦理学三大分支——元伦理学、规范伦理学和美德伦理学——的研究内容和方法。第三章从伦理学视角对现有翻译伦理思想展开分析与批评，指出现有翻译伦理思想呈现出的规范伦理属性。其中，安德鲁·切斯特曼（Andrew Chesterman）和安东尼·皮姆（Anthony Pym）的翻译伦理思想呈现出规范伦理目的论的倾向；而安托瓦纳·贝尔曼（Antoine Berman）和劳伦斯·韦努蒂（Lawrence Venuti）的翻译理论则呈现出鲜明的规范伦理义务论属性。同时，部分翻译伦理思想或研究也或多或少体现了一定的美德伦理主张，如切斯特曼的"承诺伦理"和韦努蒂将"异化"定位于译者品德态度的观点。本章最后梳理和分析了近些年来翻译伦理研究的跨学科研究趋势，以及机器（辅助）翻译为翻译伦理研究带来的新问题。

　　第四章到第七章从不同方面与角度对翻译伦理研究框架展开分析与论述。本书借鉴伦理学学科分类法构建了翻译伦理研究的整体框架，认为翻译伦理研究可以分为元翻译伦理（纯理论）和应用翻译伦理（应用性理论）两大分支，而应用翻译伦理又可以分为规范翻译伦理和美德翻译伦理。第四章主要讨论元翻译伦理研究内容与意义，其中包括对翻译伦理重要术语的定义和分析，如翻译价值、翻译伦理、译者伦理和翻译伦理诉求。第五章对规范翻译伦理展开研究。根据逻辑判断方法的不同，规范翻译伦理又可以分为以目的论和义务论为基础的翻译伦理观。第六章提出美德翻译伦理的概念，认为美德翻译伦理的研究对象是译者道德，它包括个人道德和职业道德两个层次。第七章讨论翻译实践中的翻译伦理模式，即影响译者翻译伦理诉求的各个因素。翻译伦理诉求是指译者在翻译过程中实现某个或某些伦理诉求的过程，这是翻译伦理理论研究与实践相结合的契合点。影响翻译伦理诉求的因素主要来自三方面，即翻译价值、翻译语境和译者道德。

第八章到第十二章从翻译伦理视角讨论中国典籍英译中的问题，探讨更好地向外译介中国典籍。第八章通过梳理中国典籍英译发展历史和相关理论研究，指出翻译伦理是典籍英译中的核心问题。第九章在元翻译伦理视域下，对典籍英译的核心概念进行了定义与分析，并梳理了其中涉及的各种伦理关系，以及伦理诉求的多样性。第十章和第十一章分别从规范翻译伦理和美德翻译伦理两个视角讨论典籍英译中的问题，以《孙子兵法》4 个英译本为例，剖析译者翻译策略背后的伦理诉求。第十二章主要讨论影响典籍译者翻译伦理诉求的主要因素及其形成原因，指出典籍文本价值、时代语境和译者道德对译者的意义。

第十三章对本书的研究发现和主要论点进行回顾总结，并对翻译伦理和典籍英译的未来发展进行了展望。

目　　录

第一章　绪　论

作为一项社会实践活动，翻译过程中会牵涉到多种主、客体之间的关系。与之对应，伦理学是研究人与人之间关系和行为规范的学科，任何活动只要涉及人，就必然存在伦理关系。翻译活动也不例外，其中包含复杂多样的伦理关系。在具体翻译过程中，这些伦理关系之间或协调，或冲突，或妥协，最终在译者的权衡与选择下，各方关系达到一种"暂时"的平衡状态，译文也由此诞生。翻译实践就是译者处理各种伦理关系，做出价值判断与选择的过程，翻译伦理贯穿其中，因此，翻译研究可以从伦理视角展开，通过分析翻译活动的伦理属性和各种伦理关系，探索翻译活动的规律，解释译者的策略选择。

伦理对于翻译并不是一个全新的概念。回顾翻译史，我们会发现很多译者言论、翻译思想和理论都曾提及或涉及伦理问题，然而多数学者未将这些置于伦理视域之下进行研究，或者是说没有明确提出从伦理视角展开翻译研究。例如，作为一个伦理概念，"忠实"一直是绝大部分译者坚持的翻译原则，但以往的研究更多围绕"直译"好还是"意译"好的讨论展开，未从深层次的伦理属性展开分析研究。自20世纪80年代起，翻译界开始关注翻译中的伦理关系，以贝尔曼为代表的一批学者相继展开了翻译伦理研究，为翻译研究开辟了一个崭新的天地，一时间涌现出很多翻译伦理思想和理论，除了贝尔曼的翻译伦理思想之外，另外还有三名学者的翻译伦理思想颇具代表性，他们是切斯特曼（Chesterman，1997a）的五种翻译伦理模式、皮姆（Pym，1997）的改善文化间性的翻译伦理和韦努蒂（Venuti，1998）的差异伦理。其他学者的相关研究大都是在以上四大翻译伦理思想的框架之内，他们的研究和观点基本都可以在四大翻译伦理思想中找到对应的内容。然而在短暂繁荣之后，翻译伦理研究进入相对的低谷期，近十年以来未再出现有影响力的翻译伦理思想或理论。

本书将梳理现有翻译伦理研究，在此基础上借助伦理学的相关概念和研究方法，构建一个新的翻译伦理研究的整体框架，以期推动翻译伦理研究的深入发展，乃至促进翻译伦理学的建立。此外，本书还将以典籍英译为翻译实例，从翻译伦理角度分析其中的问题，提出具有建设性的观点。

第一节　缘　起

20 世纪 60 年代，西方出现了一股反西方近现代哲学的思潮，这种思潮带有去除中心、反权威的哲学倾向，学界称之为"后现代主义"。它迅速超越哲学领域，对很多学术领域产生了巨大影响，如文学、艺术、音乐、建筑学等。无论在何种领域，后现代理论家都具有一个相同的特点，即反传统。他们否定真理的绝对性，认为真理具有一定的相对性，可能存在不同的形式，从而呈现出多元价值取向，然而这在一定程度上导致了怀疑主义和价值虚无主义。后现代主义对于文学领域的创作、批评都产生了巨大的影响，翻译研究也同样在后现代思潮的冲击下呈现出"解构权威和去中心"的理论倾向，这个时期出现了很多具有鲜明后现代主义特点的翻译思想和理论。

解构主义翻译观是其中最具代表性的学说。解构主义是一种哲学思想，雅克·德里达（Jacques Derrida）用语言来解释哲学，挑战了西方传统哲学的权威地位（李春华，2007）。解构主义的翻译观认为原作和译作应该享有平等的地位，这是因为原作是译作的基础，而译作是原作生命的延续（afterlife），无论是原作的语言还是译作的语言，都是语言发展长河中的一个片段，而翻译正是延续这种发展的途径。随着原作在翻译中被解构，原作不再具有权威，与译作不再是主仆关系（王宁，2009），因此译作也就没有必要"忠实"于原作。解构主义翻译观一方面令传统的"忠实论"受到极大的挑战，另一方面，也为某些译者的"不忠实"翻译提供了"理论依据"（黄汉平，2003；王东风，2004）。

后殖民主义翻译理论也是这个时期的重要理论之一，它从宗主国和殖民地之间的文化关系角度研究翻译活动。一方面，宗主国依靠翻译向殖民地灌输其文化元素，使殖民地人民在文化上依附于宗主国；另一方面，宗主国借用译介殖民地本土作品，固化殖民地的文化形象和民族身份，从而服务于他们的殖民统治（毛英，2012）。因此，后殖民主义翻译观认为，"忠实"不是翻译的首要问题，通过翻译确立本民族的身份，获得世界的认可才是翻译的首要问题。例如，巴西的哈罗德·德·坎波斯（Haroldo de Campos）和奥古斯特·德·坎波斯（Augusto de Campos）兄弟提出了食人主义翻译理论（Cannibalism），认为翻译应该通过摄食、消化原文，从中汲取营养，达到发展译入语文化的目的，体现了翻译研究对强势文化和弱势文化对抗的关注（潘学权，2003）。

后现代思潮还与女权主义结合，向传统的男权社会发起了挑战，形成女性主义翻译观。在男权社会，原作被看作的是"中心、主人，具有男性属性"，而译作被对应地看作是"外延、仆人和女性"，从属于原作。而女性主义翻译观认为，传统翻译思想中充满了对女性的歧视，在后现代去除权威的语境下，女性应该获得与男性平等的地位，而不是依附男性而存在。女性主义翻译理论家芭芭拉·戈达尔德（Barbara Godard）认为，译文与原文的差异是翻译中的积极因素，传统的等值不利于翻译发展，她甚至认为译者有权利操纵、改写和占用原文（李红玉，2009）。

以上三种后现代翻译理论，无论其目的或研究角度如何，它们共同的特点都是"去中心化"，即原文不再具有至高无上的地位，"忠实"不再是翻译最重要的原则和规范。在这种语境下，有学者认为应该充分关注译者在翻译中的主观能动性，因为文学翻译是建立在原作基础之上的创作，所以译者可以发挥自身优势，创造出比原文更好的译作（姜秋霞、张柏然，1996）。这体现了翻译界对译者主体的关注，但却有悖于"忠实"原则。如果没有任何限制地脱离原作的制约，译文又怎能延续原作的生命？这本身就是一个悖论，可能会成为某些译者错译，甚至乱译的借口。但是对此现象，传统的"忠实论"却很难做出有力的反驳。

在这种时代背景之下，翻译伦理的出现恰逢其时，它从哲学的高度强调"忠实"的重要性，同时尝试从伦理的视角解释翻译活动中某些"不忠实"的现象。

自从 20 世纪 80 年代贝尔曼（Berman，2000：284-297）正式提出"翻译伦理"这一概念以来，翻译伦理研究取得的成果有目共睹，尤其是从 20 世纪 90 年代到 21 世纪初，皮姆（Pym，1997）、切斯特曼（Chesterman，1997a）和韦努蒂（Venuti，1998）等学者在翻译伦理方面取得了丰硕的研究成果，这将翻译伦理研究带入其鼎盛期。在中国，学者们以译介西方翻译伦理思想的方式，展开翻译伦理研究。吕俊（2001）更是在《跨越文化障碍——巴比塔的重建》一书中提出创建翻译伦理学的建议。此后，学者们发表了多篇有关翻译伦理研究的论文，如王大智（2005，2009）对翻译伦理研究的基本概念、研究内容和意义的讨论；刘卫东（2008）提出将翻译研究重新纳入伦理视域；骆贤凤（2009）对翻译伦理研究的发展历史进行了梳理。

然而近十多年来，翻译伦理研究领域相对归于平静，基本没有突破性的成果，没有再出现如切斯特曼、皮姆和韦努蒂式的学者和代表性理论。仔细分析其中原因，主要可以归纳为两点：第一，各个翻译伦理思想或理论之间关联性不强，往往只关注或解释翻译中的某些现象和语境，缺乏普遍适用性。例如，韦努蒂的"差异伦理"主要以弱势文化的文本译入强势文化为研究语境，旨在通过翻译打破以西方文化为中心的文化霸权。第二，翻译伦理研究领域的核心术语、学科框架、研究内容和研究方法都不够明确或统一，整体研究缺乏系统性和持续性。总而言之，各位学者根据自己对翻译活动的认识和理解，各取所需，只针对翻译中某个方面提出相关理论，尚未有研究能从元理论出发，建立一个翻译界可以"共享"的翻译伦理框架。这样带来的结果就是，一旦换了一个视角或语境，就必须换一套基本术语，很难更深入、更系统地展开研究。

鉴于这种现状，本书借鉴伦理学学科相关概念和研究方法，尝试构建一个新的翻译伦理研究框架。用现代伦理学的分类方法，本书将翻译伦理研究划分为元翻译伦理、规范翻译伦理和美德翻译伦理三个分支，其中元翻译伦理作为学科的基础，关注核心术语的定义和学科架构，规范翻译伦理和美德翻译伦理则作为应用性研究，关注翻译行为和翻译主体（译者）的研究。当然，研究内容方面，本书也并不是完全另起炉灶，而是将现有翻译伦理理论"对号入座"，分别归入翻译伦理研究相应的分支，从伦理学角度分析它们的意义与不足，并在此基础上，提出更为完善的翻译伦理研究的具体方法和逻辑，从而建立新的翻译伦理研究框架。

翻译理论研究必须和翻译实践结合，翻译伦理研究也不例外。在构建翻译伦理研究框架、确定研究内容和研究方法后，本书将结合中国典籍英译具体情况，验证所构建的理论框架的合理性。选择中国典籍英译作为实证研究，主要有两个原因：第一，实践方面。与其他类型文本相比，中国典籍涉及更多的文化因素，而且典籍英译通常还包含语内翻译（古汉语到现代汉语）的过程。在此过程中译者需要面对古汉语和现代汉语，以及传统文化和现代文化的差异，而且需要面对和协调多种不同的伦理关系，这确保了研究对象的典型性。第二，理论方面。虽然现阶段的典籍英译研究众多，但研究视角和热点相对分散，有典籍英译中的文化问题，如李文革（2000）的《中国文化典籍中的文化意蕴及其翻译问题》；有典籍翻译策略研究，如徐珺和霍跃红（2008）的《典籍英译：文化翻译观下的异化策略与中国英语》；有典籍翻译标准研究，如杨自俭（2005）的《对比语篇学与汉语典籍英译》；还有典籍译者选择研究，如潘文国（2004）的《译入与译出——谈中国译者从事汉籍英译的意义》。很少有研究涉及典籍英译中的翻译伦理问题，而无论典籍英译的标准、译者选择还是翻译策略都可以从伦理视角进行阐释。因此，将典籍英译纳入翻译伦理研究视域，有助于通过分析翻译现象和译者策略，从而探索典籍英译的本质问题。

从 18 世纪至今，中国典籍英译大致经历了四个阶段，即 19 世纪以前的初期阶段、19 世纪的发展阶段、20 世纪初到 20 世纪 70 年代的繁荣阶段和 20 世纪 70 年代之后的新发展阶段。初期的典籍英译活动中，很多英译本转译自其他语言文本或著述，如法语，而非直接从汉语文本进行翻译。同时，译者的汉语水平也相对有限，甚至有译者根本不懂汉语。例如，根据法国出版的《中华帝国全志》(*Description Géographique, Historique, Chronologique, Politique et, Physique de L'Empire de la Chine et de la Tartarie Chinoise*，1735)，英国于 1738 年出版了相应英译本，书名为 *A Description of the Empire of China and Chinese - Tartary, Together with the Kingdoms of Korea, and Tibet*[①]。19 世纪，随着传教士进入中国学习汉语和中国文化，很多中国典籍被直接译入英语，如詹姆斯·理雅各（James Legge）英译的《中国经典》(*The Chinese Classics*，1861)、《法显行传》(*A Record of Buddhistic Kingdoms*，1886)。到了 20 世纪，西方译者对典籍的选择范围也进一步扩大，除了代表传统中国文化和思想的典籍之外，更多的文学作品和自然科学方面的典籍也被译为英语，如戴维·霍克斯（David Hawkes）英译的《红楼梦》(*The Story of the Stone*，1973)（前 80 回），赛珍珠（Pearl S. Buck）英译的《水浒传》(*All Men Are Brothers*，1933)。此外，在 20 世纪，美国、英国、朝鲜三国学者合作英译了《本草纲目》，虽然不是全译本，但是为之后的研究奠定了良好的基础（马祖毅、任荣珍，1997：679)。在这个时期，为了传播中国文化，改变西方对中国的偏见，中国知识分子开始自发地进行典籍英译，尤其在 1949 年后，典籍英译活动受到了国家的重视，在相关政策支持下得以快速发展。民国时期的英译作品，如林语堂的《吾国与吾民》(*My Country and My People*，1935)、《孔子的智慧》(*The Wisdom of Confucius*，1938)；中华人民共和国成立后，杨宪益、戴乃迭夫妇英译的《儒林外史》(*The Scholars*，1957) 和《红楼梦》(*A Dream of Red Mansions*，1978) 等。20 世纪 70 年代之后，随着中国经济实力和政治地位的提高，中国典籍英译进入了新的发展阶段，西方译者对中国典籍呈现出新的热情，开始对一些中国典籍进行重译，如闵福德（John Minford）英译的《孙子兵法》(*The Art of War*，2009)。改革开放后，越来越多的中

---

① 西藏在清朝时，受清政府管辖，不是 kingdom，作者此处的表述有误。

国译者参与到中国典籍英译之中，其中具有代表性的有许渊冲、汪榕培和林戊荪等。此外，在国家政策扶持下，我国相继推出了典籍英译丛书，其中"熊猫丛书"和"大中华文库"是规模最大的两套系列丛书。

1949 年以后，随着国内典籍英译活动的复苏和翻译理论研究的兴起，典籍英译成为翻译界的研究热点之一。翻译理论研究者对中国典籍的英译做了大量研究，发表了很多相关学术论文，其中影响较大的有：卓振英（2002）的《典籍英译：问题与对策》、潘文国（2004）的《译入与译出——谈中国译者从事汉籍英译的意义》、杨自俭（2005）的《对比语篇学与汉语典籍英译》、许渊冲（2006）的《典籍英译，中国可算世界一流》、汪榕培和黄中习（2008）的《加强民族典籍的英译，弘扬民族优秀文化》和徐珺与霍跃红的（2008）《典籍英译：文化翻译观下的异化策略与中国英语》等。各位学者从不同的角度分析了中国典籍翻译中的问题，如典籍英译的策略；译者主体选择——即什么样的人才有资格从事典籍翻译；翻译策略——异化的翻译还是追求文化功能对等的归化翻译；对文化意象和文化专有名词的翻译策略。

典籍英译研究可谓百花齐放，不同学者使用不同翻译理论从不同角度展开研究。关于翻译策略的讨论中，如上面提到的徐珺与霍跃红（2008）对典籍英译文化传播效果的分析，李文革（2000）对于典籍文化词汇翻译问题的研究。本书认为，典籍英译的问题都可以纳入翻译伦理视域进行阐释，这是因为翻译策略的选择体现了译者对待原文、源语文化、译入语和译入语读者等各方面的态度，是译者伦理观的体现，对典籍译本传播效果的认识和评价反映了我们对典籍英译价值的定位和伦理认知。虽然之前也有学者从翻译伦理的视角展开典籍英译研究，如缪经和李莹莹（2011）从翻译伦理角度对《楚辞》四个译本的体例编排和异质转化进行分析，指出翻译伦理对典籍英译有指导作用；王浩（2013）运用切斯特曼的翻译伦理模式评析《道德经》翻译的得失；符蓉和胡东平（2014）从翻译伦理视角切入分析《道德经》英译本中"水"代表的文化意象的翻译问题。然而，这些研究尚处于起步阶段，以翻译伦理视角研究典籍英译的成果相对较少，而且重点分散。此外，研究依然局限于运用某个现有翻译伦理理论对典籍英译中的某个问题或现象进行分析，既未能从较为宏观的视角阐述翻译伦理对典籍英译的意义，也没有对典籍英译中的伦理问题和现象进行详细描述与分析。

本书将在提出翻译伦理研究的整体框架后，结合典籍英译的具体语境，对其中的伦理问题，包括典籍英译核心价值、术语定义、伦理类型和译者伦理诉求等问题进行系统的描述和分析，以期为中国文化走出国门贡献一点建设性意见。

第二节 学术价值及对翻译实践的意义

本书的内容既涉及理论研究，又有具体翻译实践分析，主要采用的研究方法包括：

第一，跨学科的研究方法。翻译伦理是翻译学和伦理学之间的交叉学科，本书全方位地借鉴伦理学相关概念和理论，将其投射到翻译研究，使翻译研究不仅局限于翻译本身，而是从伦理学层面对翻译中的伦理问题进行分析。

第二，文献研究法。本书涉及大量伦理学和翻译伦理相关文献的阅读、分析和评述。

第三，描述性研究方法。构建翻译伦理研究框架一章将主要运用描述性研究方法，对翻译伦理研究进行全面性的描述。

第四，比较研究法。在对现有翻译伦理思想的述评和批判中，将使用比较研究法，通过比较现有翻译伦理理论之间的异同，指出各自面临的问题与困境。

本书在翻译理论和具体翻译实践研究两个方面都显现出一定的新意。本书建构了翻译伦理研究的整体框架，具体体现在以下几方面：

第一，借鉴伦理学概念和相关研究成果。与以往翻译伦理研究主要关注翻译行为规范相比，本书从伦理学视角展开翻译伦理研究，建立翻译伦理研究的整体框架。

第二，首次提出"翻译伦理诉求"这一概念。译者在翻译过程中面对不同伦理关系，会呈现出遵循某种或某些翻译伦理的倾向，这是影响译者翻译策略的重要因素，翻译可以看作是译者实现某些翻译理论诉求的过程。

第三，本书从规范翻译伦理范畴对现有翻译伦理思想展开分析和批评，旨在发现现有理论存在的问题。此外，本书还提出翻译伦理研究的一个新视角，即美德翻译伦理研究，从译者道德层面分析翻译中的伦理现象和译者行为。本书还借鉴全球（底线）伦理的概念和核心要素，首次提出将"尊重"作为译者的普遍性和基础性的道德品质。

在实践层面，本书运用构建的翻译伦理研究框架，以《孙子兵法》的四个英译本为例，分析了典籍英译中的具体问题，在以下两个方面做出了创新性的研究：

第一，通过分析典籍英译中的各种伦理问题，探讨典籍英译的翻译伦理属性，提出在翻译伦理观照下展开典籍英译研究的意义，这将推动典籍英译相关研究的深入发展。

第二，分析典籍英译中的伦理关系和典籍译者的翻译伦理诉求，以及影响译者伦理诉求的主要因素，在本书提出的翻译伦理研究框架中阐释典籍译者的基本伦理模式和影响要素。

本书尝试构建一个新的翻译伦理研究整体框架，希望能够推动翻译伦理研究的深入发展，进而为翻译伦理学科的建立抛砖引玉。同时，我们希望本书的研究成果会为中国文化如何"走出去"的讨论带来一些启示。

在人类发展史中，翻译是不同语言民族之间日常交际、思想交流和相互了解的重要方法之一。与其他人类活动一样，译者需要发挥主观能动性去完成这项跨文化交际活动。一方面，译者需要处理与翻译活动中其他主体，包括原文作者、读者和赞助人之间的人际关系；另一方面，译者还要协调两种不同语言和文化之间的关系。面对这些关系，译者需要依照一定的规约，做出价值判断，"合理"地处理、协调各方关系。伦理是关于社会活动中人际关系与行为的规范，是除了强制性规范，如法律、政策、规章之外，人们社会实践活动的主要规约。译者的抉择会受到其自身思想、观念、意识形态等因素的影响，译者行为背后是某种或某些价值取向和伦理观念。

翻译"是一种跨文化跨语际的信息传播和交际活动"（吕俊、侯向群，2001：2）。表面看来，它具有一定的工具属性。然而翻译活动所涉及的因素远远超出了语言本身，牵涉到不同的文化、政治、意识形态和价值观，是一项极为复杂的社会实践活动。英国文艺批评家艾弗·阿姆斯特朗·理查兹（Ivor Armstrong Richards）指出翻译"很可能是整个宇宙进化过程中迄今为止最复杂的一种活动"（转引自柯平，1993：1）。影响译者翻译活动的因素有两大类，包括内部因素和外部因素。前者是指来自翻译活动内部，包括原文作者、译者和译文读者等在内的因素。后者指翻译活动之外的社会、政治和经济等因素，包括赞助商、社会主流意识形态、主流诗学和相关的法律法规。

在翻译活动中，译者面对的是与不在场的原文作者和预期读者之间的互动与对话。译文生成之前，译者跨越时空障碍与原文作者"互动"，产生思想和情感上的交集。生成译文时，译者要充分考虑预期读者的阅读期待和接受能力。

社会因素方面，译者的翻译活动会受到除翻译之外多方面因素的影响。安德烈·阿方斯·勒弗维尔（André Alphons Lefevere）认为影响翻译的三个主要因素是意识形态、诗学和赞助人。赞助人关注的主要是意识形态，而"专业人士"感兴趣的是"诗学"（Lefevere，1992：14-15）。其中意识形态会影响译者的价值判断，使其在翻译过程中做出选择。勒弗维尔以《安妮日记》（*The Diary of a Young Girl: Anne Frank*）的德语译本为例，指出了意识形态对译文的操纵，例如，原作中安妮对女性解放的一些描述，在译作中被弱化甚至删减（Lefevere，1992：64）。又比如，原文中安妮将可能发现他们隐蔽居所的人描述成"巨人，一个法西斯，最可怕的人"，而在德语译本中，此描述变成了"一个无法打败的巨人"（Lefevere，1992：68）。显然，译者因为政治因素而回避了"法西斯"一词。通常情况下，赞助人决定译者译什么，甚至怎么译。赞助人的决策会更多地受到政治和经济因素的影响。主流诗学背后的专家学者对译文的评价反馈也同样对译者的翻译策略具有规范和指导作用。此外，相关法律法规对译者翻译活动的影响体现出其强制性，例如违背国家法律和政策的译文一般无法通过国家出版审查。

当然，这些因素并非孤立存在，它们往往交织在一起，不同的思想交流、冲突、对抗、妥协、融合，译者正是在多种因素的制约和影响下，做出自己的选择，形成最终的译文。翻译伦理研究能帮我们透过现象看本质，切实地理解翻译实践中的各种问题。

第二章　伦理学的研究与发展

伦理学是关于道德价值的研究，道德对人的行为做出价值判断，规定什么是善、什么是恶，以及应该如何去做。蔡元培对"伦理"如此定义："伦理学以研究学理为的，各民族之特性及条教，皆为研究之资料，参伍而贯通之，以归纳于最高至观念，乃复由是而演绎之，以为种种之科条。"（蔡元培，2008：1）换而言之，伦理学主要研究各民族特性和条例在社会中的作用。在蔡元培看来，伦理以行为研究对象，目的在于归纳其中的共性，即行为准则，从而为评判和规范人们的社会实践活动提供相关标准。也就是说，规范性是伦理的基本属性。本章将从伦理学的研究核心、三大分支和重要问题三个方面回顾伦理学的发展历史，从而探寻可供翻译伦理研究借鉴的方法与经验。

第一节　伦理学的研究核心

在西方历史上，伦理学的正式形成大约在公元前 5 世纪到前 4 世纪的古希腊，其代表人物是苏格拉底（Socrates）、柏拉图（Plato）和亚里士多德（Aristotle）。伦理学发轫于苏格拉底的"知识即德性"，后经由其学生柏拉图的拓展与深化，最终由柏拉图的学生亚里士多德，以《尼各马可伦理学》（*Ethica Nicomachea*），《欧台谟伦理学》（*Ethica Eudemia*）和《大伦理学》（*Magna Moralia*）3 本著作宣告伦理学学科的基本建立（何怀宏，2002：30-31）。西方伦理学的发展可以大致分成四个时期：古希腊罗马时期、中世纪、近代和现代四个时期。几乎所有的西方哲学家都对伦理学的发展做出了或多或少的贡献，他们的伦理观大都与自己的哲学思想紧密相关，从不同的哲学角度阐发他们对伦理的认识。1903 年，乔治·爱德华·摩尔（George Edward Moore）发表《伦理学原理》（*Principia Ethica*）宣告"元伦理学"（meta-ethics）的建立（王海明，2001：2），自此伦理学研究展现出与传统伦理学不同的特点，进入了现代伦理学时期。摩尔对伦理学概念和语言进行分析，将逻辑的方法引入伦理学研究，把研究对象划分为知识和实践，前者构成元伦理学的核心问题。

在中国历史上，一般认为孔子思想及其儒家学派的产生标志中国伦理学的诞生（何怀宏，2002：32）。孔子以"仁"为中心的道德理论和人生哲学是当时伦理学的核心价值，后经荀子和孟子的拓展，儒家的道德理论发展成为中华民族传统伦理思想核心。此后，在西汉和宋代，为应对社会变革带来的新问题和佛教思想的挑战，以董仲舒、朱熹为代表的儒家思想家对儒家伦理进行了进一步的完善和发展。与西方伦理学发展不同的是，儒家伦理思想并未形成现代意义上的学科形态。

伦理学是以哲学方法研究道德的一门学问，属于哲学的一个重要分支。哲学体系中有两个领域涉及价值或价值判断的研究，一个是伦理学，另一个是美学。前者以道德为研究对象，后者属于艺术领域，两者都研究价值问题。因此伦理学关注的主题是价值（或价值判断）而非事实（林火旺，2005：11）。

由此可见，伦理学有两个重要概念：道德和价值。深刻理解这两个概念有助于认清伦理学的实质。无论是在汉语还是英语中，"道德"和"伦理"意义相近，很多时候可以混用，但两者又不完全一致，存在细微的差别。"道德"通常用于主观、个体和个人；"伦理"（伦理学）更倾向于客观、客体和团体，可以用来指研究，指称这门学问，"道德"这个概念则无此用法。

"价值"是指客体对主体的有用性或效用。柏拉图在其著作《理想国》中把有价值的事物分为三类：第一类是本身好的事物，如快乐；第二类是本身是好的，带来的结果也是好的事物，如健康、知识；第三类是事物本身不好或者不好不坏，但是它们带来的结果是好的，因而具有价值，如药物、金钱（Plato，1955：Book Ⅱ）。价值是道德判断的基础和依据，只有预设了哪些事物是有价值的（无论是内在价值还是外在价值），我们才能判断行为的道德性——道德或非道德。

在了解和认识了伦理学的研究对象和规律之后，我们可能会认为只要确定了价值就可以设定道德标准，然后用此标准去评判或规范人的行为。然而事实远非如此简单，首先，价值具有不确定性，不同主体可能对价值有不同的判断，因此对道德的评判也不尽相同；其次，即使确定了价值，现实活动中还存在不同价值（道德）之间的冲突，由此产生的伦理规范通常无法并存。因此，伦理学研究是一项复杂的活动，其现实意义是发现人类社会的价值，告诉人们什么是对（善）什么是错（恶），形成道德（伦理）体系，描述、规范人们的实践活动。

第二节　伦理学的三大分支

不同学者对伦理学类别或学科内部架构有不同的划分方法，何怀宏认为，"伦理学可分为规范伦理学和非规范伦理学两大类：规范伦理学包括一般的规范伦理学原理和应用伦理学；非规范伦理学包括描述伦理学和元伦理学"（何怀宏，2002：39）。林火旺则把伦理学分为规范伦理学和后设伦理学[①]（林火旺，2005：16）。王海明（2001：1）把伦理学分为元伦理学、规范伦理学和美德伦理学。林、王两人的分类方法比较接近，都以研究对象为关注点划分伦理学分支。两者的差异在于，王海明将美德伦理学（virtue ethics）放在了与规范伦理学并列的位置，而林火旺则将德性伦理学[②]作为规范伦理学的一个分支。从伦理学内部的研究对象和重点来分析，本书采用王海明的分类方法的逻辑性更强，分类标准更易于操作，实践性更强，主要原因有二：

首先，何怀宏的分类方法似乎过于笼统，因为如果能以"规范"为标准分成规范伦理学和非规范伦理学，那么是不是也可以"元伦理"为标准分成元伦理学和非元伦理学呢？相比而言，王海明根据研究对象的不同划分学科分支，其标准更加明确，更有利于展开研究。

其次，虽然美德伦理学有一定的"规范"意味，但它与规范伦理学研究重点不同。规范伦理学注重描述和研究人的行为；而"美德伦理学是以人为中心，而不是以人的行为为中心的伦理学"（Hursthouse，1999：117）。因此，美德伦理学也可以看作一个独立的分支，与规范伦理学是并列关系。

本研究采用王海明的三分类方法，因为这更符合翻译学的学科宗旨、主要研究对象和发展特点。

第一，翻译学的学科两大宗旨与伦理学的"规范"和"美德"相对应。詹姆斯·霍姆斯（James Holmes）在讨论翻译学的宗旨时指出，翻译学研究主要包括两个目标，一个是对翻译过程和翻译作品中的各种翻译现象进行描述性研究；另外一个则是通过确立具有普遍性的原理和规则，以解释和预测翻译实践中的问题。简而言之，霍姆斯认为翻译学可以分为"描写翻译学"和"理论翻译学"。（Holmes，1972：71）翻译学的目的之

---

① meta-ethics 的另一译法，现常翻译成"元伦理学"，本书将使用"元伦理学"。
② virtue ethics 的另一译法，与"美德伦理学"所指相同，本书将使用"美德伦理学"。

一便是确立规则规范，用来解释和指导翻译活动，体现了鲜明的"规范"属性，与规范伦理学的研究目的不谋而合。同时，描述性翻译注重对翻译现象和活动的描写，而译者作为翻译活动的实践主体，必定是翻译描写研究的重点之一。因此，在翻译研究中，译者研究和翻译规范、标准研究属于并列关系，同等重要。这与美德伦理学对行为主体的关注和研究相一致。由此可见，王海明分类法下的规范伦理学和美德伦理学可以较好地对应翻译学的两大主要目的。

第二，翻译学的主要研究对象可以分类对应元伦理、规范伦理和美德伦理的主要研究内容。谭载喜（1988）认为，翻译研究的具体研究对象主要包括五大类，即翻译的实质，翻译的原则和标准，翻译的方法和技巧，翻译的操作过程和程序，以及翻译过程中的各种矛盾。例如，作者与译者和译文读者；目的和手段等。其中的第二和第三（原则标准与方法技巧）都属于规范性研究，可以纳入规范伦理学视域；而第四和第五（操作过程及其中的矛盾）条中的核心，即行为主体是译者，可以纳入美德伦理研究视域，尤其是译者处理翻译过程中的各种矛盾时，译者的个人美德（道德）会起到关键作用。此外，第一条"翻译实质"更多属于形而上的研究，从哲学层面阐释翻译，确定翻译研究术语等。这与元伦理学注重学科理论研究相一致，因此，元理论研究可以在翻译学研究中找到对应的投射对象，成为翻译研究的一个主要分支。

第三，翻译学发展的特点与面临的问题可以从王海明对伦理学的三大分类中找到对应的内容、解决方法和出路。首先，按照翻译研究的理论范式划分，翻译理论研究大致经历了三个历史阶段，即经验期（或前理论阶段）、语言学理论阶段和多元理论阶段。（姜秋霞、杨平，2004）三个阶段分别对应语文学范式、结构主义语言学范式和后结构主义的多元范式。

初期的语文学范式主要关注翻译文字选择、语篇意义和翻译方法，此类研究更多是基于学者主体的体验与经验，或者说更多是基于直觉和感悟，如哲罗姆（St. Jerome）归纳的翻译基本原则：翻译要采用灵活原则，不能总是字当句对；要区分"文学翻译"与"宗教翻译"；正确的理解是正确翻译的基础。（谭载喜，2004：26-27）亚历山大·弗雷泽·泰特勒（Alexander Fraser Tytler）提出的翻译"三原则"：翻译应再现原作、使用等同于原作的风格和手法以和原作同样通顺。（谭载喜，2004：129）我国的一些传统翻译理论也属于这个阶段，如释道安的"五失本，三不易"，严复的"信达雅"。总之，这是翻译研究或翻译学的雏形阶段，研究多为主观经验总结，缺乏相关理论指导。20 世纪 50 年代以来，以尤金·A. 奈达（Eugene A. Nida）和约翰·卡特福德（John Catford）为代表的西方学者使用应用语言学的研究方法，探索翻译的"科学性"，他们希望通过语言对比，证实翻译中的某种"对等性"，以此证明和探讨翻译活动的普遍性。虽然他们的理论被质疑，但他们采用的研究方法推动了翻译学的发展，乃至学科建立，将翻译研究带出了原有的经验主义困境。20 世纪 80 年代开始，学界注意到了翻译活动与译入语文化之间存在着密切的联系，翻译伦理研究遂摆脱了原有的语言学视角，出现了翻译研究的"文化转向"。此后，在解构主义思潮的影响下，西方译界扩大了翻译研究的视角，不同学者开始从不同角度或者借鉴不同学科展开翻译研究，如后殖民主义翻译、翻译社会学和生态翻译学等。一时间，翻译学研究呈现出百花齐放、百家争鸣的气象。

然而，也有学者洞察到了这表面繁荣背后存在的问题。在翻译学科具备一定科学性的同时，由于翻译学借鉴了不同的学科理论、研究框架和方法，翻译学在一定程度上迷失了自我，翻译学的边界变得模糊，呈现出理论碎片化、术语定义不统一等问题，翻译学的研究对象也变得模糊起来。面临此种局面，在翻译学领域展开元学科研究也许是让翻译学重回学科发展正轨的方法。（黄忠廉、方仪力，2017）元学科研究是一门学科发展走向成熟的必由之路，它本着厘清学科本质、统一术语定义，构建学科架构。这些正是元伦理学在伦理学领域所承担的重任，因此，元翻译伦理研究必定是翻译伦理研究的一个不可或缺的重要分支。王海明的伦理学三分方法中的元伦理学可以投射到翻译伦理研究。

此外，20 世纪八九十年代开始，译者研究成为翻译学研究的一个新重点，它为翻译学的深入发展打开了新的思路。回顾翻译研究史，学者们的研究重点大多聚焦于翻译性质、翻译标准和翻译技巧，即探讨如何翻译，对翻译实践主体——译者本身，缺乏深度和系统研究，仅有的研究也大多是关于译者的翻译活动和翻译观。（穆雷、诗怡，2003）而随着 20 世纪 70 年代西方的语用学转向和 90 年代翻译学的"文化转向"，翻译研究的视野得以扩展，译者的主观能动性受到了更多关注，学者们发现翻译过程中的意识形态、诗学规范都需要通过译者对翻译策略和方法的选择得以实现。译者的主体性成为了翻译研究的新热点。翻译学研究呈现出的对译者的关注，这与以往对翻译规范或翻译标准的研究具有明显的差异。因此，关注行为主体道德的美德伦理研究可以较好地对应译者主体研究，应该也必须作为一个独立的分支，以体现译者研究的重要地位，及其与规范研究的区别。

通过从伦理学内部的逻辑关系，并结合翻译学研究的自身情况，在确定了笔者将使用王海明的分类法，确定了伦理学三大分支。下面将分别讨论三大分支的研究特点和相互关系，以便从伦理学中汲取营养，用于翻译伦理研究框架的建立。

一、元伦理学

"元"理论的研究始于西方，对应的英文前缀是 meta-（超越……，之后……），后跟某一学科名称，构成名词，意味着一种更高级的逻辑形式，通常是关于整个学科的研究。如前文所述，"元伦理学"的概念发轫于 1903 年摩尔的《伦理学原理》，它以伦理学学科为客体，研究伦理学相关术语的定义与内涵，以期为（规范）伦理学的发展构建科学的框架。以摩尔为代表的学者认为，规范伦理学内部之所以存在不同观点与争论，是因为各研究在伦理学的语言（术语）使用上未能统一，所以以伦理学术语的内涵不尽相同（林火旺，2005：169）。元伦理学的任务之一就是规范、统一这些术语，如什么是"善""恶""对"或"错"。元伦理学以语言学为基础，运用逻辑分析研究伦理学术语，进行道德判断的确证。在道德判断中，元伦理学研究需要根据"是"和"事实如何"推断出"价值"和"应该如何"，这正是元伦理学的研究重点。元伦理学是中立的学科研究，它不关注具体行为，不对具体行为进行道德或价值判断。

元伦理学与规范伦理学的关系就好像是语法和言语，语法决定言语的运用方法，后者与我们现实生活紧密相连。元伦理学的价值与意义在于，它把（规范）伦理学的发展引向科学的道路，提高了（规范）伦理学的准确性、规范性和科学性（江雪莲，1996）。

二、规范伦理学

在元伦理学出现之前，规范伦理学是西方伦理学的主要构成内容。即使在当代，规范伦理学依然是伦理学学科的主体部分，这是因为它与现实活动关系紧密，它规范人们的行为，并对行为做出道德评判。人们日常谈论的"伦理（学）"通常就是指规范伦理（学）。规范伦理学研究人们在日常生活的（道德）行为中所遵守的规则，这里所讲的"规则"就是"道德标准"或者"道德观"。根据道德观的不同，规范伦理学主要包括两种不同的理论主张：目的论（teleological theories）和义务论（deontological theories）。

目的论本身属于哲学范畴，主要探讨事物产生的目的、本源和其归宿。运用到规范伦理学中，它指以行为目的或者行为结果进行道德判断。简单来说，只要结果是"好""善"，行为就符合道德，反之就不符合道德。目的论主要包括两大主张（道德判断方法）：伦理利己主义（Ethical Egoism）和效益主义（Utilitarianism）①。前者以行为主体（个人）利益得失判断行为是否道德正当；后者以整体利益（效果）最大化为标准评判主体行为是否道德正当。效益主义因其评判标准的单一性和确定性，是规范伦理中最受关注的理论（林火旺，2005：86）。评估行为结果对各群体的影响，能实现最大效益的行为便是"好"的、"善"的。然而，此理论备受质疑的一点是它过分强调结果，忽视了行为本身的"对"与"错"。按照其理论，只要确保整体效益最大化，哪怕"欺骗""违背承诺"的行为都是无关紧要，可以接受的。

义务论萌芽于古希腊时期，斯多葛学派强调理性，主张人要遵从理性，因为理性是普遍正确的规律。伊曼努尔·康德（Immanuel Kant）的伦理学思想使义务论真正成熟起来，其思想对此后的伦理学发展影响深远。义务论者认为，道德判断的标准不应该是行为的结果，而应该是行为本身的特点，即行为本身是否符合道德。换而言之，义务论研究的对象不是结果的"善"，而是如何正当地追求"善"（赵祥禄，2010）。只要行为的动机是"善良的意志"，无论结果如何，这个行为都是符合道德的。在康德看来，行为的客观结果具有不确定性，"在这世界内，或是就是在这世界以外，除了好的意志之外，没什么东西有可以无限制地被认为好的可能。"（康德，1957：8）。然而，义务论这种不重视结果的特点，在一定程度上降低了其自身的实践意义。

三、美德伦理学

美德伦理学虽然是一个现代概念，但对"美德"的研究可以追溯到亚里士多德。亚里士多德认为美德是人的活动中体现出的品格或性格，它关注的是什么样的品格可以让人成为道德上的好人。与规范伦理学不同，美德伦理学的研究重心在于行为主体而不是行为本身（秦越存，2008），它对道德的判断源于美德概念。当代美德伦理学是伦理学研究对传统的回归与复兴，它的兴起与发展源于对规范伦理学的批判，美德伦理学学者认

---

① Utilitarianism 也翻译成"功利主义"，但功利主义在现代汉语中有被贬义化的倾向，所以本书将使用"效益主义"这个相对中性的表述。

为：第一，规范伦理过分强调规则，忽视人的品德；第二，规范伦理对行为者的动机强调不足，过分强调规则；第三，规范伦理进行道德评价时忽视了美德（秦越存，2008）。根据美德伦理学的观点，当一个人具有了高尚的品格，他便有了"善"的倾向，其行为就会是符合道德的行为，道德规则处于相对次要的地位。此观点似乎夸大了美德的作用，对主体行为的规范更多依赖于主体的个人道德自律性。

以上三种伦理学构成了现代伦理学的基本架构。弄清三者之间的关系有助于我们全面地理解伦理学学科特点和发展方向。三种理论是相互独立，可以分别独立支撑起整个伦理学学科，还是彼此联系、形成互补，共同构建伦理学学科框架？

三种伦理学的研究对象、重心和目的不尽相同，这决定了它们之间可能形成互补之势，而并非完全互相排斥的关系。元伦理学以伦理学为研究对象，在于确认判断道德的方法，而规范伦理学研究具体的道德行为。美德伦理学和规范伦理学研究目的相同，但前者的重点在于行为主体，后者重视的是行为和行为规则。因此，三种伦理学之间不具备完全的可替代性，相反，它们之间有一定的互补和促进作用。例如，元伦理学和规范伦理学之间就是一种抽象与具体的关系，前者将伦理学带入科学研究的殿堂，后者使伦理学研究具有真正的实践意义。我们可以说在伦理学王国中，三种伦理学研究对象和目的不同，彼此之间既相互独立，又形成互补之势，共同构建出伦理学的学科框架（王海明，2001：13-14）。

传统观念上的伦理学主要指规范伦理学，而伦理学的另外两个分支——元伦理学和美德伦理学都是在对规范伦理学的质疑和批判中得以发展和成熟。规范伦理学可以看作现代伦理学的主体。元伦理学的目的是将科学研究的方法引入伦理学，为伦理学学科的发展建立基础框架。美德伦理学则以人的美德（或道德）为研究对象，为伦理学研究提供了一个新视角，它更关注人的因素，对规范伦理学的研究起到了很好的补充作用，使伦理学研究视角更为全面。

通过梳理伦理学的三大分支，我们认为，三种伦理学理论以规范伦理学为主体、元伦理学为研究方法、美德伦理学为有益补充，共同构建出了当代伦理学学科框架。规范伦理学虽是主体，但并不能否认其他两个分支的重要性和必要性，也不能完全取代它们的作用。三种伦理学理论的互补与密切关联有助于伦理学整个学科的健康发展，缺一不可。这对于面临同样问题的翻译伦理研究，具有积极的借鉴意义。传统翻译伦理也属于规范性研究，面临的问题和质疑与规范伦理学非常相似。把元伦理学和美德伦理学研究对象、重心和方法投射到翻译伦理领域，很多问题与疑惑或将迎刃而解，或者至少能为研究者提供新的思路。

第三节　全球伦理——当代伦理学的重要问题

前一节对伦理学定义、学科架构、伦理类型等分析属于抽象的、形而上的研究。伦理学与人们的生活息息相关，其现实意义也同样重要。"全球伦理"是英文 global ethics 的翻译，此概念由德国神学家孔汉思[①]（Hans Kung）在 1990 年首次提出（余晓菊，2003）。自 20 世纪 90 年代以来，在全球化发展迅速的背景下，全球伦理成为伦理学研究的最重要的主题之一。面对日益增多的民族间交流以及在此过程中可能出现的文化误解和冲突，建立一种全球伦理有助于不同民族之间的交流，能给跨文化交际提供一个基本行为准则或参照标准。

世界文化的多样性使伦理和道德规范具有一定的相对性，然而在世界全球化加速发展的背景下，伦理学家试图探索一种超越民族、文化、社会和历史语境的且具有普遍意义的伦理规范。因为没有这种普遍伦理规范，各民族之间的共处、交往与和谐发展便无从谈起（何怀宏，1996）。

1990 年，德国神学家孔汉思在《全球责任》（*Global Responsibility*）一书里首先提出了建立"全球伦理"的倡导，旨在消除世界不同民族间的误解与冲突，推动世界和平秩序的建立。他主导起草的《走向全球伦理宣言》（以下简称《宣言》）于 1993 年在世界宗教议会上通过并发布。《宣言》明确了全球伦理的概念："我们所说的全球伦理，并不是指一种全球的意识形态，也不是指超越一切现存宗教的一种单一的统一的宗教，更不是指用一种宗教来支配所有别的宗教。我们所说的全球伦理，指的是对一些有约束性的价值观、一些不可取消的标准和人格态度的一种基本共识"（孔汉思、库舍尔，1997：12）。"基本共识"体现了"全球伦理"的普适价值，同时也未否定伦理的民族性特点。此外，孔汉思认为全球伦理是"一种最低限度的共同的价值、标准和态度"（孔汉思、库舍尔，1997：171）。"最低限度的"表明这种伦理是全人类应该共同坚守的底线。中国伦理学家何怀宏称之为"底线伦理"（何怀宏，2002：199）。"普适性"和"最低限度"是全球伦理的两个主要特点。

孔汉思还提出了全球伦理的两项基本原则："每一个人都应当得到人

---

① 又译为汉斯·昆，本书采用"孔汉思"一译。

道的对待（或曰'人其人'）"和"己所不欲，勿施于人"（何怀宏，2002：198）。第一条原则用了肯定表述方式，要求人们行为符合规范；而第二条则用了否定表述，禁止某些行为。然而，仔细体会、分析两条原则的内涵，可以发现两者之间存在一个共同的道德特点——"尊重他人（者）"。我们可以这样理解两者之间的关系：第一条是对基本人性的尊重——人的自然属性；第二条则是对人更高层次需求的尊重——人的社会属性。

由上分析，我们可以用三个关键词概括全球伦理本质，即普适性、底线性和尊重他人。"普适性"指全球伦理的适用范围，它在承认伦理相对性的前提下，以各民族的共性为基础，对整个人类社会都具参照意义；"底线性"指其道德规范之层次，它是各民族伦理规范体系之基础，即各民族伦理规范在保持其独特民族性同时，不能超越这个底线伦理；"尊重"是伦理具体实施过程中的核心原则，是普适伦理的规范要求，也是协调和处理不同民族伦理规范之间关系的根本原则和要求。在翻译研究中，翻译伦理也因译者身份和社会语境的不同而具有民族性，我们可以借鉴全球伦理的思路，探索翻译伦理中的底线伦理，即所有译者都要遵循的规范或拥有的道德品质，这能促进翻译伦理的跨文化研究，同时对翻译实践具有现实指导意义。

第三章　翻译伦理研究述评

正如伦理学通常以规范人们的行为为主要目的，迄今为止大部分翻译伦理研究也呈现出规范性的特质，可以纳入规范伦理的视域进行阐释和研究。我们可以把翻译伦理研究看作规范伦理学的一个分支，它主要研究翻译活动中的伦理现象与伦理关系，其目的在于规范、评价和指导翻译行为。例如，吕俊将翻译伦理解释为约束各参与者在"跨文化交往活动中的道德规范"（吕俊、侯向群，2006：271），王大智将其定义为"是翻译行为事实该如何规律以及翻译行为该如何规范，它既面向翻译行为也面向翻译行为的主体。翻译伦理研究不仅包括翻译的规范性研究，而且还包括对翻译规律或者翻译现象的描述性研究"（王大智，2009：63）。不难看出，学界对翻译伦理的定义大都将"规范"作为核心，规范的对象包括人和翻译行为两部分。虽然学界还未能对翻译伦理的定义达成一致，但从这些定义中可以看出翻译伦理研究的发展特点及现状——尝试从伦理学角度形成相关规约去规范和指导翻译活动，呈现出规定性研究（prescriptive study）属性。

在讨论具体翻译伦理理论之前，有必要对翻译伦理研究的历史和发展现状进行梳理，其中包括西方和中国学者在该领域做的研究成果，以及翻译伦理研究的最新动向和特点。这会帮助我们对翻译伦理研究形成宏观的认识。

"翻译伦理"这一概念由法国翻译理论家安托瓦纳·贝尔曼于 1984 年在其《异的考验：德国浪漫主义时期的文化与翻译》（*L'épreuve de L'étranger: Culture et Traduction dans l'Allemagne Romantique*）中正式提出（Berman，1984）。此后越来越多的学者开始关注翻译中的伦理问题，代表性理论包括西班牙学者皮姆以实用和功能主义为基础的"译者伦理"（Pym，1997），英国学者切斯特曼以价值为基础的"异的考验：德国浪漫主义时期的文化与翻译五种伦理模式"（Chesterman，1997a，2001），以及美国翻译理论家韦努蒂以反对文化霸权为目的、政治性很强的"差异伦理"（Venuti，1998）。

翻译伦理研究的历史看似较短，只有 30 多年的时间，然而在中西方翻译史上从不乏关于伦理的论述，只是未曾有人明确提出"伦理"之概念。早期翻译研究的核心问题——"忠实"就是一个关涉伦理的概念。例如，法国翻译评论家吉尔斯·梅纳日（Gilles Ménage）评论佩罗·德·阿布朗古尔（Parrot d'Ablancourt）的译作时，把他的译作比作一个漂亮却不忠实的女人（谭载喜，2004：88）。一个简单看似随意的比喻，却隐含深层次的伦理意义：一方面，原文是男人，译文是女人，译文的存在依赖原文，两者之间是从属关系；另一方面，"不忠实"是不符合伦理的，所以译文不应该不忠实于原文。在中国，隋代佛经翻译家彦琮在《辩正论》中提出翻译人才应具备"八备"的条件，其中第一、二、五和六条都是关于译者个人"心性"的修养，他认为忠实的合格人才是良好翻译的保证（傅惠生，2011）。

自贝尔曼提出"翻译伦理"概念之后，翻译伦理研究在 20 世纪末迎来其发展的春天。1997 年，皮姆出版了专著《论译者的伦理》（*Pour une Ethique du Traducteur*），从翻译职业角度探讨译者伦理。同年，切斯特曼出版《翻译模因论：翻译理论中的思想传播》（*Memes of Translation: The Spread of Ideas in Translation Theory*），以价值为基础研究翻译活动中的伦理模式。1998 年，韦努蒂的《翻译的耻辱：存异伦理初探》（*The Scandals of Translation: Towards an Ethics of Difference*）一书出版，韦努蒂从反文化霸权和反文化殖民主义的角度提出"差异性伦理"。2001 年《译者》（*The Translator*）杂志更是以"回归伦理"（The Return to Ethics）为主题发行特刊，发表了 16 篇翻译伦理研究相关的论文，其中就包括"迄今为止对翻译伦理研究贡献最大的一篇杰作"——切斯特曼的《圣哲罗姆誓约之倡议》（*Proposal for a Hieronymic Oath*）（骆贤凤，2009）。作为该专辑特邀编辑的皮姆在引言中指出"翻译研究已经回归到了对各种伦理问题的讨论"（Pym，2001）。2005 年，美国翻译理论家桑德拉·伯尔曼（Sandra Bermann）和迈克尔·伍德（Michael Wood）编辑出版了以翻译伦理研究为主题的论文集《民族、语言和翻译伦理》（*Nation, Language and the Ethics of Translation*），全书包含四个主题，即"作为媒介的翻译和跨越媒介""翻译的伦理""翻译与差异""超越国家"，介绍了翻译伦理研究的最新成果。

在中国翻译界，吕俊（2001）在《跨越文化障碍——巴比塔的重建》一书中首先提出建构翻译伦理学的设想。此后中国翻译界对翻译伦理学的研究大多是通过译介国外翻译伦理思想而展开，论文大都是对国外翻译伦理思想的介绍和批判，也有学者运用翻译伦理去研究具体翻译实践问题。国内的翻译伦理研究大多以西方翻译伦理理论为基础而展开，基本没有提出新的观点。关于各种翻译伦理思想，大致可归纳出如下两个特点：一、所有翻译研究中的问题都与伦理关涉，诸如忠实、自由、叛逆、暴力等；二、几乎所有翻译问题和理论都蕴含伦理关系，都可以从伦理角度去解释，如"归化与异化""目的论""后殖民主义翻译理论"等。

尽管翻译伦理学者认为翻译伦理是翻译研究的发展方向，但翻译伦理研究现状并没有那么乐观。首先，翻译伦理研究内部依然存在分歧，未能就一些关键性问题形成统一认识，进而造成翻译伦理研究在近 10 年以来相对沉寂，没有突破性的进展，再没有出现如《圣哲罗姆誓约之倡议》一样的重量级著作。其次，各种翻译伦理思想都或多或少存在一些不完善之处，受到学界质疑。本章将从伦理学的视域，对现有翻译伦理思想展开分析与述评。

第一节　以规范伦理目的论为核心属性的翻译伦理思想

如前所述，现有的翻译伦理思想大都体现出规范的性质，即试图建立某些规范模式，用以指导译者的翻译行为和评价译文质量。规范伦理分为两种不同的伦理主张，即目的论和义务论。皮姆的译者伦理和切斯特曼的五种翻译伦理模式便体现出规范伦理的目的论主张，即以翻译目的的达成情况，评判译文质量，并制订相关规范规约译者的翻译行为。

一、以改善文化间性为目的的翻译伦理思想

安东尼·皮姆是西班牙罗维拉·威尔吉利大学（University Rovira i Virgili）的翻译学教授，主要从事西班牙语翻译，其翻译理论代表作有《论译者的伦理》（*Pour une Ethique du Traducteur*）（Pym，1997）、《翻译史研究方法》（*Method in Translation History*）（Pym，1998）以及新近出版的《翻译理论探索》（*Exploring Translation Theories*）（Pym，2010）。1994 年，皮姆在巴黎就翻译研究中所涉及的伦理问题提出了自己的见解，《论译者的伦理》一书便是在此基础上形成（王大智，2005）。皮姆认为包括贝尔曼在内的翻译理论家未能走出传统的二元对立论，总是纠缠于"异化"还是"归化"、"直译"还是"意译"等矛盾对立之中。他认为贝尔曼的伦理思想"太刻板、学究气十足、过于抽象"，只适用于哲学和文学经典著作，难以被广泛地应用，其结果便是翻译理论与实践的脱节，现实翻译活动依然缺乏相关伦理思想的指导（Pym，1997：9）。皮姆认为应该从

翻译职业的角度尝试建立相关翻译伦理，用于指导译者的翻译实践。

皮姆认为翻译是"一项交际行为，是为某一客户而提供的、针对既定接受者的一项职业性服务"（Pym，1997：10）。译者的职责就是完成这个职业性服务，在此过程中，"译者处于两种文化的交界处，他并不仅仅属于其中的任何一个文化社群"（Pym，1997：11）。在翻译过程中，译者既不属于源语文化也不属于译入语文化，而是处在两种文化交流的空间，所以译者不能表现出对某一种文化的倾向性。译者的任务或者说翻译的目的是促成两种文化之间的交流，即改善文化间性。翻译作为一项文化交流活动涉及多个主、客体，译者便是其中之一。译者需要游走于各种关系之间，进行协调，以保证翻译活动的圆满完成。译者通常需要面对以下五个主、客体做出伦理抉择：原文作者、读者、客户、源语文化和译入语文化，选择自己的"首要忠诚"（first loyalty）（Pym，1997：171）。除了"首要忠诚"之外，译者也必须照顾到其他主、客体的利益，因为从伦理角度来讲，翻译活动要改善文化间的关系，不能以损害一方或多方的利益为代价。译者在翻译中要充分考虑各方利益、不偏不倚，致力于改善文化间的关系，即"文化间性"，这是翻译的目的，也是译者伦理的中心。在皮姆看来，"文化间性"的改善是评价译者翻译行为的主要依据，译者在翻译过程中应该以此目的为原则，协调翻译活动中各主、客体之间的关系。

皮姆的翻译伦理思想让翻译界开始重新关注规约性研究。20 世纪初，翻译理论杂志《译者》刊发了以"回归伦理"主题的专辑，其中 16 位译界学者从个同角度阐释了对翻译伦理的认识，其中包括切斯特曼提出的五种翻译伦理模式。皮姆（Pym，2001：129-138）在引言中指出，在以前"矫枉过正"的时期，翻译伦理已被人们淡忘，但是随着翻译文化研究进一步深入，翻译研究又回到了伦理问题，当然这并不是回归到传统的"忠实"或"对等"，而是从更高层次对伦理问题的关注。本书认为以改善"文化间性为目的"的翻译伦理思想具有非常积极的意义。第一，皮姆的翻译伦理思想具有很强的实践性，与贝尔曼和韦努蒂的翻译伦理思想相比，皮姆的改善文化间性的翻译伦理更接近翻译实践，尤其对非文学类型文本的翻译活动具有较强指导意义。皮姆认为翻译过程涉及多方之间的关系协调，翻译的目的是通过各方合作改善文化间性，其中译者处于中心位置，负责协调处理各方关系。皮姆更注重翻译中主体之间关系的研究，即翻译中的主体间性，其翻译伦理更具人文关怀。第二，翻译评价标准的突破。皮姆认为翻译的目的，即改善文化间性是评判翻译的标准。这突破了传统翻译理论中的二元对立思想，打消了翻译策略中"非此即彼"的对立。译者采取"异化"或"归化","直译"或"意译"的依据，是根据哪个策略更有利于翻译目的——改善文化间性——的实现，这赋予了译者更大自由，使他们能灵活处理具体的、复杂的翻译实践活动。然而，此理论在操作层面有一定的局限性，这是因为文化间性属于一种价值判断，因为主、客体的不同，此价值判断——即文化间性——具有一定的不确定性。因此，在具体的翻译活动中，文化间性有时很难给译者的翻译活动提供较为具体的指导。

如同规范伦理目的论一样，皮姆的翻译伦理思想同样存有不足之处。主要表现在两个方面：第一，翻译目的模糊。皮姆认为翻译目的是改善文化间性，这一论断本身并无问题，也与翻译活动自身的特点吻合。但问题在于如何定义"改善文化间性"，什么样的文化间性才是更好的，是译者应该努力达成的。在不同民族的交流中，每个民族都热爱自己的文化，对他者文化或多或少都抱有排斥心理，大多会认为本民族的文化更加优秀。那在当代以英语国家文化为中心的世界文化格局中，什么样的文化关系才是更好的文化间性呢？是保持现有的格局，还是打破现在的局势，使各民族文化能够更加平等地交流？不同民族可能会有不同的答案。但是对于这些问题，皮姆并没有做出回答。行为目的的不确定性会使规范无法形成，从而很难指导具体翻译活动。第二，译者定位过于职业化。皮姆将译者的任务描述为协调各方关系，完成合作，达成互利。他对于译者任务的描述完全是在翻译活动职业的语境下，以互利为目的，从而忽略了译者的社会属性。作为社会个体的译者，除了要协调翻译各方关系之外，难免不受到其自身伦理观念的影响。当译者作为社会个体的个人伦理与翻译中作为译者的职业伦理发生冲突时，如何解决这个矛盾？两者之间是何种关系？例如，当文本内容对译者所属民族不利或污蔑时，译者是应该遵循赞助人意愿，完全照译原文，还是应该坚持对本民族的忠诚与热爱，拒绝翻译相关内容？皮姆的译者伦理未能涉及此种问题。此外，皮姆忽略了译者的民族属性。他认为译者在两种文化交流中，不属于任何一方，不代表任何一方的利益，而应该站在一个"第三空间"去完成翻译。这对于必然属于某一民族的译者来说，是无法完全做到的。法国微生物学家路易斯·巴斯德（Louis Pasteur）曾说，"科学虽然没有国界，但我认为，科学家应该有国籍"（转引自朱馥芸，1998：143）。自然科学家尚不能脱离民族之影响，人文领域的译者又怎可能完全中立？民族性必然会影响译者对文化间性的判断。要求译者站在"第三空间"，完全客观地、不偏不倚地处理两种文化交流中的问题是一种过于理想的方案。

二、以价值实现为目的的翻译伦理思想

安德鲁·切斯特曼是芬兰赫尔辛基大学（University of Helsinki）翻译学教授，其翻译伦理方面的代表性作品包括专著《翻译模因论：翻译理论中的思想传播》，论文《翻译之伦理》（"The Ethics of Translation"，1997）以及对翻译伦理研究意义深远的《圣哲罗姆誓约之倡议》。他擅长借鉴其他学科的概念和研究方法，获得灵感与启发，从而运用到翻译研究之中。他的"翻译模因论"便是从英国著名生物学家理查德·道金斯（Richard Dawkins）的专著《自私的基因》（*The Selfish Gene*，1976）中获得灵感，并且直接把理查德创造的"模因"（meme）一词用于翻译研究。

与其他翻译伦理研究者的思想相比，切斯特曼的翻译伦理思想的规范伦理属性最为鲜明。他首先确认翻译活动自身的价值，而后由价值生成相应的规范，后者演变为相应的翻译伦理模式。这与规范伦理学的"价值—道德—伦理"的逻辑模式完全一致。相对客观、科学的哲学研究方法使切斯特曼的翻译伦理思想呈现出很强的逻辑性，翻译评价标准非常清晰。

切斯特曼与皮姆属于同一时期，之间也有交流与合作，其《圣哲罗姆誓约之倡议》就发表在上文提到的"回归伦理"专辑之中。两人都倡导从伦理学角度研究翻译，虽然他们的翻译伦理思想不尽相同，但是他们都认为规范性研究对于翻译研究必不可少。切斯特曼指出，如果只进行描述性研究，翻译研究将丧失其最初的研究目的，翻译理论将成为"一条腿走路的理论"（one-legged theory）（Chesterman，1993）。切斯特曼早期著作《翻译模因论：翻译理论中的思想传播》就是关于翻译规范及其传播的研究。该书是切斯特曼翻译伦理思想的雏形，虽然在后来的研究之中他对其中个别概念进行了修正，但该书构建了其翻译伦理思想的理论框架。切斯特曼借用道金斯的"模因"一词用于翻译理论研究。他把"模因"定义为不同的翻译理论和思想（Chesterman，1996）。不同的翻译理论就是不同的"模因"，它们一起组成"模因库"（meme-pool），随着时间变化，不同"模因"之间的势力对比会发生变化，有的"模因"可能销声匿迹，而有的"模因"则逐渐地占据了主导地位演变成翻译规范。

切斯特曼运用规范伦理学的逻辑方法展开翻译规范研究，即要做出"对"或"错"、"好"或"坏"的判断之前，需要首先确定"价值"，那些符合"价值"要求的行为就是合乎规范，反之就不合规范。切斯特曼指出，他所倡导的翻译伦理与其他学者的翻译伦理有着本质区别，其伦理基

础不是责任和权力，而是翻译活动自身的价值，价值是一切的基础，责任和权力都以其为前提，因此价值是核心（Chesterman，1997a：147）。他进而指出了翻译的四项基本价值：明晰（clarity）、真实（truth）、信任（trust）和理解（understanding）（Chesterman，1997b：170）。"明晰"指译文应该清楚、易懂，不会给读者带来阅读误解，以此价值为基础生成期待规范（expectancy norm）；"真实"指译文应该与原文具有某种联系，应该如实反映原文，由此生成关系规范（relation norm）；"信任"指兼顾各方利益，优化交往效果，由此生成交往规范（communication norm）；"理解"指对翻译的各主体负责，生成责任规范（responsibility norm）（Chesterman，1997a：149-152）。在之后的研究中，切斯特曼的翻译伦理思想逐渐成熟，他仿照古老的医学职业伦理誓言——"希波克拉底誓言"（Hippocratic Oath），于 2001 年发表了《圣哲罗姆誓约之倡议》。前者是流传 2000 多年的医学伦理誓言，规定了医生的行为规范和对病人、社会的责任，直至今日很多国家还将其用于医生入职宣言。切斯特曼仿照它的结构，以古罗马翻译家哲罗姆（St. Jerome）命名，撰写了翻译领域的"希波克拉底誓言"。誓言共包括 9 条，且每条都有对应的价值基础。具体内容如下：

（1）我宣誓我会尽全力遵守此誓言。（承诺）

（2）我宣誓成为翻译行业忠诚的一员，尊重翻译职业的发展历史，与译界同仁共享自己的专业知识和技能，并在职业培训中将翻译知识传于他人。我不会为我的工作收取不合理的费用，我将永远竭尽所能完成翻译。（忠于职业）

（3）我将运用我的专业知识和技能跨越不同语言的障碍，最大限度上促进跨语际、跨文化的交流，消除人们之间的误解。（理解）

（4）我宣誓我的译文不会以不公正的方式来再现原文。（真实）

（5）我会在条件允许的范围内尽量使译文通俗易懂，易于理解，以表达对译文读者的尊重。（清晰）

（6）我发誓，我会严守客户的秘密，不利用客户的信息谋求个人私利，我保证遵循这一底线，并按客户的要求开展翻译工作。（可信）

（7）我会诚实地交代自己的能力和局限性，不接超出自己

能力范围之外的任务。（诚信）

（8）我会通知客户哪些问题未能翻译解决，允许第三方仲裁解决我们在翻译中产生的争议。（公正）

（9）我将竭尽全力提升翻译水平，包括语言、科技能力以及其他相关知识与技能。（追求完美）（Chesterman，2001：153）①

从誓言可以看出，切斯特曼修正和完善了他初期提出的翻译价值，尤其是添加了"忠诚"。"忠诚"取代了最初的"明晰"，成为翻译的基本价值之一，与理解、真实、信任共同构成了切斯特曼翻译伦理思想的价值系统。他进而提出了四种主要的翻译伦理模式：服务伦理（ethics of service）对应忠诚、交往伦理（ethics of communication）对应理解、再现伦理（ethics of representation）对应真实、规范伦理（norm-based ethics）对应信任。此翻译伦理体系基本概括了翻译活动中的重要价值和伦理关系，但也存在不足之处：各伦理模式关注重点不同，导致各伦理模式之间存在冲突的可能。例如，服务伦理要求服务于客户（赞助人），尽力满足客户要求，但如果客户要求删除或者改编原文的内容，译者将面对违反再现伦理的风险。为了使理论体系进一步完善，切斯特曼提出了第五种伦理模式——承诺伦理（ethics of commitment），即译者承诺尽最大努力译出最好译文。与其他四种伦理相比，承诺伦理处于更高的层次，其他伦理模式之间的冲突可以由承诺伦理来指导协调，译者甚至可以根据实际情况，在信守承诺伦理的前提下，根据实际需要打破常规、违背其他伦理模式。承诺伦理是关于译者个人德行或美德的规范，其指导意义和理论重心都在实践的主体——译者，与伦理学中的美德伦理内涵不谋而合。因此，从这个意义上看，切斯特曼的翻译伦理模式也呈现出美德伦理倾向，以主体的美德来判断行为的正当性。只可惜在此之后，切斯特曼未进一步完善他的理论，未对译者美德展开更加深入的研究。

切斯特曼的翻译伦理思想以价值为基础，推导出翻译中的伦理模式，在每种模式中，译者以相应的价值作为翻译目的，并遵守相应的伦理规范，呈现出典型的规范伦理目的论属性。因价值（目的）明确，其伦理模式具有很强的规约性和可操作性。此外，切斯特曼后期提出的承诺伦理也非常重要，从译者道德方面对译者进行了规约。承诺伦理虽然没有明确描述译者品德，但显示了对译者主体的重视与关怀，为之后的翻译伦理研

① 本书中出现的汉译引文，无特殊说明译者的，均为笔者忠实翻译原文而成。

究提出了一个新的视角。切斯特曼翻译理论的主要意义在于：

第一，完善了翻译伦理学科体系。其他翻译伦理只停留在"规范"层面，未解释"规范"的基础——价值。和伦理研究一样，翻译研究也需要确定了价值才能形成规范和伦理，没有价值基础的伦理就像是无本之木、无源之水，缺乏持续发展的内在支撑。切斯特曼的理论按照"价值—规范—伦理"的逻辑形式，在一定程度上完善了翻译伦理学科体系，这有助于"翻译伦理学"学科的建立，其意义相当于元伦理学之于伦理学。

第二，伦理模式和诉求较具体化，操作性较强。以不同价值为基础的不同伦理模式更贴近现实情况。在现实翻译实践中，译者需要面对不同情况和价值诉求，并做出相应判断和选择。其他翻译伦理思想大都从宏观层面规范翻译活动，而切斯特曼的伦理思想则更加具体、细致，他关注了翻译活动存在的不同价值诉求。切斯特曼的伦理模式规范了译者的翻译活动，二者相互制约、彼此影响。文化规范、文本类型、翻译目的、读者期待、译者个人的伦理观等因素都影响和制约着译者的选择。一言概之，译者在各种因素中寻求平衡与和谐（孙致礼，2007）。因此切斯特曼的伦理模式更贴近现实，对译者有很强的指导意义。

然而，切斯特曼的伦理模式也面临一些质疑，有自己的困境。各伦理模式之间存在的矛盾冲突是其理论的主要问题之一（涂兵兰，2010）。针对此问题，切斯特曼提出了"承诺伦理"，希望以它作为更高一层的伦理模式来协调其他伦理之间的矛盾冲突，并赋予译者活动更大的自主性和合理性。然而"承诺伦理"一方面似乎过于空泛，定义不够明晰；另一方面，似乎可以用来解释所有违背其他伦理的行为。这难免被扣上"折中主义"的帽子。切斯特曼翻译伦理思想面临的主要质疑可以分为三个方面。

第一，价值类型不够全面导致翻译伦理模式简单化。翻译界对切斯特曼理论的质疑首先是其翻译伦理模式的基础——价值，即其价值判断是否合理。翻译活动是一项复杂的社会活动，其过程涉及多个主客体，切斯特曼的五项价值是否能全面代表翻译活动的价值呢？答案是否定的。其实切斯特曼自己的文献就给出了答案，《圣哲罗姆誓约之倡议》的 9 条誓言中涉及了 5 项价值之外的价值，如第 8 条的"公正"和第 9 条的"追求完美"（Chesterman，2001：153）。既然翻译活动包含的价值不限于这五项价值，那么切斯特曼对价值的选择标准是什么？其标准是否合理？对于这些问题，切斯特曼没有做出解释。价值基础面临的质疑自然延伸至其伦理模式分类。切斯特曼虽然尝试用五大伦理模式概括翻译活动中的价值诉求，但绝不可能穷尽之。

第二，各伦理模式之间存在冲突，共存性较差。各伦理模式的价值基础存在冲突的可能性，即使是切斯特曼后来提出的用于解决这些冲突的"承诺伦理"也存在与其他伦理模式冲突的可能性。各伦理模式相对独立，缺乏系统化呼应，未能形成整体效应。如国内学者对此的评论，"在翻译过程中译者所受到的伦理约束是一个整体概念，我们不能简单地以其中之一种来排斥其他的伦理约束"（刘卫东，2008：99）。概而言之，切斯特曼的伦理模式类型有各自不同的适用范围，某个伦理模式在具体案例中可能适用，但他未进一步对这些伦理模式进行全局性和整体性的研究分析。

第三，翻译的文化功能未受到应有重视。切斯特曼的翻译价值都源于具体翻译活动。他未能从宏观层面关注翻译价值，也就相应地未能提出相关伦理模式。虽然切斯特曼也承认翻译伦理存在宏观和微观两个层面，但是他认为宏观事件会对微观事件产生影响，在文化间关系上产生广泛效果，进而影响译者翻译过程中的选择。虽然其研究是在两个层面的其中之一，即微观层面上展开，但这足以检验其翻译伦理模式的可行性（Chesterman，1997b：20）。然而这种说法很难成立，因为其伦理模式类型几乎没有提及翻译的社会文化功能。即使是被认为是翻译职业誓言的《圣哲罗姆誓约之倡议》，也没有提及翻译活动在文化方面的作用。传播文化是翻译的重要价值诉求之一，这不能不说是一种缺憾，使其翻译伦理思想未能上升到文化、政治和意识形态的高度。

第二节 以规范伦理义务为核心属性的翻译伦理思想

一、彰显异质的翻译伦理

安托瓦纳·贝尔曼是当代法国著名的翻译家、翻译理论家，在拉美文学及德国哲学的翻译实践和翻译理论研究方面都贡献卓越。他坚持哲学立场，是后结构主义翻译派的代表，他提倡通过"直译"的翻译策略来实现异化翻译，在译文中保持原文本文化的异域特征。其翻译理论代表作有《异的考验：德国浪漫主义时期的文化与翻译》、论文《翻译与异的考验》（"La Traduction Comme Epreuve de l'étranger"），以及在其病逝 17 年后，由他的妻子——西班牙语翻译家伊莎贝尔·贝尔曼（Isabel Berman）根据其讲稿和学生录音整理的《翻译的时代》（*L'âge de la Traduction*），该书于

2008 年出版（袁筱一，2011）。

　　贝尔曼的翻译伦理思想的详细阐释首先出现在 1984 年出版的《异的考验：德国浪漫主义时期的文化与翻译》一书中，在当时的法国翻译界引起轰动，被书评界推为当代翻译理论研究之经典著作（许钧、袁筱一，2001：250）。该书以 19 世纪浪漫主义时期的德国翻译界为研究背景，通过对众多翻译家及其译本的梳理与研究，向世人展示了翻译活动在人类历史和文化中扮演的重要角色。贝尔曼批判了传统上把翻译看作信息交流工具，无视或看轻译者角色的思想，提出了翻译的本质或最高目标其实是完成伦理行为——"伦理行为是指认可和接纳作为'他者'显现的'他者'"（Berman，1999：74）。这是贝尔曼翻译伦理思想的核心内容，也是其直译策略主张之基石。贝尔曼反对把翻译看成信息交流的工具或者纯粹的文学或审美活动，他认为翻译的目标是促进不同民族之间的对话与交流，而在这个交流过程中，源语言文化要以"他者"的形象展现在译入语文化之中，"他者"的异质不但不应该被抹杀，而且需要彰显。

　　贝尔曼认为，翻译是对"异"的考验包含了两层含义：首先，翻译力图让外语作品以其完全陌生的面貌向我们展开，从而建立起"异"（foreign）和"本"（propre）之间的联系；其次，翻译把作品从其语言本土连根拔起，"异"本身也要经受考验。这种考验对作品而言常常是某种流放，但它可以把翻译行为最为独特的能力展现出来，也就是外语作品核心中最为初始、最为隐秘、最为本真、也是最为"遥远"的部分在考验中显现出来（Berman，2000：284）。然而在翻译过程中，这种"异的考验"（即翻译的伦理目标）往往受到现实条件的影响。因为本土文化对外来文化总具有排斥性，原文本的"异质"总是不能完全按其原本的面目展示在译入语文化之中。这种阻力的具体表现形式被贝尔曼称为译入语的"变形系统"（deforming system）即阻止异质进入译入语。贝尔曼总结归纳了翻译中存在的 12 种变形形式：合理化（rationalization）、明晰化（clarification）、扩展化（expansion）、崇高化和流行化（ennoblement and popularization）、质量受损（qualitative impoverishment）、数量受损（quantitative impoverishment）、节奏破坏（the destruction of rhythms）、对潜在指称网络的破坏（the destruction of underlying networks of signification）、对语言模式的破坏（the destruction of linguistic patternings）、对本土语言网络或其异国情调的破坏（the destruction of vernacular networks or their exoticization）、对固定表达及成语的破坏（the destruction of expressions and idioms）、多种语言重叠的消除（the

effacement of the superimposition of languages）。他把这种分析方法称为
"否定分析"（negative analytic），这种分析与研究关心的是翻译过程中的
种族中心主义、兼并主义和超文本现象（混合、模仿、改编和自由写作）
（Berman，2000：286）。这种阻力会从心理上影响译者的选择和翻译策
略，使译者生成"变形"的译文，这样的译文往往比原文更"明晰"、更
"高贵"、更"流畅"、更"纯正"。这样的译文虽然传达了原文内容，却破
坏了原文"文字"，这恰恰阻碍了译者完成翻译的伦理目标。贝尔曼"否
定分析"——变形系统的前提是翻译活动还有另外一种方式，即"直
译"。贝尔曼的"直译"是指紧贴（原文）"文字"，在他看来，这比仅仅
传达原文的内容更为重要。这种翻译方法一方面会重现原文特有的指称过
程，另一方面能改造译入语——这是西方语言得以发展的原因。这是仅
仅传达"内容"的译文绝对无法实现的价值（Berman，2000：297）。

　　归纳来说，贝尔曼认为丰富译入语文化和语言是翻译的最高目标，
在实现目标的过程中，应反对种族中心主义，尊重"他者（异质）"，这是
译者的义务所在，是实现翻译伦理目标的根本保障。在此基础之上，贝尔
曼尝试把翻译学（研究）带入伦理的轨道，其翻译伦理关系主要是指原文
（化）与译入语之间的关系，其研究对象是翻译活动，虽然也涉及译者的
翻译策略，但未详细探讨译者伦理关系及选择。

　　贝尔曼的翻译思想开创了翻译伦理研究的历史，在翻译理论发展史
上意义重大，其翻译伦理研究的贡献主要包括两方面：第一，贝尔曼明确
地提出应该从伦理学角度去研究翻译，为翻译研究提供了一个崭新视角。
他把传统上关于文字、文化的争论全部纳入伦理学这样一个哲学分支，为
翻译伦理研究奠定了基础。皮姆指出，当翻译研究进入伦理层次之后，所
有关于翻译的争论（如忠实）就获得了不同的形式，上升到更高的层次
（Pym，2001）。第二，贝尔曼翻译伦理思想的提出为传统的"忠实论"注
入了新的活力，使其脱胎换骨。20 世纪 80 年代，在解构主义、后殖民主
义、译者主体论等翻译理论的冲击下，传统"忠实论"面临巨大的挑战，
然而贝尔曼将翻译目标伦理化，把那些抹杀"异质"的翻译称作"坏"的
翻译，这给翻译界带来一股"尊重异质、迎接异质"的新风。当然贝尔曼
的"直译"和传统的"忠实论"并不完全一致，后者认为译者只是传达原
文信息的工具，而贝尔曼认为译者的目标是努力传达原文的异质，使其在
译入语中得以彰显并发扬，译者扮演着民族之间语言与文化交流大使的角
色，是推动民族语言发展的重要力量。

　　贝尔曼翻译伦理思想的巨大贡献并不能掩盖其理论面临的一些质疑

与困境。正如玛丽·斯奈尔-霍恩比（Mary Snell-Hornby）所言，近年来出现的翻译理论大都是片面的或零散的（Snell-Hornby，2006：1）。贝尔曼的理论也不例外，面对的质疑与困境可以归纳为以下三点。

第一，翻译对象的历史局限性。贝尔曼对翻译目标的定义与描述，是针对文学作品而言，而文学翻译只是翻译活动的一个部分，其个体特点不能完全代表整体情况。应用性翻译活动，如日常交流、经济活动往来中的翻译等往往具有不同的特点。即使是文学作品，译者的翻译目的也会受到译者对原文类型定位和译文用途的影响，如文学作品可以用来辅助历史事件研究，这种情况下，翻译目标还是贝尔曼所说的"纯目标"吗？

第二，翻译评判标准的单一化与简单化。贝尔曼将"展现异质"看作翻译的义务，认为未能履行此义务的翻译都是"坏"的翻译，都无法实现翻译的"纯目标"。发生在现实世界的翻译活动，其内在伦理关系远非"原文和译文"一种，还包括译者和读者、译者与译入语民族、译者与国家审查机构等。这些伦理关系错综复杂，彼此影响，所以译文必定是各方势力斗争、冲突和最终妥协的产物。因此，仅仅用一种伦理标准评判译文似乎不够全面，翻译活动被过于简单化。例如，林纾的翻译策略显然不符合贝尔曼"直译"的要求，不能算是"好的"的翻译，然而在当时的中国，林纾的作品却起到了传播异域文化的作用。以传播西方文化，让中国了解世界的标准来看，林纾的翻译可以算是好的翻译，或者至少不是"坏的"的翻译。

如此看来，贝尔曼的评判标准过于单一。另外，此标准也过于简单化，忽视了翻译中其他因素和伦理关系对译者的影响和制约作用。例如，翟理斯（Herbert Allen Giles）在英译《聊斋志异》时，出于各种因素考虑，改写甚至删除了原文中与基督教道德规范不符的性爱描写（余苏凌，2011），这显示了社会道德对译者翻译的影响。既然影响译者的因素是多重的，那评判翻译的标准也不能只用译文是否展现异质来衡量。

第三，"否定分析法"过于理想化。贝尔曼运用否定分析法，指出了翻译实践中常见的 12 种变形，认为正是这些变形阻碍了翻译伦理目的的实现。他认为译者应该坚持"直译"的信念去实现翻译的伦理目的，这种观点过于理想化。译者作为社会个体，其翻译活动不是在"真空"中进行，很多时候无法完全按照自己的信念去翻译。面对译入语诗学、读者期待、意识形态和赞助商等因素，译者往往需要"审时度势"做出一定的妥协，这种做法在任何时代都在所难免。因此我们必须承认"翻译变形"的存在具有一定的合理性，是无法完全避免的。

二、富有政治性的差异伦理

美籍意大利裔翻译家、翻译理论家劳伦斯·韦努蒂就任于美国费城天普大学（University of Temple），精通英语、法语、意大利语等多种语言，主要研究领域包括英美当代文学、英美传统诗歌、翻译理论和翻译史。受解构主义、马克思主义和女性主义等思潮的影响，韦努蒂提出自己的翻译伦理思想，他反对文化领域的欧美中心主义，认为翻译的目的应该是打破帝国主义在文化领域的霸权地位并发掘弱势民族文化潜力。为此目的，他提出"差异伦理"思想，目的是通过翻译活动中展示的"差异"来瓦解欧美文化的霸权地位，解构欧美文化中心主义。其翻译理论代表著作包括：《译者的隐身》（*The Translator's Invisibility*，1995）、《翻译之耻》（*The Scandals of Translation*，1998）、论文《翻译、共同体、乌托邦》（"Translation, Community, Utopia"，2000）和《翻译改变一切》（*Translation Changes Everything*，2013）。《翻译改变一切》一书汇集了他在 2000—2012 年的翻译研究论文，主题包括翻译研究、翻译影响力、译者伦理和其他相关理论。

在《翻译之耻》的前言中，韦努蒂指出贝尔曼的翻译伦理思想给了他很大的启发，他认为"好的翻译就是用译入语来表现异域文本中的异域性"（Venuti，1998：1）。但是与贝尔曼重视翻译的文化功能相比，韦努蒂的翻译思想具有更强的政治性，他把"彰显差异"的目的上升到打破欧美文化霸权，解构欧美文化中心主义的政治高度。韦努蒂反对用流畅的语言进行翻译，主张用"抵抗式翻译"（resistant translation）来彰显差异，挑战欧美文化霸权，他认为这样的行为源于其伦理立场（Venuti，1998：11）。在其 1995 年出版的《译者的隐身》一书中，韦努蒂提出异化翻译理论，强调翻译应该紧贴原文，以保持译入语文化规范对外来语言表达方式和价值的开放性。而到了 1998 年的《翻译之耻》一书中，他开始强调在翻译中使用非标准语言，以此把原来处于边缘的民族文化和语言以"异质"的形式呈现在译入语之中（Pym，2003）。他把对"差异"的追求从文化领域延伸、上升到政治高度，体现出鲜明的伦理色彩。在韦努蒂看来，无论是"透明"的翻译，还是"译者的隐身"，都是英语强势文化地位的体现，是对弱势民族的压制、对弱势文化的同化，是文化领域的殖民主义。对此情况，韦努蒂主张建立尊重文化间差异性的伦理，他指出，"我支持的伦理立场是这样，它敦促翻译在阅读、写作和评估各方面对语言和文化的差异表现出更多的尊重"（Venuti，1998：6）。由此可以看出，韦努蒂的差异伦理的核心问题是尊重，对异质文化、语言的尊重，尤其是在当代欧美文化中心主义语境中，对弱势文化的尊重。这和伦理学中以"尊重"为核心的底线伦理观不谋而合，这仅仅是巧合还是我们可以在两者之间发现或构建某种关联？本书将在后面的章节讨论和分析底线伦理与翻译伦理的关系及启发意义。

为了彰显异质，让译者在翻译中"显身"，韦努蒂借用了美国翻译理论家菲利普·刘易斯（Philip Lewis）提出的一个概念，即反常的忠实[①]（abusive fidelity），这种"忠实"要求译者避开通顺的策略，用反常规的方法抵抗主流文化。国内学者这样解读"反常的忠实"："第一，它抵制目的语的话语系统，反对单一的、地道的和透明的话语；第二，与此同时，它也拷问异域文本的话语和结构，揭示那些隐含的情景。"（转引自张景华，2009：69）韦努蒂以此概念为依据，提出了他的"抵抗式翻译"策略。此策略被很多学者理解为韦努蒂对异化翻译策略的绝对支持，例如，皮姆认为韦努蒂的翻译思想是建立在"霸权文化与少数民族文化"、"标准语言与非标准语言"和"批判性研究和语言学"这样二元对立基础之上的，这样的理论与其说是翻译理论还不如说是关于文化和语言应用的理论（Pym，1999）。面对质疑，韦努蒂在接受郭建中访谈时做出了一些回应与澄清，他指出很多质疑源自对其概念的误解。一方面，他的"异化"不是一种策略，而是一种道德态度，"异化"不仅仅针对翻译策略，还包含译者对文本的选择；另一方面，他认为"异化翻译"和"归化翻译"并不是完全对立，异化翻译也需要落实到译入语之中，因此在一定程度上也算是归化（郭建中，2008）。韦努蒂对"异化"的阐释跳出了翻译策略的束缚，上升到译者的道德，不仅在一定程度上消解了"异化翻译"与"归化翻译"的矛盾对立，而且还把翻译伦理研究视野从具体实践上升至译者道德的研究，契合了美德伦理学的相关概念和研究方法。

也许我们可以将韦努蒂的翻译伦理思想看作贝尔曼翻译伦理的发展与进化，前者将翻译伦理的研究扩及政治领域，完善了翻译伦理的研究层次，而且有利于边缘民族文化的发声，弱势文化取得独立的地位。其理论意义主要表现在三个方面。

第一，"差异伦理"上升到国际政治高度。以贝尔曼关注翻译的文化功能为基础，韦努蒂提出"彰显差异"有利于打破文化领域的英美霸权，

[①]　abusive fidelity 还有不同的中文翻译，如"妄想的忠实、僭越性忠实"，本书采用王东风教授的"反常的忠实"，原因详见《译学关键词 abusive fidelity》（王东风，2008a）一文。

让原本处于边缘的民族文化以"他者的本真"形象独立地站在国家政治、文化舞台之上。韦努蒂的翻译思想触及了翻译伦理的本质，翻译实践中的伦理归根到底就是如何面对他者的伦理，以及以何种态度面对他者、异质，尤其是处于弱势地位的文化的伦理（朱志瑜，2009）。这一革命性的改变具有双重意义：在政治方面赋予了弱势文化更多的话语权，有利于各种文化的平衡发展；在学科建设方面，有利于翻译伦理研究的全面性发展。

第二，重视译者道德要求。首先，韦努蒂认为差异伦理的核心问题就是对他者的尊重，这要求译者在翻译过程中要敢于摆脱强势的欧美文化影响，尊重弱势文化，而"尊重"属于一种普遍性的底线伦理要求。其次，韦努蒂把异化翻译从翻译策略上升到译者道德层面，要求译者在翻译过程中始终以"彰显异质"为道德要求，而在翻译策略层面可以采取"因地制宜的伦理"。这显示了韦努蒂对翻译行为主体的关注，就像美德伦理学者认为做有美德的人比做符合道德规范的事情更为根本、更为重要。在韦努蒂看来，"彰显差异"的伦理和翻译活动中的异化策略是两个不同的概念，前者更为重要。此外，对译者道德的研究有助于丰富翻译伦理研究对象，其他相关研究基本以行为规范为研究对象。

第三，有利于打破英美文化霸权。韦努蒂翻译伦理思想的提出是以弱势文化文本译入英语为研究语境，他倡导用"抵抗式翻译"让译者现身，从而使弱势文化以其本真的面貌展现在译入语读者面前。在弱势文化对外翻译史上，为了迎合欧美尤其是英语语言文化与规范的"殖民主义式"翻译屡见不鲜。例如，有学者认为泰戈尔在将自己的诗歌译入英语时，遵循了英语诗学和文化规范。无论是内容还是风格，译文都与他自己用孟加拉文创作的原诗呈现出明显差异。在创作阶段，泰戈尔是一位民族主义者，而进入翻译阶段后，他却变成了自我殖民主义者（郭建中，2000：198）。泰戈尔的翻译因为迎合欧美主流文化价值，符合欧美霸权对印度的认知，而在西方世界大受欢迎。印度学者马哈斯威塔·森加普塔（Mahasweta Sengupta）对泰戈尔的评论却是"一个殖民主义和文化霸权的可悲追随者，他以仆人对待主人的口吻翻译自己的诗歌"（Sengupta，1990：63）。这种翻译正是韦努蒂所批评的"翻译之耻"，韦努蒂倡导的"差异伦理"就是为了打破这种局面，让弱势文化逐渐获得与英美文化同样的地位。

韦努蒂的"差异伦理"翻译思想得到了很多翻译理论家，尤其是来自弱势民族学者的支持和声援，并且他后期的研究也在一定程度上修正和发展了其翻译伦理思想。例如，他将"差异伦理"解释为"因地制宜的伦理"（ethics of location），即根据具体语境的历史和社会情况判断翻译的价值内涵，而不是在翻译策略上囿于一隅（Venuti，1998：188）。然而，韦努蒂的翻译伦理同样面对很多质疑，存在一些问题，主要可以归纳为三点。

第一，差异伦理的泛政治化。在出现"文化转向"之前，翻译理论研究基本上都把翻译看作是"价值无涉"的语言转化活动。20 世纪六七十年代以来，翻译理论家开始从不同的角度讨论文化理论（如解构主义、女性主义、后殖民理论等）对翻译的影响（石春让，2008）。韦努蒂又把翻译从文化层面提升至政治意识形态层面，他认为在翻译活动所有的作用中，文化身份的塑造最为重要。他指出"翻译有助于塑造本土对待异国的态度——对特定种族和国家表现出尊重或藐视，能孕育出对文化差异尊重或是基于我族中心主义、种族歧视或爱国主义基础之上的尊重或仇恨。长远看来，通过建立起外交的文化基础，翻译将在地缘政治中强化国家间的同盟、对抗和霸权"（Venuti，2000：328）。然而，翻译具有多种实践作用，政治意识形态作用只是其中之一，并不是所有的翻译活动都能与政治发生联系（张景华，2009：140）。我们很难在单纯的语言转换、意义传达中找到翻译的政治性，因此韦努蒂的理论似乎有些片面。更有翻译理论家指出，韦努蒂是在人为地建构一个权力斗争语境。道格拉斯·罗宾逊（Douglas Robinson）认为韦努蒂的翻译理论本质就是对资本主义的攻击，他设想了两种力量在相互对抗，一方是资本主义文化，一方是反资本主义文化（Robinson，2007：109），把所有翻译都置于这样一个"权力斗争语境"之中，无疑会抹杀翻译自身的独立性，使其沦为政治斗争的工具。"如此的泛意识形态化，对翻译学的认知并无帮助。"（孙艺风，2004：227）

第二，差异伦理过于"精英化"的路线。这里的"精英化"有两个所指，一是译者，二是读者。译者方面，差异伦理要求译者在翻译中用"抵抗式翻译"代替通顺的翻译，要求"隐身"的译者积极"现身"。韦努蒂认为体现"差异"的义务远比译文的接受更为重要。但是对以翻译职业为生的普通译者来说，译文如不能被赞助商认可、不被主流文化接受或不能吸引读者，译者的经济利益便无法得到保障，当生计都成了问题，又何谈翻译伦理呢？罗宾逊甚至批评韦努蒂这种精英主义立场是"盲目和虚伪的"（Robinson，2007：105）。读者方面，差异伦理反对的"通顺的、符合译入语语言和文化规范的译文"是广大普通读者所喜爱与推崇的。那种"彰显异质"的译文往往比较容易被社会精英阶层所接受，因为他们通常对原文的语言和文化有一定的了解，故对"异化"的译文有更强的理解能力和接受意愿。韦努蒂认为翻译是依靠文化精英分子所从事的一种文化和政治实践，有着良好教育背景的文化精英可以通过异化的翻译控制民族文化的构建（Venuti，1995：102）。而韦努蒂并不太关心普通大众对译文的接受情况，因为他认为后者对主流意识形态和民族文化的构建影响力较小，故不在他的研究范围。韦努蒂甚至表现出了对普通读者审美情趣的不屑，他认为大众审美观与读者期待抹杀了生活和艺术的区别。这种策略投射到翻译之中就是追求"透明"的，读起来不像翻译的译文。为迎合大众审美，翻译的策略必然趋向归化，翻译活动在一定程度上会被庸俗化。因此韦努蒂对读者的定位带有"精英主义"倾向，与现实情况有所脱节，他忽视了普通读者，即人民群众在文化和意识形态构建中的作用，这违背了唯物主义历史观——人民群众是历史的创造者。

第三，差异伦理的单向性。韦努蒂的差异伦理有其特定的历史、社会和文本语境。他的理论语境是现当代欧美文化中心主义体系中弱势民族作品译入英语文化国家，尤其是英语为母语的国家。但它很难适用于其他翻译语境，例如，当英美国家作品译入第三世界国家语言时，我们又应该采取何种策略呢？如果按照其差异伦理，采取"抵抗式翻译"，岂不是"助纣为虐"，助长了西方文化对弱势文化的侵袭？又如，当弱势民族作品译入其他属于弱势文化的语言时，译者又应该采取何种策略呢？如果选择彰显源语文化的异质，会不会造成新文化霸权的形成？因此，即使我们能接受韦努蒂对翻译本质的政治和意识形态定位，其"差异伦理"也依然面临"单向性"的问题。用其理论去解释强势文化译入弱势文化的翻译实践会让我们陷入矛盾的陷阱。

第三节　翻译伦理研究的新趋势

在切斯特曼、皮姆和韦努蒂的翻译伦理思想之后，翻译伦理研究相对进入了瓶颈期，未再出现像以上三位学者那样具有影响力的翻译伦理思想。大多数研究以翻译理论批评的方式展开，主要围绕以上三位学者的翻译伦理思想进行讨论，探讨各翻译伦理思想的适用性和局限性。此类研究主要结合哲学、伦理学、生态学、社会学等，以跨学科的方式对翻译伦理进行深入的讨论。

进入 21 世纪之后，随着机器翻译技术的迅速发展，尤其是在人工智能和机器学习技术的推动下，机器翻译应用场景日益增加，翻译实践呈现出"技术转向"(technological turn)趋势(Cronin,2010)。机器翻译场景下,翻译实践活动中的主体出现了变化,翻译软件的技术开发人员成为翻译过程的一部分,他们以技术的方式影响翻译实践活动。因此传统翻译伦理中的主体关系发生了变化,翻译伦理研究面临新的挑战。同时,在移动互联网的大背景下,众包翻译(crowd sourcing translation)也依托技术和网络得以迅速发展,这也为翻译伦理研究提出了新课题,如主译者和个体译者间的翻译伦理关系。

本节将从两个方面分析翻译伦理研究的新趋势:首先,翻译伦理研究借鉴其他学科知识和经验展开的跨学科式研究;其次,新技术背景下翻译伦理研究面对的新问题和新挑战。相信这能帮助我们更全面、更深入地认识和理解翻译伦理发展的最新动向与面临的问题。

一、翻译伦理研究的跨学科发展

进入 21 世纪以来,翻译伦理研究进入了相对平静的发展期,很多研究以理论批评的方式展开,讨论某种翻译伦理理论的适用性和局限性。我国学者主要围绕翻译伦理概念、伦理模式和研究方法展开讨论,研究虽取得了一些成绩,但未能有效地推动翻译伦理研究的深入发展。在此背景下,有学者提出可以借鉴其他学科的知识理论,对翻译伦理展开跨学科研究。

无论是翻译研究还是伦理研究,都和哲学有着无法割裂的联系,甚至从广义来讲,它们都属于哲学的一部分。因此,有学者开始尝试从哲学视角,尤其是伦理学视角,解构翻译伦理研究的本质、内涵与意义。方薇(2013)提出翻译伦理研究可以从道德哲学、伦理学领域汲取营养,从而界定翻译伦理中的重要概念。她认为传统规范伦理学和德性伦理学能为翻译伦理提供很好的理论基础,规范伦理学意在通过道德的应然规范人的行为活动,为人类活动提供一套统一而且客观的行为准则。方薇(2013)指出"相关论述恰恰与国内'规范导向'翻译伦理研究的兴起缘由不谋而合"。此外,随着德性伦理学的复兴,"善良意志""价值"重新回到人们的视野,校正了规范伦理只重视规则,而忽略行为主体的倾向。我们在讨论翻译规范的同时,不能忽视翻译伦理研究对行为主体,也就是译者的关注。译者的道德、价值取向都属于翻译伦理研究的范畴(方薇,2013)。

也有学者提出,翻译伦理属于翻译学和伦理学的跨学科研究,过往的翻译伦理研究大多由语言学学者从语言学或翻译学视角展开,在伦理学领域未受到应有的重视。杨莹等(2018)学者指出翻译伦理是为了解答和规范翻译领域的具体行为，其规范性特征符合伦理学的学科内涵，因此翻译伦理应该属于伦理学的一个分支。译者道德不是翻译伦理的唯一研究对象，赞助人、读者等主体的道德也属于其范畴。翻译伦理既有其普适性和国际性，也具有民族性，是协调文化间交流的重要媒介，因此我国丰富的传统伦理思想可以为翻译伦理研究提供更多的理论支撑，我们可以形成具有中国本土化特点的翻译伦理。

在对伦理学的借鉴方法上，欧阳东峰（2017）提出了更为具体的研究路线，他认为价值是伦理学的基础和指导，行为主体在价值取向的作用下做出选择和规范行为。同时这些价值是分不同层次结构的，自上而下包括四个等级：神圣价值（极乐与绝望）、精神价值（喜悦与悲伤）、生命价值（高贵与卑微）和感官价值（适意与不适意）（舍勒，2004：121-127）。将价值伦理的研究范式映射到翻译伦理领域，我们可以发现译者的翻译实践也是一个价值实现的过程。译者的翻译实践通常是在具体的历史语境中展开，译者通过翻译作品实现某一种或多种价值，在这个过程中，译者面对不同层次的价值，需要调节与其他价值主、客体（如赞助商、读者、原文等）的关系，确保核心价值的实现。因此，翻译伦理研究的主要问题就是研究译者面对各种层次价值时，如何做出取舍的问题（欧阳东峰，2017）。

在借鉴哲学尤其是伦理学相关理论方面，已有学者进行了较为深入的讨论。如宋以丰和曹波（2019）将翻译伦理研究纳入伦理学视域，指出翻译伦理可以分为多元论和一元论两种模式。前者将翻译伦理看作动态的、情景的概念，认为翻译行为受到多种因素制约，因此翻译伦理具有多元性。而后者则强调翻译的语言本质，主张从语言层面再现原文本的意义。他认为多元论和一元论各有利弊，前者忽略了翻译伦理的普遍性，而后者的研究则脱离了翻译的历史语境。换言之，多元论将翻译看作社会事件，而一元论则将翻译看作纯粹的语言事件。

因翻译伦理研究的伦理本质，哲学尤其是伦理学自然成了学者们展开跨学科研究的首要领域。学者们意识到伦理学作为一门成熟学科，其丰富的理论和发展经验，都可以为翻译伦理研究提供有力的支撑。宏观层面上，规范伦理学和德性伦理学为翻译伦理研究提供了两个不同的研究视角；微观层面上，价值作为伦理的基础，受到了学者们的重视，学者们认为"价值——规范"的逻辑方法同样适用于翻译伦理研究。虽然大部分研究还处在设想和论证阶段，但以伦理学为依托的设想具有非常积极的意义，不仅为翻译伦理学的深入发展提供了丰富的理论资源，还有助于提高翻译伦理学自身的学理性。

21世纪初，以胡庚申为代表的学者们在翻译适应论的基础上提出生态翻译（学）的跨学科研究方法。他们认为可以以生态学为视角，以"自然选择"的原理为基础，研究生态翻译、文本生态和翻译群落生态（胡庚申，2001）。虽然学界对"生态翻译（学）"存在一些争议，但近几年来，生态翻译研究相关理论得到了一定的发展。相关研究也注意到了翻译伦理的重要意义，提出可以从翻译生态的视角，在翻译生态的整体系统中研究各个翻译要素之间的关系，如译者与翻译生态、译者和读者、赞助人、出版者以及译评者之间的关系等。胡庚申依据翻译生态学的研究取向，提出了生态翻译语境下的翻译伦理四原则，即"平衡和谐""多维整合""多元共生""译者责任"。"平衡和谐"主要指翻译生态、文本生态和翻译群落中各要素直接的平衡；"多维整合"主要指译文的评价标准需要多样性，而非单一标准；"多元共生"指译本和翻译理论研究的多元共存，允许不同译本和理论的同时存在；"译者责任"主要研究译者对读者、赞助人以及翻译生态环境的责任与义务（胡庚申，2017）。相关学者对此进行了深入分析，肯定了"译者责任"在生态翻译伦理中的重要意义。它将"何为译""怎样译"与"为何译"集中在一起，在翻译生态环境中规范译者的翻译行为，从而帮助译者实现其真正责任。在这个过程中，只有译者承担起主导作用，翻译作品才能在翻译生态中得以生存，达成翻译生态的和谐统一（罗迪江、盛洁，2017）。由此不难看出，在生态翻译的语境中，译者处在翻译伦理的中心，起着至关重要的核心作用，是决定各种翻译伦理的关键所在。

当然，生态翻译学作为国内兴起的新兴翻译理论，在其迅速发展的同时也面临不少质疑。陈水平（2014）认为，生态翻译学自身的研究与学科内部存在一些悖论，主要有三：翻译生态环境与管理序链、适应选择中的译者中心和以适应选择论为"中坚"的学科构想。对于其中与翻译伦理密切相关的"译者中心"，他认为过分强调译者中心带来的问题表现在三方面。首先，否定了原文本的生命权。在适者生存的驱动下，译者可能会对文本进行整合和选择，以使译文得以生存，这在一定程度上剥夺了原文文本的生命延续权。其次，忽略了其他主体的权利。翻译活动除了译者之外，还包括读者、赞助人和国家机构等主体。片面强调译者中心和适者生存，可能会损害其他主体的利益。最后，忽略了可持续发展性。译者为了追求短期或少数人效益，可能会忽略翻译所肩负的文化历史使命。

生态翻译学为翻译伦理研究带来全新的研究视角，它将翻译伦理纳入生态语境之中，认为译者责任是翻译活动中各种关系的关键。译者以"适者生存"为基础，决定自己的翻译行为，同时调节翻译过程中的各种关系。不可否认，生态翻译学的视角为翻译伦理的发展带来了新思路，尤其是与生态伦理的结合，为今后的研究提供了一种可能路线。但是，生态翻译学视角也面临着一些问题，首先，生态翻译学将翻译语境类比于生态环境，将译本的延续和发展归结于"适者生存"的法则，其逻辑关系似乎有些牵强，如果生态翻译学说可以成立，那文学是否也可以纳入生态学视角展开研究呢？译本的生存不仅取决于自身质量，更是受到时代语境、传播环境和读者期待的影响。其次，过于关注译本的生存和译者责任，可能会忽略原作者和文本，从而剥夺了他们的延续权，这肯定与我们普遍接受的伦理规范相悖。与此同时，读者有权利了解和认知原文本的真实面貌，如果译者仅仅考虑译本的生存与传播，有可能会有意无意地迎合部分读者的认知期待，从而剥夺了其他读者了解原文本的真实面貌和意义的权利，这在一定程度上，也有悖于翻译中的基本伦理。

近年来，有学者以社会心理学的社会认同理论为视角展开译者翻译伦理研究。社会认同理论认为个体对自己所处的群体产生认同感，会形成对内群体偏好和外群体偏见，个体会通过实现和维持社会认同来提高自己的自尊（张莹瑞、佐斌，2006）。谭素琴认为，作为翻译主体的译者往往具有多重身份，可能从属于不同的社会群体，这通常包括：译者身份（语言转换者）、社会群体身份、角色身份和个体身份。具有多重身份的译者，其翻译选材、策略运用和文化取向等，都会在各种"社会认同"合力影响下产生。从社会性的角度看来，译者身份代表着译者在翻译语境中的选择（谭素琴，2019）。正如谭载喜所指出的，译者身份往往存在"主""次"之分，主身份是作为语言转换的译者身份，次身份则是作为社会个体在社会中扮演的角色身份（谭载喜，2011）。不同的社会身份会有不同的伦理和规范要求，译者的翻译过程就是服从某种社会身份所认同的伦理的过程。就译者而言，其面对的社会认同伦理包括三种：译者主要认同的社会群体内部的伦理规范；译者所在的职业群体所认同的伦理规范；译者作为个体的自我认同规范。其中，主要认同群体身份决定译者的社会地位与文化心态，以及需要遵循的基本规范，往往影响译者的翻译目的、文本选择和翻译策略；译者身份认同则规定了译者作为语言转换者要遵循的基本伦理规范，例如"忠实"和"服务"伦理；译者个体身份则是译者创造性的源泉和动力（谭素琴，2019）。

在社会心理学关照下，翻译伦理研究主要围绕译者主体展开，但译者不再是单纯的语言转换者，而是置身于复杂社会群体中的具有多重身份的社会个体，这有利于将翻译伦理的研究内容从语言层面扩大至社会和文化范畴。其对译者身份的三个分类与过去的分类方法基本相同，其中"译者个体身份"概念有待商榷，因为这里的"译者个体身份"与前两类分类有重合之处。比如，译者的创造性翻译必然受到所处主群体的规范和伦理制约。同时，将译者主体作为翻译伦理研究主要内容，可能会夸大译者的作用，忽略客体（原文、译文）的客观价值事实，毕竟译者需要通过客体（译文）才能实现其对社会身份认同的追求。

在过去 20 年左右的时间，翻译伦理发展呈现出的一大特点就是跨学科研究模式的展开。当翻译伦理研究在语言学学科内部无法取得更深入发展的情况下，跨学科研究为翻译伦理研究带来了新的发展契机。翻译活动本身不是一种单纯的语言转换活动，它必定涉及了社会、文化、政治等方方面面的关系，将翻译伦理研究纳入更大、更广的视野是该理论发展的必然出路。但在这个过程中，我们需要保持头脑清醒，避免生搬硬套。跨学科研究并不是简单地从其他学科借用一些名词或理论，只有所借鉴的学科和翻译伦理自身有内在逻辑关系，才能保证理论的适用性。在以上研究成果中，翻译伦理与哲学，尤其是伦理学的结合相对更令人信服。首先，翻译伦理的研究重点就是翻译活动中的伦理规范和伦理关系，而这恰恰就是伦理学的研究内容。翻译伦理研究与伦理学有着先天的、密不可分的关系，这是其他学科所不具备的。其次，翻译活动本身就是一种复杂的社会活动，而社会活动之中必然包括各种伦理关系，可以从伦理学的角度进行理解与阐释。当然，如何借鉴伦理学是今后的研究重点，毕竟现有的研究成果只是给出了研究方向，具体的方法和路径还有待进一步探索，这也是本书后面将要讨论的重点内容。

二、机器翻译语境中的翻译伦理

翻译技术的成熟发展和日益增多的应用场景，为翻译伦理研究带来了新的研究内容和应用场景。在机器翻译或机器辅助翻译的语境中，我们需要面对新的伦理关系，如译者和翻译软件，赞助人和翻译软件等。同时，翻译活动的参与主体也随之增加，其中之一便是翻译技术的开发人员，他们通过技术间接参与和影响翻译活动。因此，近几年已有学者开始关注翻译技术应用场景中的翻译伦理研究新内容。

任文（2020）认为翻译技术的深度应用是当前翻译服务行业发展的一大特点，这为翻译伦理研究带来了新的伦理实践模式，我们可以运用切斯特曼的五种翻译伦理模式、道义论和目的论以及汉斯·约纳斯（Hans Jonas）的责任伦理来应对和研究翻译技术带来的新问题和新挑战。翻译技术的发展与运用是现代语境下翻译活动的重要特点之一，其运用正在改变传统意义上的翻译活动方式。计算机辅助翻译、机器翻译、译后编辑和众包翻译给传统的以个人（译员）为中心的翻译模式带来极大冲击。参与其中的译员不得不面对更为复杂的伦理问题和关系。例如，如何理解翻译质量和译后编辑工作，如何处理自身和翻译技术（软件）的关系。传统的"译者和文本"模式变成了"翻译技术、译者和文本"模式，译者的翻译（工作）方式和策略必定会受到翻译技术的影响。其中首要面对的问题便是"以译者为中心"的翻译技术辅助翻译，还是"以翻译技术为中心"的译者辅助翻译。当我们无法判断谁是译本的第一作者和责任者时，传统的翻译伦理模式变得愈加复杂。

任文进一步指出，切斯特曼的五种翻译伦理模式更多地用来指导翻译的过程，而对翻译之前和翻译之后的伦理行为关注较少。为此，她认为技术时代的翻译伦理可以借用约纳斯的责任伦理，这可以帮助译员做出"是否翻译""为谁翻译""译后如何"等方面的伦理选择。在责任伦理者看来，技术带来的影响可能会远远超出运用技术个体的道德想象力，其影响是全面的、整体的。因此，可以建立基于伦理目标层次的伦理观和基于伦理目标距离的伦理观，当不同层次或距离的伦理目标发生冲突时，以"高"或"远"为上。具体来说，翻译伦理目标是分层次的，基本层次是为客户和读者负责，更高层面是为人类社会贡献价值。当两者冲突时，应该以"高"为上。伦理目标的距离远近是指伦理目标实现或影响力时间长度，满足客户、读者的需求属于距离较近的责任伦理目标，而尊重版权、著作权和译员的创作则属于远距离伦理目标，当两者冲突时，应该以"远"为上。例如，使用机器翻译可以提高翻译速度，满足客户和读者需求，但技术的运用，例如语料库的使用，可能会侵犯其他人的版权或著作权，这时我们应该以后者为重。（任文，2020）

李晗佶和陈海庆（2020）也关注了技术对翻译伦理研究的影响。他们认为，技术时代对传统翻译伦理在规约主体、规约标准和规约场景等方面带来新挑战。我们需要从翻译技术研发、使用和教育的不同阶段，对技术人员、译者以及教育工作者所应承担的责任与义务进行明确，这是翻译伦理研究的新范畴。

翻译技术的应用是一个比较宽泛的概念，主要包括机器翻译、计算机辅助翻译、一般工具和电子资源类。在人工智能、大数据和机器学习等技术的推动下，翻译技术日益智能化，在实践中的应用范围越来越广泛。新兴技术在极大地提高了翻译效率的同时，解构了传统翻译中的一些伦理关系。首先，翻译伦理所规约主体的多元化。翻译技术的开发、使用和教育阶段都涉及新的参与主体，这些主体在翻译活动中的责任和义务是传统翻译伦理未曾涉及的。其次，翻译伦理规约标准的模糊化。"忠实""等值"等规范是传统翻译伦理主要讨论的问题，但在翻译技术语境下，尤其是在信息交流需求迅速增长的局面下，这些传统标准受到了挑战，有时不得不让步于效率。很多翻译项目时间紧、任务重，而且成本预算低，这使得译员不得不借用翻译技术，提高翻译效率。同时，因为时间紧迫，译员通常没有时间对译文进行精心打磨。而一些翻译发起人的"能读就行"的标准，在一定程度上也降低了大家对译文质量的期待与要求，传统翻译规范伦理受到挑战，需要面对新形势做出应对。最后是翻译伦理规约场景的数字化。翻译技术不仅为译者提供技术支持，还改变着翻译实践工作模式。例如，网络技术和语料库促进了"众包翻译"模式的发展，众多译者可以依托翻译软件（平台）合作翻译同一个项目，在较短时间内完成浩大工程。数字化模式下，译者与管理者、译者与译者之间伦理关系是传统翻译伦理研究未曾遇到的局面。

　　除了译者面临更复杂的伦理关系之外，翻译技术语境下的多元主体为翻译伦理带来了新的研究内容。首先，翻译技术的开发人员成为翻译伦理研究的重要内容。这主要包括两个方面：第一，翻译技术中运用语料库的合法性问题，即哪些文本可以作为翻译技术的语料库，是否涉及版权、机密等问题。第二，翻译技术中人性化设计的缺位。翻译技术使得译员不仅要从事一些简单的校对工作，还被剥夺了主动创造的权利，因此翻译技术的发展需要考虑翻译人员在其中扮演何种角色。此外，翻译技术运用中，译者应该承担的责任。译者在对机器翻译的译文进行校对和润色时，需要参照何种标准？是译文能读就行，还是需要做到力所能及的完美译文？而同时非职业译者的活动也需要有效约束，翻译技术降低了翻译门槛，出现了非职业译者，他们的活动也应该受到翻译伦理的约束。此外，翻译技术的教育和培训过程中，应该融入翻译伦理教育，为学生将来面对技术伦理困境提供解决策略。学生不仅需要学会如何应用翻译技术进行翻译工作，还应该树立正确的翻译伦理观，能正确地应对翻译技术可能带来的伦理问题。

　　翻译技术的应用常见于非文学（应用型）文本翻译，更多地在商务、技术文本和日常交流中使用，正如以上两位学者的研究也基本是在应用型文本的语境中展开。近年，随着人工智能和机器学习的快速发展，已有学者开始关注翻译技术在文学文本翻译中的应用，并对其中的翻译伦理展开讨论。

克丽丝缇娜·特瓦科斯基-施洛夫（Kristiina Taivalkoski-Shilov）（2019）讨论了机器（辅助）文学翻译中的相关翻译伦理问题，她以近些年的相关研究为基础，指出"译者声音"（voice）是机器（辅助）文学翻译面临的困难之一，同时也未受到充分的重视。她认为，当代翻译领域的新形势（翻译速度要求高和外包翻译服务）给译者带来了新的翻译伦理挑战，例如版权问题。而机器（辅助）翻译对译者就像一把双刃剑，一方面，为译者的翻译带来了便利，如因特网、翻译记忆软件等技术极大地提高了译者的翻译效率。虽然大部分文学译者拒绝使用机器（辅助）翻译，但也有个别译者会借用技术提高翻译效率，如使用机器辅助翻译软件建立特有的翻译记忆库，既可以减少重复劳动，又可以保持译文的一致性。而另一方面，技术的使用在一定程度上压缩了译者的自主空间，例如，翻译公司、客户会要求译者必须使用某个翻译记忆工具进行翻译，这使得译者只能重复过往的翻译，导致翻译单位片段化，译者很难从篇章的角度进行翻译。这不仅会影响翻译质量，而且会给译者带来不必要的心理负担。同时，因为使用了机器（辅助）翻译，翻译发起人往往会降低译者的翻译报酬，职业译者的生计受到了很大影响。此外，众包翻译也威胁着译者的生存，它不仅降低了翻译门槛，非专业人员也可以参与其中，还降低了对译义质量的要求。当然，因文学翻译的特殊性和对译者创造性的要求，机器（辅助）翻译对于文学翻译译者的限制和威胁相对较小，短时间内文学译者很难被机器替代，但已有学者意识到了机器（辅助）翻译会给文学译者带来新的挑战，译者需要面对新的伦理问题。

首先是翻译质量。从翻译伦理视角来看，翻译质量可以从三方面进行衡量：翻译产品（译文）、翻译过程和翻译产业。这三者密切关联，译文质量依赖于翻译过程，而翻译过程又受到社会因素，即翻译产业的影响（Abdallah，2012：36-37）。译文质量包括内容和形式两个方面，其质量要求通常取决于翻译目的，对于不同类型文本和客户需求，译文质量标准可以是多样的。然而对于文学翻译来说，译文质量要求的变化范围相对较小，因为文学文本受到版权保护，且是具有表达性和持久性的文本。劣质译文（无论是否为机器翻译）会损害原文作者的利益，有损于他们的名誉。同时，劣质译文还损害了读者利益，使得读者无法读到真正的原文。此外，劣质译文还会阻碍文学观点和技巧的跨文化传播。但是，机器（辅助）文学翻译的支持者对译文质量有不同的理解，其代表性观点是文学翻译中译文质量标准可更为宽松。在某一项实验中，研究者将原文（英语）先用机器翻译译成法语，然后进行后期人工编辑，产生最终译文。研究者邀请9位普通读者和1名专业译者阅读译文，结果显示大部分普通读者对译文质量表示满意，认为其可读性较强；而专业译者却指出译文在风格和文化参照方面存在一些错误，认为机器翻译虽然节省了时间和金钱，但译文质量相对较低。与此同时，该译者并没有完全否定机器翻译的译文，认为原文作者和读者可能在一定程度上接受此种质量的译文，毕竟原文作者可能因此会获得更多的读者，而读者能在更短时间内读到他们喜欢的作品。

机器（辅助）翻译的过程也带来了新的问题。机器辅助翻译通常有两种模式：一种是先由机器翻译生成译文，译者后期编辑校对，另一种是译者在翻译过程中，机器给出翻译建议或提示。第一种模式中，译者对机器译文进行后期加工和修改。但与直接翻译相比，译者并没有轻松多少，有的译者认为对机器译文进行后期编辑就像"在黑暗中翻译"，因为译者常常需要将原文和译文进行对比，以确保译文能在篇章的宏观层面忠实地传达原文意义，而非简单地与原文进行字句的对照，而第二种模式正是机器翻译的主要模式。译者后期编辑花费的时间并不比直接翻译用时少，这个过程中译者可能需要面对更多的认知和精神压力。第二种模式中，面对机器的翻译建议，译者因对机器的控制存有抵触情绪，往往不会欣然接受。这可能是因为绝大多数机器翻译软件的设计并没有职业译者的参与，所以导致译者对机器翻译的认可度较低。如果译者能参与到机器翻译软件的设计，使其更以使用者为中心，也许能改善译者对机器（辅助）翻译的态度，当然翻译技术的使用必须考虑对译者行为和福利的影响。

机器（辅助）翻译对翻译产业产生深远影响。机器翻译的发展势必影响甚至压缩职业译者的生存空间。在非文学翻译领域，熟悉翻译技术是译者生存的关键条件。尽管文学翻译译者受翻译技术发展影响较小，但他们的日子并不好过。文学翻译报酬低廉是一个老问题，大多数文学译者的报酬都不足以支持他们过上体面的生活，翻译通常是他们的副业甚至业余爱好。一旦机器翻译进入文学翻译领域，这会进一步压缩文学译者的生存空间。

机器（辅助）翻译文学作品还要面临"声音"与"噪音"的问题。文学作品的"形式"与"内容"密不可分，"声音"作为一种"形式"，是作者特有的表达方式。文学译者在翻译文学作品时会根据自己的理解尽量再现原作的"声音"，而这对机器（辅助）翻译是一个巨大的挑战。如果使用针对某一作品设计的机器翻译记忆软件，原作的"声音"还比较容易保留；但如果使用通用型的机器翻译记忆软件，原作的"声音"很难得以保留，译文"声音"很容易同质化。此外，翻译记忆软件需要大量语料，其中很多是专业译者的译文作品，这是否涉及版权问题，是否需要向译者支付费用呢？译者是否有权禁止机器翻译软件收录和使用自己的作品？如果译者不能得到回报，从长远看来，机器（辅助）文学翻译的质量也无法得到保障。这些都是机器（辅助）文学翻译需要面对的新的伦理问题。正如所有译者都有自己的"声音"特点，机器（辅助）翻译软件也有自己的"声音"，这往往被看作是一种"噪音"，通常表现在审美和道德层面。虽然机器（辅助）翻译不乏好的译文，我们却对其有一种刻板形象，认为机器译文的"声音"奇怪、令人费解，"机器译者"缺乏常识、行为无法预测。然而有学者却认为，这很可能是机器翻译的优势所在，因为人类译者的伦理观念、主体性等因素会影响其译文，可能成为译文中的"噪音"，而机器译者却不会受到这些影响，只会根据其翻译记忆的内容进行翻译，这恰恰是机器翻译的优势。

　　无论在非文学的应用领域还是文学领域，机器（辅助）翻译的应用场景都在日益增多，翻译软件及其设计人员将作为新兴主体更多地参与到翻译活动中。随着语音识别技术的进一步成熟和发展，机器翻译将不再局限于笔译领域，而将更多地应用到口译场景。新主体、新关系的出现，必然使翻译活动面临一些新的伦理问题，如以上所提到的翻译质量标准、译者与机器翻译软件和译者著作权等问题。笔者认为，虽然翻译技术给翻译伦理研究带来一些新的问题和伦理关系，但是翻译伦理研究的对象没有改变，人（翻译活动的主体）依然是翻译伦理研究的重点之一。在将翻译技术纳入研究视野的时候，我们需要掌握以下几个原则：第一，翻译从业人员和研究者需要正视现实，即机器（辅助）翻译已然成为翻译实践的一种形式，其参与的广度和深度都会随着计算机技术的发展不断深化。因此，无论是译者还是研究者，需要用积极的心态迎接和适应机器（辅助）翻译带来的变化。第二，机器（辅助）翻译只是其设计人员理念的"执行者"，其翻译方式、准则甚至伦理标准，都是其设计人员思想的映射。因此，机器（辅助）翻译中的翻译伦理依然是以人为本，是对人际关系行为方式和准则的研究。第三，译者的权利（例如，知识产权、生存权和创作权）需要得到尊重和保护，这是翻译产业得以存续发展的根基和动力源泉。现有的机器（辅助）翻译基本都是以原有的译文作为语料库，这都是人类译者的智慧结晶。如果我们无视这些原创翻译的价值，译者的生存和尊重得不到保障，原创翻译文本数量和质量都会停滞不前，翻译技术将成为无源之水，失去发展动力。除非将来人工智能技术极大发展，机器具有了和人类一样的智慧，可以自我学习和创作，机器（辅助）翻译不再依赖人类译员的原创译文，但这一天的到来似乎还需要很长时间。

第四章　元翻译伦理——翻译伦理研究的基础

前面的章节回顾了伦理学和翻译伦理研究的历史发展与现状，并以伦理学为观照，分析了现有翻译伦理理论的现状与不足。各种翻译伦理理论从诞生的一刻开始，就面临着各种质疑，解释力都有一定的局限性，往往只能解释某种类型的翻译现象，如韦努蒂的差异伦理重点关注弱势文化译入英语文化这类翻译实践，或者理论体系内部存在矛盾，如切斯特曼的五种翻译伦理模式。而且各个理论之间的关联性不强，研究重点不同。本书将借鉴伦理学的逻辑框架与术语，构建翻译伦理研究的整体框架，明确翻译伦理研究中的重点概念、研究内容和研究方法，并探讨翻译伦理对翻译实践的解释和指导作用。

翻译伦理研究是一种特殊的、应用型的伦理研究，它从属于应用伦理学分支。因此，翻译伦理研究可以从伦理学学科框架、基本理论与研究方法等方面找到可以借鉴的地方。本书将以此为思路，将伦理学中的元伦理学、规范伦理学和美德伦理学投射到翻译伦理研究，分析它们在翻译伦理领域对应的研究内容与内涵。此外，本书将提出"翻译伦理诉求"这一概念，并分析影响译者的翻译伦理诉求选择的基本要素。

第一节　伦理学视域下的翻译伦理研究

翻译伦理研究发展至今，各个翻译伦理思想都面临一些自身无法回答的问题，各个翻译伦理思想之间也存在矛盾冲突，其根本原因在于研究角度的相对片面性。与伦理学悠久的历史、成熟的学科架构、丰富的理论和科学的研究方法相比，翻译伦理研究起步较晚，至今未能形成比较成熟的理论框架。

翻译伦理研究可以看作是伦理学中的一个特殊领域，与伦理学是局部与整体的关系，翻译活动也理应具有一般伦理活动的共性。因此，将伦理学的学科架构、基本理论和研究方法引入翻译伦理研究是具备可行性的。

第一，从学科层面分析，翻译学研究与伦理学在研究对象、内容和目的上具有高度的同质性。首先，伦理学以人们的普遍社会实践活动为研究对象，其中涉及不同社会背景中的行为人、社会背景和人与人之间的关系。翻译学的研究对象是翻译活动——一种具体的社会实践活动——其中的行为主体"译者"虽然具有翻译从业者的职业属性，但是同样具有社会属性，社会属性是职业属性的基础。在翻译活动中，无论是原文、译文、译者，还是读者，他们都处在一定的社会文化背景之中，其行为受其约束，这一点与伦理学的研究内容和特点具有一致性。其次，伦理学的研究内容是人们实践活动中的关系和调节关系的准则。翻译学研究中，无论是翻译方法还是翻译策略，其研究对象关键词都是"关系"和"标准"，蕴含着多种伦理关系，体现了鲜明的伦理属性。例如，翻译方法研究中主要是两种语言，源语言和译入语以及它们根植的文化之间的关系。而在翻译策略的研究中，除了语言之间的语言和文化之间的关系，还涉及民族以及国家之间的关系对比。此外，在翻译史研究中，对译者的研究，也必然涉及人际关系，如译者与赞助商、译者与原作者和译者与读者之间的关系，这些都具有鲜明的伦理属性。从根本上看，各类（伦理）关系是翻译研究的主要和重点研究内容，这与伦理学研究内容高度一致。最后，伦理学研究的重要目的之一是探索和制订相应的行为准则，用以规范人们的行为活动，体现出很强的"规范性"，而这与翻译学的主要研究目的不谋而合。回顾翻译学的研究历史，无论是"直译"与"意译"之争，还是"归化"与"异化"之争，其本质与目的都是探讨翻译行为的相关标准，用以规范译者的翻译实践活动，这些规范也可以用于解释译者的具体翻译活动。翻译学研究与伦理学具有相关的研究目的，即规范属性。从以上对翻译学研究对象、内容和目的的分析可以看到，翻译学研究与伦理学具有高度的同质性。因此，伦理学的研究方法和体系可以投射到翻译学研究，指导、推动翻译研究的发展。

第二，从哲学层面来看，伦理学对翻译学研究的借鉴作用符合辩证主义认识论的规律。翻译伦理研究可以看作应用伦理研究的一个分支，与伦理学是局部与整体、个性与共性的关系。马克思主义唯物辩证法认为，个性和共性是连接人类认识的根本秩序与基本规律（孙慕天，2010）。个性是具体、生动、直观的；共性是抽象、理性、规律的。两者结合在一起，构成人对现实世界的认识。首先，伦理学是关于伦理活动共性的认知，翻译伦理研究以翻译活动为对象，属于对"个性"的认知。我们可以利用伦理学知识（对共性的认识）指导翻译伦理研究（对个性的认识），这符合人类认知事物的基本规律，在逻辑上是科学可行的。其次，伦理学成熟的体系和丰富的理论是翻译伦理研究有待发掘和利用的"宝藏"。伦理学的历史源远流长。在中国，伦理学的产生可以追溯到孔子及其儒家学派思想。在西方，伦理学则可以溯源至公元前 5 世纪到公元前 4 世纪的苏格拉底、柏拉图和亚里士多德。

伦理学在此后 2000 多年的发展史上，历经古希腊罗马时期、中世纪、近代和现代四个时期，学科发展日臻完善、成熟。伦理学学科的发展历程、学科架构、研究方法、丰富理论以及哲学基础，都可以为翻译伦理研究学者所借鉴。事实上，已有一部分学者在此方面做了有益的尝试，如吕俊（2002）将尤尔根·哈贝马斯（Jürgen Habermas）的商谈伦理学理论引入翻译学学科建设，蔡新乐（2005）提出以美德伦理学为观照，重视翻译行为主体（译者）的品德研究。这些研究不仅体现了伦理学（共性认知）对翻译研究（个性认知）的借鉴意义，还从实践上验证了此方法的可行性。所以，伦理学的发展经验和丰富理论有条件成为翻译伦理研究的"智慧之源"。

在伦理学观照下展开翻译伦理研究不仅具有可行性和科学性，还对翻译伦理乃至翻译学科的发展具有非常积极的意义。现有的几大主要翻译伦理思想虽然取得了一些成绩，但是如前一章所述，翻译伦理思想或相关理论仍存在片面化、碎片化、不系统的问题。因此，确定翻译伦理的研究范围和内部分类是当下的重中之重，这不仅有助于解决翻译伦理研究目前遇到的问题，还能推动翻译伦理研究的科学化，其积极意义主要表现在以下四个方面。

第一，有助于我们对翻译伦理研究形成全面的认知。目前的各种翻译伦理思想采用不同的研究视角，相互独立。它们的研究重点不同，各自的认知难免出现"盲人摸象"的片面情况。借鉴伦理学学科框架，组织、协调现有翻译伦理思想，发现彼此之间的联系与互补性，有助于形成对翻译伦理全面、系统的认识。此外，现有的翻译伦理研究偏重规范性研究，元伦理学和美德伦理学的研究视角将扩大翻译伦理研究之视野。

第二，有助于将翻译伦理研究上升至哲学层面。现有翻译伦理思想大都围绕翻译活动的具体社会、文化价值展开讨论，换而言之，具体问题研究居多，抽象的哲学层面研究偏少。伦理学，尤其是元伦理学相关理论和研究方法会为翻译伦理研究带来更多的哲学元素，提高研究的科学性。

第三，为今后建立翻译伦理学奠定学科基础。翻译伦理研究仍然只是翻译研究的一个途径，一种研究视域。借鉴伦理学的发展经验、研究方法有助于建立翻译伦理学，从而使相关研究更具有价值与影响力，同样也会吸引更多的学者投身到翻译伦理的研究之中。

第四，翻译伦理研究的成熟发展将对翻译实践产生积极影响。在翻译伦理观照下，我们可以更好地理解、解释和评价具体的翻译活动，同时也能为译者的翻译实践提供理论层面的规范和指导。

根据王海明（2001：1）的分类方法，伦理学分为"伦理学学科之科学"的元伦理学、"以规约为目的"的规范伦理学和"注重行为主体品德"的美德伦理学三个分支。本书认为，这个分类方法也包含了翻译伦理研究的主要内容。例如，几种影响力较大的翻译伦理思想基本都呈现出很强的规范属性，将规范伦理学的主要理论投射到翻译伦理研究，有利于从哲学层面诠释现有翻译伦理思想的合理性与困境所在。引入元伦理学和美德伦理学将完善和丰富翻译伦理研究。因此，本书借鉴伦理学分类方法，将翻译伦理研究分为元翻译伦理（纯理论研究）和应用翻译伦理，其共同组成了翻译伦理的整体研究框架。

元翻译伦理研究包含研究框架、核心术语和伦理诉求。根据研究对象的不同，应用翻译伦理可以分为以翻译行为为研究对象的规范翻译伦理和以译者为研究对象的美德翻译伦理。规范翻译伦理内部，根据逻辑方法，又可以分为目的论翻译伦理和义务论翻译伦理。根据美德类型，美德翻译伦理包括译者的个人道德和职业道德。

综合分析，我们可以将翻译伦理研究的框架用图 4-1 进行呈现，以帮

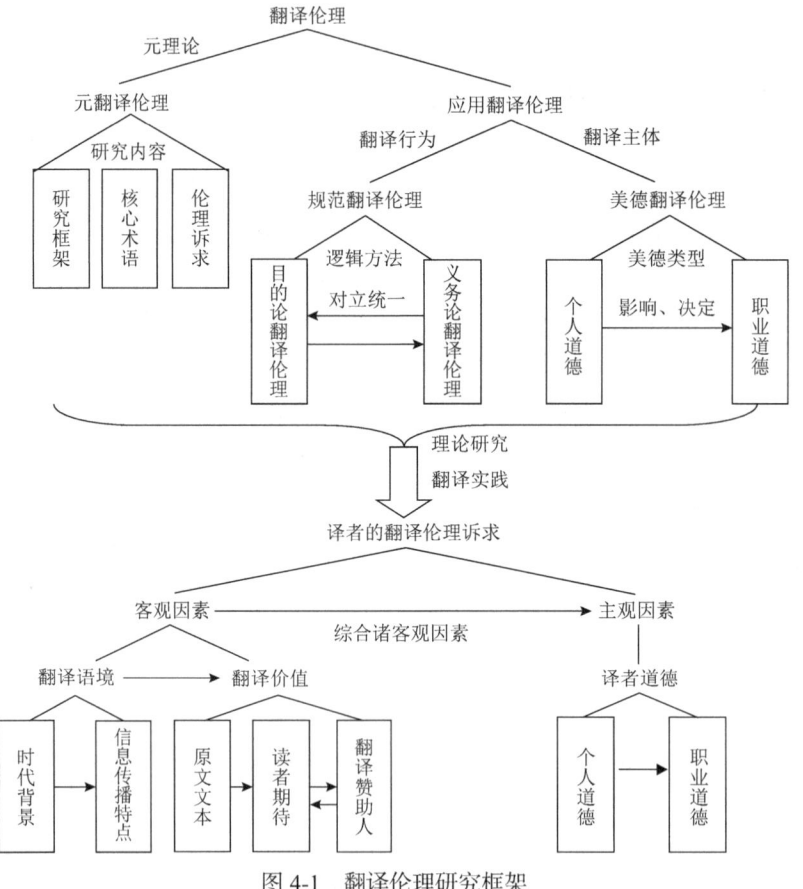

图 4-1　翻译伦理研究框架

助我们形成更加形象、具体的认识。本章将依次对元翻译伦理和应用翻译
伦理的两个分支——规范翻译伦理和美德翻译伦理，以及译者的翻译伦
理诉求选择进行阐释与分析。

第二节　翻译伦理中的核心概念

同其他学科的"元理论"一样，元伦理学是关于伦理学的学科。元
伦理学对应的英文是 meta-ethics，又被称为分析伦理学或批判伦理学、伦
理学的认识论或逻辑。它的研究对象不是社会道德状况，也不以制订行为
规范为目的，它注重从语言学和逻辑学的视角解释道德术语，分析道德语
言的逻辑，探索道德判断的理由和依据，即道德概念和道德判断。正如保
罗·沃伦·泰勒（Paul Warren Taylor）所说"元伦理学不在于表达道德判
断，而在于判断关于道德的判断，不在于理解道德，而在于理解对道德的
理解"（转引自江雪莲，1996）。在《国际伦理学百科全书》（*International
Encyclopedia of Ethics*）中，R. 道格拉斯·盖维特（R. Douglass Geivett）
指出，伦理学的研究对象是道德术语和道德确证（Roth，1995：554）。根
据以上两种解释，元伦理学可以概括为研究伦理术语和道德判断的学科。
元伦理学又分为两大基本学派：以现代伦理学之父摩尔为代表的直觉主义
和以罗素、维特根斯坦为代表的新实证主义（江雪莲，1996）。元伦理学
发展至今的一大特点或重要意义就是把逻辑分析法运用到伦理学研究当
中，无论是分析善、义务、正当等概念的语义内涵，研究道德判断功能，
还是探求道德可行性，都是以纯粹的逻辑分析法为基础。因此，元伦理学
的科学主义立场对于解决当今社会道德问题与道德危机都具有积极意义，
有助于提高伦理学的科学性和精确性，推动伦理学向着科学的方向前进，
从而会增强伦理学在社会实践中的作用（江雪莲，1996）。

与此对应，现阶段的翻译伦理研究也面临着相似的困境——相关术
语内涵的不确定性和翻译活动中的伦理危机，导致翻译伦理思想对翻译活
动缺乏指导性。正如摩尔曾指出，传统伦理学的局限在于他们在"没有精
确地发现他们所要回答的问题"之前，就"试图作答"，因此总是沉浸于
发现或规定"什么（东西）是善"，而没有从元伦理学角度研究"善之为
善"的原因（宋希仁，2006：622）。翻译伦理研究也面对同样的问题，学
界关注研究什么样的翻译是"好的"的翻译，而忽略了对"好的翻译"
"好处所在"的研究。综上分析，展开元翻译伦理研究，可以帮助我们厘
清翻译伦理领域的核心概念（术语），建立翻译伦理研究的基本框架。

元翻译伦理的一个研究重点就是确定、统一学科的术语内涵，以便其他研究顺利展开。术语对于学科发展的重要性不言而喻，"任何一门学科，都有自己的术语系统，都要研究并规范自己的术语，不然，这门学科就很难成立，更难顺利发展"（郑述谱，2005）。翻译伦理研究同样需要规范术语，确立主要术语的内涵意义。

一、翻译价值之辨

价值是伦理研究之基础，没有价值便无法对行为做出道德判断。摩尔认为，伦理学的价值基础——"善"是无法定义的，但是他指出可以将"善"分为"内在价值"和"外在价值"，内在价值是"内在善""目的善"和善本身；而外在价值是指"工具价值"、"外在善"或"手段善"（唐凯麟，2006：426）。这一分类方法与柏拉图在《理想国》中对有价值事物的三分法非常接近，只不过后者针对具体事物，摩尔注重的是"善"的表达形式。除了根据"善"的性质进行分类，摩尔还尝试以不同"善"之间的关系划分为"部分价值"和"整体价值"（唐凯麟，2006：427）。摩尔关于"善"的思想对于翻译伦理研究非常有借鉴意义，因为翻译活动本身就具有多重价值，既有宏观价值，如丰富译入语文化、改善民族间关系，又有微观价值，如日常经济交流、社会活动等。对待这些价值的态度和关系判断使不同学者采取了不同的伦理立场，不同翻译伦理思想的冲突本质，归根结底就是翻译"价值观"的冲突。确定不同的翻译价值的性质、厘清它们之间的关系是解释和协调各个翻译伦理思想争论或冲突的关键所在。

现有的四种主要翻译伦理思想之中，只有切斯特曼（Chesterman，1997a）明确提出了以不同价值诉求为基础的伦理模式。他总结出翻译的五项基本价值：忠诚、理解、真实、信任和承诺。贝尔曼（Berman，1984）、韦努蒂（Venuti，1998）和皮姆（Pym，1997）虽然没有明确提出以价值为基础的研究思路，但他们的理论都是建立在对翻译本质和价值认识的基础之上的。贝尔曼和韦努蒂关注翻译的宏观价值，而皮姆更注重翻译活动的微观价值和实践意义，他们对翻译价值的不同定位决定了他们不同的翻译伦理思想。在他们各自构建的语境中，翻译价值的确立决定了其理论的合理性，从而形成了对翻译伦理认知的"横看成岭侧成峰"的局面。与此同时，他们的不足在于缺乏全局观，往往顾此失彼，只注重翻译的某项或某几项价值。贝尔曼将促进译入语文化发展看作翻译的主要价值，而韦努蒂将反文化霸权看作翻译首要任务，认为这才是翻译的主要价值。皮姆则将改善文化间性，促进不同文化间交流放在首位。虽然切斯特曼的五种翻译伦理模式涵盖了翻译的多重价值，但他却未能厘清各价值之间的关系，其理论也因此存在一定矛盾性。

因此确定翻译价值并进行分类，厘清各个翻译价值之间的关系，有助于翻译伦理规范的形成和统一。许钧根据翻译价值的性质对其做出分类，他认为翻译的价值表现在五个方面：翻译的社会价值、翻译的文化价值、翻译的语言价值、翻译的创造价值和翻译的历史价值（许钧，2004）。此分类方法很好地总结和归纳了翻译的价值，基本涵盖了翻译活动各方面（领域），但此划分方法依然存在两个问题。一是分类标准模糊，导致各价值之间有所重合[①]。价值分类的模糊不利于相应伦理规范的确立。二是分类方法偏重宏观层面，层次性较弱，不利于研究和探索不同价值发生矛盾冲突时的处理方法。许钧既未对五种价值间的关系进行梳理，也未尝试对各价值的重要性进行评估，这无助于译者处理翻译中的价值冲突问题。与从宏观层面划分翻译价值相比，哲学家贺麟则在其《论翻译》一文中，从相对具体的角度阐释了翻译价值，他把翻译的价值与意义分为三类：第一，翻译能成为准确的传声筒，便是难能可贵。因为文化学术上的传声筒或广播机，实有其急切普遍的需要、不可一日或缺。第二，翻译的意义和价值在于"华化西学"，使西洋学问中国化，给中国文化带来并注入新的血液，使西学成为国学的一部分。外籍汉译在某种意义上，是争取思想自由和增加精神财产的努力。第三，翻译他人之思想，可以发挥和启发自己的思想，翻译成为创造的源泉动力（陈福康，2010：293）。此分类方法将翻译价值由低至高划分为三个层次，从基本的"传达信息"到"汲取他者文化"，最终为"发展自身文化"。相应生成的翻译伦理规范也将呈现层次化分布，这对翻译实践与翻译批评都有更强的指导意义。日常生活中服务于经济贸易、社会活动、民族间交流的翻译活动通常以"传达信息"为根本要求。显然文化、文学和哲学领域的翻译活动除了"信息交流"之外，具有更高层次的价值，对译入语民族的文化改造和发展有着深远的影响，这也应该是翻译的最高价值所在。正如有翻译理论学者所说，"我们不能只指望懂外语的人从外文了解外域思想，外域思想只有被翻译成本国语言文字，也就是说，本国的语言文字中已有词汇可以表达新的思想、新的概念，这种新思想新概念才真正化为我们自己的东西，为我

---

① 关于价值之间的重叠问题，许钧本人也在文章中间接提及"……我们在上文中探讨翻译之于社会的作用时，实际上已经涉及了翻译与文化发展的关系"（许钧，2004）。

们所吸收，所运用。翻译正是在这种使外来学术内在化，增添精神财富，解除落后桎梏，促进思想自由与发展的意义上，体现出真正的无可替代的价值"（柯飞，1996）。对翻译价值的这一认知和贝尔曼、韦努蒂的翻译价值观不谋而合，即翻译从本质上看是通过不同民族间的文化交流推动社会发展。季羡林先生也对翻译做出过类似评价："只要语言文字不同，不管是在一个国家或民族（中华民族包括很多民族）内，还是在众多的国家或民族间，翻译都是必要的。否则思想就无法沟通，文化就难以交流，人类社会也就难以前进。"（季羡林，1997：1）因此，促进文化和社会的发展应当是翻译活动的最高价值，许钧分类中的文化价值、语言价值和创造价值基本属此类别，社会价值和历史价值的一部分也属此类；而日常生活交流中翻译实践的主要价值诉求——信息交流则是翻译的基本价值，翻译的社会价值和历史价值的部分内容属于此类，切斯特曼翻译伦理类型中的价值诉求基本也都属于此类。这两大分类基本可以涵盖翻译的各种价值诉求，它们之间有时互相包含，但两者间具有鲜明的层次关系。虽然促进文化和社会发展是翻译的最高价值，但并不能因此否定翻译的一般价值——信息交流，因为后者是前者的基础，而且在一定语境环境中，如贸易翻译，后者更为重要。但译者又不能满足于实现翻译的基本价值，对翻译最高价值的追求应该是每位译者的终极目标，失去了最高价值的翻译实践将成为单纯的交流工具，这不符合翻译活动的历史地位。翻译的这两种价值是一种对立统一的关系，虽有矛盾，但又相互依赖共存。

二、翻译价值之特点

我们已将翻译价值进行层次化分类，提出翻译价值可分为宏观和微观两个层面。通过分析翻译价值的特点及其对相应翻译伦理的影响，我们可以进一步展开翻译伦理研究。

第一，翻译价值的客体性与主体性。哲学意义上的价值是"实践基础上形成的主体和客体之间的一种意义关系"（季明，2013：3），是在人们对待满足他们需要的外界物的关系中产生的，是客体对主体需要的满足与达成，简而言之就是客体对主体的有用性。因此，理解"价值"的前提是弄清主、客体分别是什么，离开对主、客体的分析，"价值"无从而谈，翻译价值同样如此。翻译价值的客体是翻译实践本身，涉及原文、译文两种表现形式，因此翻译价值本身具有一定客观性。译文虽不能完全再现原文价值，但译文必定以原文为基础，是原文思想内容在译入语中的延伸与再生。狭义上讲，翻译活动的主体是译者，而从广义上讲，翻译活动涉及多个主体，包括译者、原文作者、读者、赞助商和相关文化审查机构。各主体具有不同的社会背景、教育经历、世界观以及意识形态，这些差异必然使他们对译文怀有不同的价值诉求，从而使翻译价值表现出一定的主观性，因此讨论翻译价值不能脱离对主体的研究。各主体对翻译价值的不同诉求彼此联系，但又有所区别，形成了一张错综复杂的"价值关系网"，位于"网中央"的译者需要协调、处理各种关系。译者对不同价值诉求的态度与选择，体现了自己的价值观和伦理诉求。客观性是翻译价值之基础与前提，主观性则体现翻译主体对翻译价值的不同诉求。换言之，翻译价值是一个主、客体的矛盾共同体，理解这一点，有利于理解不同翻译伦理思想关于翻译价值判断的整体同一性和个体差异性。

第二，翻译价值的相对性和绝对性。价值涉及客体对主体需求的满足，这包含价值判断问题，即客体是否满足或者在多大程度上满足了主体需求，这在哲学意义上是一个真理的范畴。真理是对客观事物和规律的正确反映，马克思主义认为"在绝对的总的宇宙发展过程中，各个具体过程的发展都是相对的，因而在绝对真理的长河中，人们对于在各个一定发展阶段上的具体过程的认识只具有相对的真理性。无数相对真理之总和，就是绝对的真理"（杨小梅，2009），即由于人认知能力的发展，真理具有绝对性和相对性。翻译的价值也具有相对性和绝对性。翻译价值的相对性主要表现在三个方面。

首先，翻译价值的相对性源自翻译的社会性。翻译从源语社会语境进入译入语社会语境后，因为两种社会语境之间的差异，译文的价值并不完全等同于原文之于源语社会的价值。翻译是创作的继续，是对原文本的再造，原文转化为译文，在译入语社会的语境中获得重生与发展（王宏印，2006：47）。例如，郑振铎将林纾的翻译总结为三点：一是他的译作让很多人对西方有了初步了解；二是让欧美文学进入中国人的视野；三是打破了中国传统的以小说为"小道"的观念（陈福康，2010：197）。其中第三点是译文对于中国文学的影响，这是原文本在源语社会中所不具有的。文本所处社会语境的不同也会影响翻译的价值，众所周知的一个例子是乔纳森·斯威夫特（Jonathan Swift）的《格列佛游记》（*Gulliver's Travels*），原文是"隐藏着讽刺的"政治小说，但在译入中国之后，译义被归入了"少年文学故事丛书"。语境的巨大变化，使得原文基本失去了讽刺价值，进而发展成儿童读物（谢天振，1999：168）。

其次，翻译价值的相对性源于翻译的历史性。翻译价值具有历史时效性，一部译作在不同历史时期可能具有不同的价值。翻译往往与历史事件和历史进程密切相关，例如，马克思主义著作早期在中国的译介影响了"五四运动"乃至中国共产党的成立，翻译的这种价值是不可替代和重复的，其价值具有历史性。同样的马克思主义著作译本，在中华人民共和国成立之后，其价值便发生了变化，更多地体现在为巩固社会主义制度，为探索社会主义的发展道路提供理论支撑。此外，不同历史语境塑造出不同的读者，使他们在世界观、价值观、语言观等方面表现出极大的差异性，这同样也会影响翻译的价值。例如，在二战前后，《孙子兵法》英译本更多地体现了其军事价值，而进入 21 世纪后，《孙子兵法》在商业领域的价值被充分发掘，成为很多企业家的必读之作。此外，翻译价值的历史性还体现在语言诗学方面。译作被译入语文化认可接受的前提是符合译入语基本的诗学规范，否则会影响译文的价值评估。如勒弗维尔所说，"任何诗学都是一个历史变量，绝不是不受限制的。在文学系统中，今日的主导诗学和文学体系与原文生成时期的主导诗学会有很大的不同"（Robinson，2007：35）。译文诞生之初的价值以当时的诗学为标准，随着诗学规范的变化，译文价值也可能会发生变化，这可以解释不同时期对经典作品的重译现象。之前译文的价值已不能满足现实社会语境的需要，所以重译应运而生。

最后，翻译价值的相对性还源于译文接受者的主体性。即使在同一社会、历史语境之下，不同主体对翻译价值的判断也不尽相同。商品经济社会之中，对于作为赞助人的出版商，翻译的最大价值就是译本的发行量和销量，经济利益对于出版商是最重要的因素。例如，郑振铎指出，林纾一生翻译的 150 余种作品中，仅有 60 多种是著名的，其中有亨利·莱特·哈葛德（Henry Rider Haggard）及阿瑟·柯南·道尔（Arthur Conan Doyle）二人的第二等的小说 27 种（郑振铎，1984：184）。这其中很大一个原因便是出版机构出于对译本销量的考虑，因为晚清时期侦探小说风靡一时，而林纾当时要以翻译为生，靠稿费养家糊口，所以在翻译文本选择方面，他不得不顺从出版商的翻译价值诉求。对于想从翻译作品中汲取知识与思想，推动中国社会发展的读者来说，这些译本的价值可能又另当别论了。同样，在中华人民共和国成立初期，我国译介了大量苏联进步作家的文学作品，这也是赞助人对翻译的价值诉求的体现。此外，读者人群的翻译价值诉求也有所区别，同一译本对不同读者而言，翻译价值也有所区别。鲁迅曾把读者人群分为三类，指出不同读者群体对译作的不同期待，这其实就是读者对翻译的价值诉求。这也可以解释为什么鲁迅的译作《域外小说集》几乎无人问津，以失败告终。因为同样的译文，在鲁迅和普通读者面前，具有不同的价值，这就是翻译价值的相对性。翻译价值的相对性要求我们必须在全球化语境中，根据具体社会条件，研究翻译价值，探索翻译伦理，进行翻译批评。

但是我们不能因为翻译价值的相对性进而陷入不可知论的泥沼，因为同真理具有绝对性一样，翻译价值也具有其绝对性的一面。在特定的历史、社会语境中，对于特定主体，翻译价值是绝对的、客观存在的。首先，翻译价值的绝对性是指翻译对于人类社会发展的推动，对于民族文化的贡献，这是不争的事实，是绝对客观存在的。有学者认为"人类的文化历史首先就是翻译史"（蔡新乐，2006）。其次，翻译价值的绝对性源于原文的客观性。无论历史、社会如何变迁，原文自身表达的内容与思想是客观存在的，其译本的价值也就同时具有了客观性，这一点是绝对的。例如，莎士比亚戏剧作品的翻译价值主要在文学领域，而《孙子兵法》的翻译价值则集中体现在其军事思想。原作的客观性决定了翻译价值的绝对性。最后，翻译价值的绝对性源于其自身的主、客体统一性。任何翻译都是在特定历史、社会语境中发生，有着特定的翻译目的，针对特定的人群，因此翻译价值是绝对的。例如中国历史上的佛经翻译、明清的科技翻译对中国社会、文化发展的影响和推动力是客观存在的，体现了翻译价值的绝对性。

第三，翻译价值与翻译事实的区别。如上文所述，元伦理学是关于道德术语和道德确证的研究。元伦理学的根本对象与目的是解决"应该如何"与"事实如何"之间的关系问题，通过对"应该如何与事实如何"关系的探究而达成对于"应该"或"道德"的确证（王海明，2002）。价值与事实的区分就是元伦理学讨论的一个主题。价值源于对事实的分析，需要"从人的行为事实如何的客观本性中推导、制定出来"（王海明，2002：95）。此论题投射到元翻译伦理之中，便是翻译价值与翻译事实的区别。翻译事实是翻译价值产生的源泉，但翻译事实自身不能证明其价值所在，只有当人们对翻译事实的作用进行评价时，才能认识翻译价值。因而，翻译价值从本质上讲是一种描述主、客体关系的范畴，包含着一种社会规范。在评价翻译活动时，我们必须区别翻译价值与翻译事实，不能混为一谈。例如，鲁迅坚持通过"彰显他者"的翻译来改造中华民族之文化，这就要求译文采用直译的翻译方法，将"他者"的本真面目展现在读者面前，只有这样才有利于改造译入语文化。"彰显他者"属于价值层面的问题，是翻译事实的一项价值，而"直译"则是翻译活动的具体事实行为。我们不能简单地由后者直接推导出前者，即我们不能说因为采取了

"直译"的翻译方法，所以译文可以实现"彰显他者"的价值。因为译者有时候采取直译的方法，是因为在译入语中无法找到与原词对应的表达，比如一些词语的音译可能只是译者的无奈之举，不能由此推断译者想实现"彰显他者"的翻译价值。同样，我们也不能从前者推出后者，因为"彰显他者"并不一定要求一定采取"直译"。鲁迅在其《"硬译"与"文学的积极性"》一文中指出，"自然，世间总会有较好的翻译者，能够译成既不曲，也不'硬'或'死'的文章的，那时我的译本当然就被淘汰，我就只要来填这从'无有'到'较好'的空间罢了"（陈福康，2010：251）。可见，鲁迅认为"直译"并不是"彰显他者"的唯一翻译方法。我们不能将价值领域的"彰显他者"与现实中的"直译"混为一谈，不能因为"直译"是"彰显他者"的主要途径，就认为其他翻译方法没有实现"彰显他者"价值的可能性，这样只会将我们带入僵化刻板的翻译伦理规范。翻译价值是翻译的目标，翻译事实是实现目标之方法和手段。"目的决定手段，手段也制约着目的，没有手段，目的或目标等于零。"（王玉樑，2006：180）为了实现翻译价值，我们不能刻板地遵从某种手段，落入教条主义陷阱，而应该根据现实情况，允许译者采取一定程度的变通"手段"，这也与实现译本价值的目的相符合。

通过对翻译价值的内涵、分类、特性和本质分析，我们可以发现翻译价值是一个相对关系范畴，它以客体性为基础，又受限于主体性，与翻译事实之间是目的和手段的关系。翻译价值总是相对存在，不能脱离具体语境，但它对人类社会发展的贡献又是绝对存在的。对翻译价值的全面认知，是展开翻译伦理研究的基础。

三、翻译伦理与译者伦理

自贝尔曼提出翻译伦理的概念之后，出现了不同的翻译伦理理论流派，对于翻译伦理的内涵所指，不同学者定义解释也不尽相同。吉迪恩·图里（Gideon Toury）认为"译者的责任虽然并不是伦理问题的答案，但是属于伦理问题"（Schäffner，1999：54）。克里斯蒂娜·谢芙娜（Christina Schäffner）则认为"翻译伦理首先意味着译者对于他们的行为负责"（Schäffner，1999：7）。基本概念术语的不确定性不利于翻译伦理研究的发展，因此有必要厘清"翻译伦理"内涵所指，以及包含的具体研究内容。

翻译伦理包括两个词语"翻译"和"伦理"。关于"伦理"一词的由来以及中西方对它的定义，前面已有过详细分析，在此不再赘述。下面将以汉语和英语为例，重点分析"翻译"在"翻译伦理"这一词语中的所指内容。

首先，我们需要确定何种活动可以被称为"翻译"。罗曼·雅各布森（Roman Jakobson）从符号学角度出发，把翻译分为三大类别，即"语内翻译"（intralingual translation）、语际翻译（interlingual translation）和符际翻译（intersemiotic translation）（转引自郭建中，2000：86）。翻译伦理的研究语境是不同民族之间的跨文化交流，因此这里的翻译指不同语言之间的转化，即"语际翻译"。

其次，汉语中"翻译"是个多义词，所指不尽相同。"翻译"可以用作动词，指具体翻译行为，如"葛浩文翻译了多部莫言的小说"；翻译也可以用作名词，指翻译行为的结果，即译文，如"葛浩文的翻译很受西方读者欢迎"；用作名词还可以指从事翻译的人，如"他是一名法语翻译"。因此汉语中的"翻译"一词是一个行为、主体和行为结果的综合体（王大智，2009）。当然在英语中有不同的词性与不同的汉语意义相对应。英语用 translate 表示翻译具体动作行为，用 translation 指翻译行为过程、翻译活动结果。对于从事翻译的人，则用 translator。这一用法不管在汉语还是英语中基本没有异议。现在的问题在于，当"翻译"指涉翻译的具体行为时，是用 translation 还是 translating，前者强调翻译整体概念，偏重静态描述；后者动名词侧重翻译过程中的动态或动势。韦努蒂、皮姆、切斯特曼都倾向使用 translation，贝尔曼的文章翻译成英语时，也使用了 translation。伯尔曼和伍德编辑的翻译论文集《民族、语言和翻译伦理》也使用 translation。也有学者对此持不同观点，认为在讨论翻译时，承认了翻译的主体性以及翻译的动态性，是为了突出译者在此过程中的主体作用和能动作用，以及避免因术语使用分歧而带来的不必要争论，因此西方学者使用 translate 和 traduire（法语，意为"翻译"）这两个动词的名词化来指代人类的翻译行为已经相当普遍。例如，加拿大翻译理论家戈达尔德就用 éthique de traduire 和 ethics of translating 取代之前常用的 éthique de traduction 和 ethics of translation（Godard，2001）。

由于汉语中"翻译"一词具有多重含义，可以指向翻译行为、翻译行为主体和翻译结果，因此我们有必要对"翻译伦理"这一概念的指涉范围予以明确的界定。否则"翻译伦理"概念的不确定性将引起无休止的论争，这无疑不利于翻译伦理研究的发展以及学科的建立。王大智（2009）在分析翻译伦理概念与内涵所指时，虽然没有明确表示使用"译者道德"对应 ethics of the translator，但是认为译者是翻译行为主体，是翻译各种关系的构建者。尽管译者会受到各方面因素影响与制约，但翻译行为首先或主要是译者的行为，针对翻译行为的研究不可能将译者道德排除在外，因此译者道德是翻译伦理研究的重要组成部分，翻译伦理研究与译者道德研究是整体与部分的关系（王大智，2009）。本书部分同意该观点，承认"译者道德"是翻译伦理研究的一部分，但是"译者道德"同样也是译者伦理研究的一部分，因为"道德"是对主体的描述，而"伦理"则是用于主体之间的规范，译者在翻译过程中必然要处理与其他主客体的关系，脱离了与其他主客体的关系，单单研究译者道德是没有意义的。

在翻译伦理内涵与所指的问题上，学界尚未形成统一认识，本书建议英语对应的 ethics of translation、ethics of translating 和 ethics of the translator，可以将翻译伦理概念细化对应为：翻译伦理研究或翻译伦理学①（ethics of translation）、翻译伦理（ethics of translating）和译者伦理（ethics of the translator）。具体理由如下：translation 包括翻译行为、翻译活动和翻译实践，是一个整体概念，因此可以指向翻译伦理研究或翻译伦理学，它包含所有翻译伦理研究相关问题与思想，是一个整体概念；translating 侧重行为和过程，因此可以直接使用"翻译伦理"，指向翻译行为中涉及的伦理关系研究。广义上的翻译主体包括原文作者、读者、赞助人等，所以翻译伦理包含译者伦理、读者伦理、赞助人伦理等方面。译者伦理指向制约译者翻译行为的伦理规范，包括译者的个人伦理和职业伦理。翻译伦理研究、翻译伦理和译者伦理三者是自上而下的层次关系，其中译者伦理是翻译伦理研究的重要内容，因为译者是整个翻译过程中能动性最强、对翻译活动产生最直接影响的主体。

从狭义方面看，译者是翻译活动的唯一主体，毕竟绝大部分情况下，原文作者、读者和赞助人都不会直接参与具体的翻译活动。但是对译者伦理的研究必须结合具体翻译行为，结合其他伦理规范（如读者伦理、赞助人伦理）而展开。那些脱离现实语境和其他伦理规范，仅仅研究译者伦理的研究是一种纯粹理想主义的做法，没有太多实践意义，无法用来指导具体翻译活动，因为译者不是在"真空"中进行翻译实践活动。

译者伦理包括两方面内容，即译者个人伦理和译者职业伦理，这二者既相互独立又密切联系。"相互独立"是指两者描述的分别是译者作为社会属性个人和翻译职业个人所涉及的道德元素，二者研究语境不同。

---

① 最佳对应是"翻译伦理学"，但在翻译伦理学未正式建立之前，可以使用翻译伦理研究泛指所有有关翻译伦理方面的研究与理论。

"密切联系"指译者的个人伦理是其职业伦理的基础，前者对后者有决定性影响，两者在一定程度上呈正相关关系。例如，一个在日常生活中不诚实守信的译者，在翻译过程中也很可能忽视对原文、对赞助商的诚信伦理。当然，诚实守信的译者，也可能因为其他因素，在翻译过程中做出与诚信伦理不符的选择。所以说，个人伦理和译者职业伦理既相互独立，又密切联系。个人伦理包含两个层面：社会伦理和个人道德。社会伦理注重"治世"，是指非个人领域的社会公共领域中的伦理关系，如家庭、市民社会、民族、国家等（宋希仁，2007：4）。个人道德则是作为社会成员的个体应当拥有的道德责任和社会义务（宋希仁，2007：5）。个人道德以社会伦理为基础，反映了译者主体对社会伦理的认知、接受与实践情况，但并不完全与社会伦理保持完全一致，其外在表现是参差不齐的个人道德水平与道德价值观。

职业伦理也称为职业道德，是指在职业范围内形成的比较稳定的道德观念、行为规范和习俗的总和。它是调节职业内部人们之间关系以及职业集团与社会各方面关系的行为准则，是评价从业者的职业行为善恶、荣辱的标准（朱金香等，1997：14）。具体到翻译领域，就是译者始终要忠于翻译职业的要求，努力完成最完美的译本，除此之外，还要尊重赞助人的要求，满足读者期待。译者的职业伦理可以通过制订相应的制度来实现对译者的强制性规约或作为译者行为的参照体系。制度和伦理密切相关，前者以后者为基础，是后者的"外化"表现，后者是前者的内核，这在学界被称为制度伦理。制度伦理"主要是指以社会基本制度、结构和秩序的伦理维度为中心主题的社会性伦理文化、伦理规范和公民道德体系，如制度正义、社会公平、社会信用体系、公民道德自律等等"（万俊人，2002）。我国古代就有过相关翻译伦理制度的历史记载，有过相应的法规对翻译行为进行约束。据考证，我国关于翻译的法规最早可以追溯到汉朝。1983 年出土的汉简《二年律令·具律》中有迄今为止我国发现的最早的翻译法律规定："译讯人为诈伪，以出入罪人，死罪，黥为城旦舂；它各以其所出入罪反罪之。"（转引自辛全民、高新华，2010）该规定表明，当翻译人员或审问人员有欺诈或伪造的翻译行为时，将会被追究法律责任，最高可判死刑。但制度伦理不是译者职业伦理的全部，因为制度伦理具有普遍的规范功能，通常是职业领域最基本的要求，以可操作性见长。职业伦理还包含相对抽象的理想目标，对翻译人员来说，做出最完美的翻译，促进各文化的沟通与共同发展是翻译职业伦理的最高境界。切斯特曼的《圣哲罗姆誓约之倡议》部分内容便属于此意义上的译者职业伦理。在实际翻译过程中，面对多种伦理关系与伦理选择，译者经常发现自己处于矛盾冲突之中，这需要译者在不同伦理关系之间做出个人选择。例如，一名中国译者在翻译国外作者委托的文本翻译中，发现其中有关于中国国情的不实描述甚至污蔑与诋毁，是遵从翻译职业伦理，忠实于原文，完成委托人的翻译委托，还是尊重个人伦理，在译文中澄清谬误或拒绝翻译相关内容，以维护自己国家和民族的形象？译者需要在两种伦理关系之间做出选择。相信绝大部分中国译者都会选择遵从个人伦理，维护自己祖国和民族的形象。

第三节　译者的翻译伦理诉求

伦理诉求是人的众多需求之一，是个人社会性的体现，是对道德动机和行为价值目标的综合判断，是伦理精神的内在体现（王硕、李萍，2013）。概括来讲，伦理诉求指个人希望自己的行为符合某种规范，从而得到他人和社会的认可。在翻译活动中，译者遵循某种伦理关系规范的动机和行为产生的价值便是译者的翻译伦理诉求。译者在翻译活动中需要面对多种不同的伦理，如：尊重他者（原文）的伦理、尊重译入语文化的伦理、尊重翻译赞助人的伦理、尊重读者的伦理和尊重翻译职业理想的伦理。因为各伦理规范规约对译者的要求不尽相同，甚至存在冲突，译者需要根据实际语境对各种伦理原则进行排序，确定自己首先要遵循的伦理规范和相对次要的伦理规范。译者用伦理规范规约自己的行为，确保伦理规范得以实现的过程是译者对伦理目标的追求，即翻译伦理诉求。如果能实现全部的伦理诉求当然是皆大欢喜的局面，然而在实践中，不同伦理诉求之间往往会存在冲突，对译者提出不同的规范和原则要求。译者如何做出选择是译者伦理诉求研究的重点问题。

正如伦理以价值为基础，翻译伦理诉求其实反映了译者对翻译某项价值的重视与追求，即翻译价值诉求。翻译价值诉求的外在表现是译者的翻译动机或翻译目的，行为动机通常以需求为基础。因此，我们借鉴亚伯拉罕·哈罗德·马斯洛（Abraham Harold Maslow）的人类需求层次理论，对译者在翻译过程中的伦理诉求进行分类分级，通过此方式展现不同伦理诉求之间的关系与层次。

马斯洛是美国著名的社会心理学家、比较心理学家和人格理论家，人本主义心理学的主要代表。他的需求层次理论（Maslow's hierarchy of needs）就是人本主义心理学的主要构成部分。1943 年，马斯洛在其论文《人类激励理论》（"A Theory of Human Motivation"）中，首次提出人的需求层次理论。他为人们的行为动机建构了一个系统的理论模型，将人的需求划分为五个基本层次：生理需求、安全需求、归属与爱的需求、尊重需求和自我实现需求（马斯洛，1987：40-53）。五个层次需求之间的关系如图 4-2 所示。

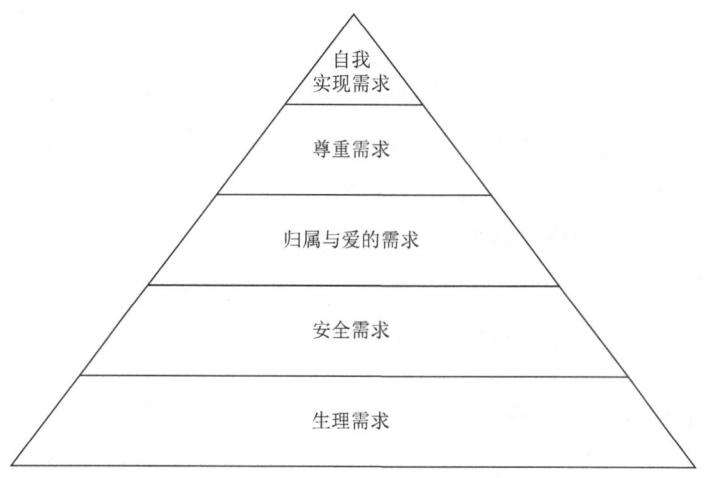

图 4-2　马斯洛的人类需求层次（范水生、朱朝枝，2011）

其中，生理需求（physiological needs）是人最基本的需求，它指用来维持个人生存要求的诸物质条件，主要包括衣、食、住、行等因素。安全需求（safety needs）是人类要求保障自身安全、摆脱失业和丧失财产威胁，避免恐吓、焦躁和混乱的折磨，对体制、秩序、法律、界限的需要，是生理需要满足之后出现的新的需求。归属和爱的需求（belongingness and love needs），也称为社会需求（social needs），主要包括两个方面内容：一是归属需求，即每个人都渴望成为某个群体的一员，并在这个群体中有一个属于自己的位置或角色，他愿意为此目标努力；二是爱的需求，每个人都需要得到他人的爱，也希望去爱别人，这里的爱是广义的爱，包括爱情、亲情、友情（马斯洛，1987：49-50）。尊重需求（esteem needs）是指每个人都渴望拥有一定的社会地位，获得他人的尊重，得到社会的肯定。自我实现的需求（self-actualization needs）是指最大限度地发挥个人的潜能，实现个人价值。五种需求呈金字塔式排列，位于较低层次的需求是较高层次需求的基础。其中的生理和安全需求表现出更多的物质性（对食物的需求）和物理性（人身安全），属于初级需求，而归属和爱、尊重和自我实现的需求则涉及人的社会属性，表现出人在精神层面的需求，属于较高层次的需求。位于顶端的自我实现需求是个体对自身本性的最高追求，是个体性与社会性相结合的产物，它的显现与发生，通常必须以前面四种需求为基础。

翻译过程中存有多种伦理诉求，它们的实现往往与译者的翻译目的或对翻译价值的认识密切相关。译者追求或遵循某种翻译伦理诉求的动机或目的总是与译者自身的某种需求相关联。以各诉求对应满足人的基本需求为依据，翻译伦理诉求大致可以划分为四个类别或层次：基于生理需求的翻译伦理诉求；基于归属和爱的需求的翻译伦理诉求；基于尊重需求的翻译伦理诉求和基于自我实现需求的翻译伦理诉求。这种分类方法有利于我们更好地认识翻译伦理诉求的本质，理解译者选择翻译伦理诉求的原因，从而能用它们解释翻译实践。下面将逐一分析它们的内涵以及相互之间的关系。

一、基于生理需求的翻译伦理诉求

无论从事文学翻译还是非文学翻译，相当一部分译者以翻译为职业，或者至少是兼职（当然有一部分译者是出于自身兴趣进行翻译，而基本的生活保障是他们得以追求兴趣的基础）。即使对于那些不从翻译中获取直接物质回报的译者，翻译行为也可能是他们间接谋生的手段。例如，在跨国贸易中，为保证交易顺利展开，商人自行进行一些文字翻译工作，虽然他不会从翻译中得到报酬，但翻译的结果会帮助他完成交易，从而获取物质回报，这里的翻译就属于间接谋生的手段。在现代商品社会，金钱是满足人们自身基本生理需求所必须的。译者通过翻译获取金钱，来维系个人的基本生活需求，包括衣、食、住、行。例如，朱生豪翻译莎士比亚作品的一个主要原因就是为了养家糊口。朱生豪在给妻子宋清如的一封信中，曾写道："后年大概可以全部告成。告成之后，一定要走开上海透一口气，来一些闲情逸致的玩意儿。当然三四千块钱不算是怎么了不得，但至少可以悠游一下，不过说不定那笔钱正好拿来养病也未可知。"（朱生豪，2003：292）可见，在急需用钱治病或者改善生活的时候，翻译活动的首要价值便是赚钱。同样，林纾的很多翻译作品也是为了生计，翻译报酬是他从事翻译的主要动因。在这种情况下，译者为了确保最大限度的物质回报，会尽量满足赞助人的翻译要求和读者的阅读期待。为了满足基本生理需求，服务伦理是译者首先而且必须遵循的伦理规范。如果译者不遵循服务伦理，导致其译作不（完全）符合赞助人的要求或读者期待，可能会降低翻译能够带来的物质回报，甚至使翻译得不到任何回报，这无疑会威胁译者的基本生理需求。因此，任何译者即使是著名的翻译家，在其生理需求还未得到满足的情况下，翻译的服务伦理往往是第一位的。要求一名连饭都吃不上的译者在翻译过程有更多的精神追求是不现实的，而且也是不人道的。赞助人要求和读者期待中又包括更加细化的翻译伦理规范。例如，对于应用性文本，赞助人对译本内容的重视通常高于对文本形式的重视。对于翻译文本——即译什么——的选择，也要以读者期待为导向，而不能仅凭个人喜好或者文本价值去选择文本。总之，在这个层面上，无论赞助人和读者有何种要求与期待，译者都会尽力去满足。当然，如果赞助人的要求违背社会道德，甚至法律时，译者有权利选择拒绝翻译委托，但有时候为了生计，有的译者可能会做出一些妥协，这就另当别论。

二、基于归属和爱的需求的翻译伦理诉求

基于生理需求的翻译伦理诉求，是译者为了获取维持生活所需要的物质，而需要遵循的翻译伦理规范。在基本生存得以保障之后，译者会进一步追求精神层面的需求。翻译活动可以满足译者的归属和爱的需求。翻译是将原文用译入语进行重新阐释，是译者个人视域与原文作者视域融合的产物。译者在翻译过程中，使用自己熟悉的文化模式与语言形式对原文进行阐释，译文会呈现出译者所属民族的文化特点。因此译者归属感和对本族文化爱的需求，会在翻译过程和最终译文中得以满足。例如，很多译者在将外文译入本族语时，会有意或无意地使用母语中的文化意象替代原文中的文化意象，因为母语文化意象能给译者带来文化归属感。这体现了译者对母语文化的爱，从而满足译者的归属和爱的需求。例如，著名汉学家理雅各在翻译《诗经》时，将"帝""上帝"等同于西方基督教的God，把"皇皇后帝"译为 the great and sovereign God，"明昭上帝"译为 the bright and glorious God（姜燕，2010：50）。理雅各将中国文化纳入西方视域进行阐释，加强了西方文化的显现，体现了译者基于归属和爱的需求的翻译伦理诉求。而当译者将本族语文本译入外语时，也同样会努力在译文中体现源语语言和文化上的特点。例如，中国译者将中文文本翻译成英语时，译本有时会出现饱受诟病的"中国式英语"，造成中式英语的部分原因可能是译者英语能力水平有限，然而，更为重要的一个原因可能是译者有意或无意的归属感需求，正是这种归属需求，决定了译者的翻译伦理诉求。在这种伦理诉求中，译者的不同身份会起到决定性作用，这在研

究中国典籍英译的译者主体之辨中，具有非常重要的意义。单从基于归属需求的翻译伦理诉求来看，中国译者显然比外国译者更具优势，中国译者的译作更有利于传播中国文化。因为外国译者不可能完全站在中国文化的立场去传播中国文化，这从根本上与其归属感需求相矛盾。

三、基于尊重需求的翻译伦理诉求

在归属和爱的需求得以满足之后，译者会通过翻译活动，谋求获取更高的社会地位，即赢得他人对自己的尊重。从古至今，人们对翻译的认识一直存在误解甚至偏见，认为翻译仅仅是两种语言符号之间的转换，译本是原文本的衍生品，处于从属地位，根本无法与原创相提并论（谢天振，1999：208）。在这种观念的影响下，鲜有译者得到足够的尊重和学界的认可。尽管在普通大众眼中，翻译是一种比较体面，且令人向往的工作，但对于大多数译者，尤其是文学作品译者而言，其尊重需求并未得到充分的满足，在文学界，译者的地位根本无法与原作者相提并论。大部分译者，尤其是学者型译者，非常希望通过译作为自己赢得更多的认可与尊重，从而享有更高的社会和学术地位。许渊冲的"竞赛论"翻译思想便是最好的例子，他认为"翻译是两种语言的竞赛，文学翻译更是两种文化的竞赛。译作和原作都可以比做（作）绘画，所以译作不能只临摹原作，还要临摹原作所临摹的模特"（许渊冲，1993）。从临摹绘画的比喻可以看出，许渊冲意在把翻译提升至与创作同等的地位，译者自然也应获得更多的尊重。为实现这一目的，原文不再是译者的中心，"忠实论"在一定程度上不再是译者首要遵循的伦理，凭借译入语的优势和译者自身的语言表达能力，译者总是期待"创作"出比原文更好的译文。这样的翻译现象在文学翻译中不乏实例，例如，费迪南·弗莱里格拉特（Ferdinand Freiligrath）将《草叶集》（*Leaves of Grass*）翻译成德语，受到文学界的一致好评，就连原作者沃尔特·惠特曼（Walt Whitman）也承认德语版《草叶集》可能胜过他的英语原作（谢天振，1999：136-137）。此外，当原文出现较为粗俗的词语或者原文表达方式过于烦琐时，译者可能会在翻译过程中采取"雅化"或"明晰化"的翻译策略，即用高雅的、书面的语言去翻译原文中较为粗糙的词语，或者用清晰明了、逻辑性强的语言替代原文中的烦琐表达。例如，在翻译莎士比亚作品时，有译者将原作中的粗话、蠢话做了"雅化"处理，译文比莎士比亚的原作品读上去"更为庄重，更为文雅"（谢天振，1999：137）。为满足尊重需求，译者不再将原文尤其是原文的表达方式视为"神圣不可侵犯"的领地，而是以译入语特点为依托，寻求原文内容在译入语中的最佳表述方式。此时，尊重译入语的诗学规范通常是译者的首要伦理诉求，当然不排除在一定条件下，译者有意识地违背或打破译入语的诗学规范，尝试新的表达方法（这种"尝试"通常是在译入语的诗学规范所能接受的范围之内，而且大部分情况下代表着译入语诗学规范的发展趋势），这种做法同样体现了译者获得尊重需求的渴望。译者希望通过"与众不同"的表达，赢得更多的关注乃至尊重。基于尊重需求的译者伦理诉求，通常表现为对译入语诗学规范的尊重。译文是对原文的一种"创造性叛逆"（埃斯卡皮，1987：137），与此同时译者或多或少，或者有意无意地通过在译文中"显身"的方式来获得学界的认可。

四、基于自我实现需求的翻译伦理诉求

在实现基于尊重需求的翻译伦理诉求中，译者追求的是他人和社会的认可，是精神层面的追求，是译者希望通过他人的认可与尊重实现自我价值的表现。当译者的这种需求得以实现后，比如，译者已是著名学者，在学界享有一定的威望，译者会进而追求精神层面最高的境界——自我实现。充分认识自己的潜能和才干是个人对自身内在本性的充分认识，而且个人的自我实现一定需要具有一定社会价值，即自我实现的利他性，这是超越自我的，否则自我实现毫无价值。与尊重需求相比，自我实现的需求不把他人的认可作为评价标准。马斯洛认为，追求自我实现的人无一例外都会献身于一项身外的事业，这是某种独立于他们自身之外的东西。他们专心致志地从事这项工作，将其视为宝贵的事业（韦晓，2000）。一名真正的译者，会把翻译事业作为自己的理想职业，并将翻译视为实现自我价值的最有效途径。例如，"文化大革命"期间，很多中国的翻译家都在极其艰苦和恶劣的环境下进行翻译。杨绛在那时完成了《堂吉诃德》（ Don Quijote de la Mancha）的中文翻译；许渊冲在那时还在思考毛主席诗词的翻译；还有王智量那时坚持翻译亚历山大·谢尔盖耶维奇·普希金（Александр Сергеевич Пушкин）的《叶甫盖尼·奥涅金》（Евгений Онегин），他在烟盒、草纸、旧报纸上完成了译稿，并最终出版（智量，2004：88-95）。这些译者在基本生理需求都未能很好地得到满足的情况下，依然坚持自己的梦想，持之以恒地追求自我实现。如前所述，个人的自我实现必然具有相关的社会有用性，行为结果对个人主体的有利性则相对次要。必要的时候，人会牺牲个人利益以获取行为结果的社会有用性，因为社会有用性是自我实现的必要因素。对译者而言，自我实现的途径就

是通过自己的译作推动社会发展与促进文化交流，译者自身的物质回报以及能否在当代获取他人尊重，则不是译者的首要伦理诉求。追求自我实现的译者将翻译作为自己的理想职业，致力于促进文化交流和推动译入语民族的社会文化的发展，这体现了译者对翻译职业理想的尊重。译者视翻译的历史性任务为己任，运用"彰显他者"的翻译策略，通过译作为译入语民族的语言和文化发展贡献自己的力量。需要注意的一点是，自我实现需求体现了译者自身潜力的发挥与社会发展之间的关系，它位于所有需求的顶端，通常是译者在其他需求得到满足的情况下才去追求的最高境界。但在杨绛和王智量的例子中，译者在基本生理需求未能得到很好满足，甚至人身安全也受到一定威胁的情况下，依然愿意以自我实现需求为根本，坚持进行翻译活动，推动译入语文化发展。从这个意义上来讲，作为最高层次的需求，自我实现需求在一定程度上可以弱化主体对较低层次需求的追求程度，自我实现需求可以成为译者的"精神食粮"。基于自我实现需求的翻译伦理诉求不仅位于所有伦理诉求的最顶端，而且还有可能弱化较低层次的翻译伦理诉求。

　　以需求为切入点，通过分析译者对翻译的不同价值诉求，我们发现译者伦理诉求也呈现出相应的层次关系，我们可以借用马斯洛人类需求层次的金字塔的方式，将译者伦理诉求分为四个层次（图4-3）。

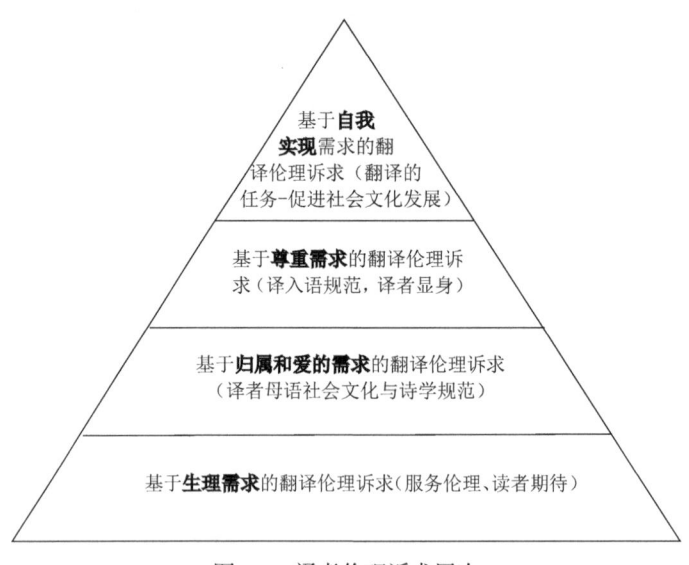

图 4-3　译者伦理诉求层次

　　当然，在实际的翻译活动中，翻译伦理诉求的递进层次关系有时候并不那么明显，或者说不是一成不变的。例如，对于一些译者而言，尊重和自我实现的需求有可能会优先于生理需求。此外，大多数情况下，译者的翻译伦理诉求是多重性的，并不局限于一种。例如，一个译者可能希望通过翻译同时满足生理需求和尊重需求。在价值诉求多重性的影响下，译者的伦理诉求也自然会呈现出多重性的特点，即译者并不只遵循一种翻译伦理，而是在多种伦理之间进行选择，以期自身需求获得最大限度的满足。从个人需求出发，分析译者的翻译伦理诉求，有助于解释译者在翻译中做出的策略选择，可以为翻译伦理研究提供更深层次的理论依据。

　　本章将元翻译伦理所涉及的研究范围和内容进行了分析和描述，从元理论角度入手，提出元翻译伦理是展开翻译伦理研究乃至翻译伦理学学科构建的基本前提。元翻译伦理主要研究内容包括学科术语和学科框架。在术语方面，本章首先分析并明确了翻译伦理研究的核心术语——翻译价值的内涵与特点；其次辨析了翻译伦理研究（学）、翻译伦理和译者伦理三者的关系。在研究框架方面，提出了翻译伦理研究的基本框架结构，用树形图（图 4-1）的形式展现了翻译伦理的研究框架和主要分支，即元翻译伦理、规范翻译伦理和美德翻译伦理。其中元翻译伦理是有关翻译伦理的元理论，属于纯理论性研究范畴；规范翻译伦理和美德翻译伦理则更加侧重翻译伦理的实际应用性，属于应用翻译伦理。元翻译伦理研究不仅有助于我们更好地认识翻译伦理研究的本质，还能促进翻译伦理学的学科建立。在翻译伦理与翻译实践相结合的部分，本章提出了“翻译伦理诉求”这一概念，并分析了译者在翻译过程中的诸多翻译伦理诉求以及不同诉求之间的关系与层次结构。“翻译伦理诉求”这一概念会在翻译伦理理论研究和翻译实践活动之间架起一座桥梁，它不仅让翻译伦理研究不再停留在“纸上谈兵”的理论层面，还能为译者的翻译活动提供理论支撑和指导。

第五章　规范翻译伦理——翻译行为的规约性研究

　　无论是从伦理（学）的定义还是伦理学自身发展的历史来看，人们日常讨论的"伦理"基本等同于"规范"，其主要作用是规范人们的行为活动。规范伦理学也是伦理学学科的主体构成部分，人们运用规范伦理学的研究成果去制订道德标准、规范人们的活动并做出道德判断。规范伦理学的目的就是对日常生活中的道德箴言进行哲学层面的研究，一方面讨论箴言的合理性，另一方面则归纳出更基本的原则，从而作为道德判断的依据。归纳来说，规范伦理学的目的就是构建行为规范的基本原则，用于指导日常生活中关于道德的行为（林火旺，2005：17）。投射到翻译领域，翻译伦理研究也基本围绕"规范"展开。翻译理论家们尝试提出自己的翻译伦理规范，将它们用于指导翻译行为，评价翻译作品，这一点可以从学界对翻译伦理的定义中得到验证。正如前文已经提及，我国学者，如吕俊、侯向群、王大智，对翻译伦理的定义都以"规范"为核心，在一定程度上，他们将翻译伦理研究等同于规范性研究。

　　伦理学学者和翻译伦理学者都对"规范"（或者是伦理的规约性）表现出极大的兴趣和重视，这一共同特点绝非巧合。相比元伦理学的纯理论研究而言，规范伦理学可以用来指导人们的日常行为，实践意义更强。因此，规范性伦理自然受到了更多重视。在翻译理论界，翻译标准一直是学者们争论的核心问题，所以翻译伦理研究自然也背负上了相同的"历史使命"——制订翻译标准。如此一来，"规范"或"规约性"自然成了翻译伦理研究的重点。

　　规范伦理学丰富的理论框架和内涵，正是迄今为止的翻译伦理研究所欠缺的。目前为止，大部分翻译伦理学者都只是在翻译领域内展开对翻译伦理的规范性研究，尝试提出相关原则（规范）来指导翻译实践并进行翻译批评。然而，很少有学者能跳出翻译实践，将翻译伦理研究提高至哲学层面[①]，这不能不说是一种遗憾。因此，引入规范伦理学的相关理论，

---

　　① 据笔者掌握的资料，方薇（2013）曾建议引入道德哲学、德性伦理学来探讨翻译的道德价值，认为这是从"伦理学途径"展开翻译研究的发展方向。

有利于我们分析、深刻理解现有翻译伦理思想的本质和内在逻辑。规范伦理学的核心问题是"道德判断",关于道德判断的规范伦理学理论主要包括目的论和义务论两种理论(林火旺,2005:18)。纵观现有翻译伦理思想,关于翻译伦理的逻辑判断方法基本都可以归类于两者之一。本章将分别以"目的论"和"义务论"为哲学基础,讨论翻译伦理的"规范"属性,分析两种理论对于规范翻译伦理的意义与存在的问题,探讨它们之间的辩证关系以及适用语境。

第一节　目的论为基础的规范翻译伦理观

规范伦理学领域内的目的论(teleological theory)又被称为道德目的论(the teleology of moral),其基本含义是道德的根本意义是主体行为的道德价值判断,而行为善恶和好坏的性质与程度,取决于该行为最终所产生的实际结果,该行为结果必须具有实质性(万俊人,2003)。换言之,目的论者评判行为的原则是行为带来的结果。与此相比,行为主体的动机、行为过程和方式、行为背景和条件并不那么重要,道德评价的本质就是对行为结果的评价。进而根据对结果的不同评价视角,目的论又包括两大主张:伦理利己主义(ethical egoism)和效益主义(utilitarianism)。

伦理利己主义认为"每一个人都应该提升自己的利益,或者人们有义务去从事任何可以有利于自己的事"(林火旺,2005:54)。简单来讲,对行为结果的评价是以对行为主体自身是否有利为根本,主体行为的正当性取决于结果是否满足主体自身利益。伦理利己主义与我们日常生活中提到的"利己主义"的内涵有所区别,它不是"自私"的代名词。主体自身利益包含短期利益和长期利益,后者才是利己主义者更为重视的利益。他们会为了长期的利益,放弃眼前的直接利益,将其让渡给他者,也就是说利己主义者也有利他主义的一面。利己主义也不同于"自我中心主义"(egotism),因为利己主义者的利益不能在以自我为中心的环境中得以实现。当然,利己主义中对行为结果是否符合主体个人利益(尤其是长期利益)的判断,是一个非常复杂的问题。复杂的环境、不同的主体、多样的行为都会影响对个人利益的判断,因此从判断行为结果善恶、好坏的角度来讲,利己主义很难提供一个普遍标准。威廉·弗兰克纳(William Frankena)认为,道德理论的主要目的应该是指导我们的行为,所以道德理论不仅需要提供第一人称的行为指导,还要能作为判断第二、第三人称行为的标准。如果一个道德理论不能提供这个标准,那么这便算不上是一个道德理论，伦理利己主义恰恰不能提供这么一个标准（林火旺，2005：61）。因此，伦理利己主义在现实生活中的操作性不强。

现有的翻译伦理理论中，基本没有一个是以伦理利己主义作为理论基础的。这是因为如果以伦理利己主义为基础评估标准，判断翻译行为的正当性，将会面临两个主要问题：一是译者利益的评估很难进行。例如，对同一文本，在同一时期有甲、乙两位译者的译文，甲的译文在当时社会给译者带来了经济利益和社会地位，而乙的译文可能由于"异化"成分较多，在当时未能取得和甲译文一样的效果。然而，随着社会变迁以及读者接受程度和译入语诗学的变化，乙的译文又逐渐获得了更多赞誉，接受程度超过了甲的译文。赵景深翻译的"牛奶路"（the milky way）便是一个很好的例子，从早期被鲁迅批评为误译，到后来有学者提出，这并非赵景深的误译，而是其追求传达原文文化意象的有意为之（谢天振，1999：180）。可见，在不同历史时期，译者自身利益的实现发生了改变，所以很难用伦理利己主义的原则进行判断，因为在不同语境中，译文（结果）可能给译者（主体）带来不同的利益。二是，伦理利己主义具有的很强的主体性，使之不具有普遍性，难以推广至其他主体。因为译者的主体性，所以译者对翻译结果是否满足自身利益，在何种程度上满足了自身利益的评判等问题上，具有很强的主观性。那由此推导出的翻译伦理规范很难具有普遍性，即未必适用于其他翻译活动。前文提到的"女性主义翻译观"便属此种情况，仅从翻译是否符合女性译者或者女性群体的角度去规范和评价翻译，是不全面而且不客观的做法，必然缺乏广泛的应用意义。如果一种翻译理论只适用于某个或某些译者，那根据法兰克纳的观点，此理论不能被称为翻译伦理思想，因其不具备普遍性。

作为伦理目的论的一大分支，效益主义和伦理利己主义一样，以行为的结果评判道德正当性，行为自身的对错只是结果好坏的一个参数，并不一定起决定性作用。然而与伦理利己主义不同的是，效益主义注重的是行为结果的整体利益，而不仅限于行为主体的自身利益。也就是说效益主义的最佳结果是指对整个人类社会，甚至宇宙整体的利益最大化（林火旺，2005：74）。效益主义认为，当一个行为的结果能给整体带来最大化"善"或最小化"恶"时，这个行为便是正当的，是道德上"对的"行为。鉴于对整体利益的关注，效益主义似乎比伦理利己主义更适合翻译伦理研究。因为翻译活动的本质是促进民族间文化交流，实现民族文化的发展，而非译者自身利益的实现。这与效益主义强调"整体善的最大化"是相对一致的。当然，我们并不否定译者自身利益合理性，但它应该是翻译

"整体利益"中的一部分，而非全部。

在把效益主义引入翻译伦理研究之前，还需要分析一下这个概念的中文名称问题。在很多权威英汉词典中，utilitarianism 最为常见（或排在第一位）的中文翻译是"功利主义"，"功利"一词的选择，暗示着大部分人对 utilitarianism 存在着误解。中文中的"功利"通常指眼前的功效和利益，多含贬义。如《庄子·天地》中有"功利机巧，必忘夫人之心"，意思是功名利禄、机智巧妙必定不会放在他们那种人的心上[①]。又如，艾青在《我的父亲》中写道"我曾用无数功利的话语，骗取我父亲的同情"，此处的功利显然也偏向贬义。在现代社会，人们也常把"功利"与个人自私自利、唯利是图联系在一起，"功利主义"俨然成了一个贬义词。然而这与 utilitarianism 在伦理学中的本意并不相符，因此我们选择使用"效益"这一翻译，以避免"功利"一词在伦理道德层面的先天不足。

效益主义和翻译理论研究最具代表性的结合当属德国功能主义学派的翻译目的论（skopos theory）。20 世纪 70 年代，由于不满当时各种翻译理论脱离现实、不具有实践指导意义的现实情况，德国翻译理论家汉斯·弗米尔（Hans Vermeer）以行为理论为基础，提出了翻译目的论。此后克里斯蒂安·诺德（Christiane Nord）从原文本的分析出发，提出目标文本的目的决定翻译，而目的由翻译发起人决定，其理论一定程度上完善了目的论的理论体系（谭载喜，2004：259）。弗米尔认为翻译活动不仅仅是一个简单的转码过程，还是人类的一种具体行为。人类的所有行为都有目的，翻译活动亦不例外。目的决定行为，所以只有了解了翻译活动的具体目的，才可以有针对性地采取最适合的行为方式进行翻译活动，以确保翻译目的得以实现。由此，弗米尔提出了一条具有规范性的原则："（翻译）行为的目的决定达到预期目标的策略"，即译文应对预定读者产生预期的功能（Vermeer，1996：12-15）。此理论的提出改变甚至是打破了原文在翻译中的中心地位，人们转而注重译文在目标文化中的功能以及译文读者和翻译赞助人对译文的反馈。影响译文生成过程和译者翻译策略的不是传统意义上的"忠实"或"对等"，也不是原文在源语文化中的功能或者原文作者赋予原文的功能，而是译文在目标文化中要实现的功能，即翻译目的。这个目的通常由翻译活动的发起者——赞助人决定，同时也受制于译文的目标读者和目标文化。译文完全可以实现和原文不同的目的，例如，《堂吉诃德》在译入其他语言后，便失去了它在源语文化中的讽刺

---

① 在原文中，"那种人"指圣贤。

功能（Nord，1991：51）。为了应对译界对目的论的一些质疑，诺德对弗米尔的理论进行了完善，提出了可以按照"传意功能"将译文分为两个大类：一类是在目标文化情景中能独立作为"传意功能"的工具；另外一类是记录作者与原文读者如何在源文化语境里"传意"的文献（Nord，1991：72-73）。针对这两种类型，有两种翻译的方法：工具性翻译和文献性翻译。无论是弗米尔的目的论原型，还是诺德之后对理论的完善，他们都强调以翻译目的为导向决定翻译策略的规范。同样，在后期评判译文质量的时候，"翻译目的"实现与否与实现的程度便是译文评价的核心标准。因此可以说翻译目的论的伦理基础便是"效益主义"，无论原文如何、翻译策略和过程如何，只要译文可以实现"整体利益"最大化——符合翻译目的，译文便是"好的"译文，否则便是"坏的"译文。在翻译目的论的语境中，译者更加重视服务伦理，因为翻译赞助人和读者通常是译文效果的主要评判主体和依据。

除翻译目的论之外，其他一些翻译伦理思想也同样以效益主义为基础。例如，皮姆认为翻译的本质目的是"改善文化间性"，译者的选择与翻译策略都以此为导向，这也是效益主义伦理观在翻译理论中的体现。与翻译目的论中目的的不确定性相比，皮姆认为翻译的目的只有一个，那就是"改善文化间性"，译者的任务是致力于改善文化间的关系（Pym，1997：11）。为实现此目的，译者采用相应策略或部分牺牲翻译中某一主体的利益都是正当的、符合翻译伦理的行为。因为在他看来，翻译结果的整体效益——"改善文化间性"最为重要。另外，切斯特曼的基于"忠诚"的服务伦理和基于"理解"的交往伦理，也同样体现了他的效益主义伦理立场。两者都以译文的效果为评判标准，前者重视译文是否满足赞助人要求和读者期待；后者注重译文是否实现了信息交流，结果是评判翻译是否合乎伦理规范的唯一标准。

以上三种不同的翻译理论，虽然在翻译目的或者翻译价值上认识不尽相同，但他们都以效益主义为逻辑分析方法，即以"结果善"评判行为的正当性，此方法的最大优点在于实际操作性强。以目的论效益主义为基础的翻译伦理，对译者的翻译实践有很好的指导作用，因为"效果"是评判翻译好坏的唯一标准。当然，这种逻辑分析也存在不足之处："效果"和"目的"至上，可能会导致对行为主体目的和行为过程的忽视。一些译者可能会认为，只要译文可以实现翻译目的或预期价值，翻译行为就是符合翻译伦理规范的，是好的翻译。至于译者在此过程中具有的主观目的或动机，以及所采取的翻译策略都不重要，都不会影响翻译伦理规范的判断。然而，这显然不符合翻译的实际情况。以英译《红楼梦》为例，与杨宪益、戴乃迭夫妇的译本相比，霍克斯的译本更受欧美读者欢迎，拥有更多读者。根据目的论效益主义观，以译本传播效果为依据，霍克斯的译本符合翻译伦理规范，算得上优秀的译文。然而，为了实现这一目的，霍克斯更多采取归化的翻译策略，甚至会按照自己的理解，在译文中添加一些内容，以"取悦译文读者"（司显柱，2005），这显然不符合传统的忠实伦理。

回顾中国翻译史，效益主义不仅仅体现在译者的翻译策略和方法的运用方面，也有相关史料证明译者在翻译选材中体现出的效益主义伦理主张。中国历史上的几次翻译高潮阶段都有相关例证。例如，明朝中后期以来，中国的科技水平和学术思想发展趋缓，明显落后于经历了文艺复兴和资本主义革命洗礼的欧洲各国。明末清初的翻译高潮中，为促进中国自身的科学技术发展，弥补我们与欧洲国家在科技方面的差距，中国译者译介了大量科技文献，其中最著名的译者当属徐光启。他译介了大量科技书籍，其中包括与利玛窦（Matteo Ricci）合译的《几何原本》。徐光启在《历书总目表》中写道"臣等愚心以为：欲求超胜，必须会通；会通之前，先须翻译"（转引自陈福康，2010：47-48）。意思是说，只有通过翻译才能学习掌握外国的知识，在掌握了他人知识之后，才有可能超越他们。在徐光启看来，翻译的目的就是学习他人，然后超越他人，这是典型的效益主义伦理立场。民族英雄林则徐也同样注重翻译的作用，他在广州禁烟期间，提出"日日使人刺探西事，翻译西书，又购其新闻纸"（转引自马祖毅，1998：328），这同样体现出效益主义伦理立场。

与文学创作密切相关的文学翻译更是表现出效益主义伦理立场。中国的文学创作一直带有一定的效益主义伦理传统，"文以载道""经世致用"的文论早已深入人心。"五四运动"前后二三十年，在中华民族内忧外患、生死存亡的历史背景下，"救亡图存"的紧迫性赋予了文学翻译更多的历史责任，那时的译者虽然在翻译策略上存在分歧，但都非常重视翻译的历史使命，在翻译选材方面表现出很强的效益主义倾向。例如，西方政治小说颇受重视。我国文学史上首先提出"政治小说"概念的梁启超在戊戌变法失败后，认识到了文学作品翻译对国家的重要性，他提出"特采外国名儒所撰述，而有关切于今日时局者，次第译之"，通过翻译政治小说参与政治斗争，以使"全国之议论为之一变"（转引自陈福康，2010：88）。文学作品的翻译成为"唤醒民族斗志的武器"（刘晓丽，2006）。中华人民共和国成立初期，在世界范围内，社会主义和资本主义两大阵营相互敌视，为了意识形态和国家政权的巩固，文学翻译基本以苏联和其他一些社会主义国家的文学作品为主。在 20 世纪 50 年代之后，对文学作品的选择也不再局限于社会主义国家作品，欧美的古典文学作品得到了更多的译介，翻译的欧美作品数量由 1949—1954 年的 265 种，上升到 1955—1959 年的 475 种（方长安，2002）。而欧美现代文学作品在当时的中国受到冷遇，因为当时的中国文学界和思想界认为，西方的现代文学是反动文学，它们在政治上具有反动性，思想上颓废，艺术上是形式主义（张曼，2001）。改革开放之后，尤其是 20 世纪 90 年代以来，随着商品经济的发展，经济效益成为社会活动中的重要组成部分，文学翻译也不例外。出版社在考虑译作社会功能（效益）的同时，开始越来越多地关注译作能带来的商业价值。在某些情况下，译文的商业价值已取代社会功能，演变成翻译活动的首要目标。从选题、引进版权、翻译、出版到市场营销，每个环节都非常重视经济利益。即使对于文学译者而言，翻译也成为他们的一种谋生的手段（韩子满，2003），呈现出极强的商业化色彩。例如，已被时间证明的名著经典，由于其一直以来的口碑和大众的喜爱，是出版社最喜爱的选题之一。一时间名著重译现象比比皆是，但质量也参差不齐。据相关统计，1993—1997 年，中国出现了近 10 个版本的《红与黑》中译本，其中既有老一辈翻译家的经典之作，也不乏赤裸裸的剽窃和低水平的译文。急功近利之风盛行，严重地扰乱了文学翻译市场（许钧，2002：122）。国外畅销书是出版社译介的又一宠儿，以《哈利•波特》（*Harry Potter*）为例，自问世以来，该系列的六部小说被翻译成 55 种语言，遍及在全世界 200 多个国家和地区，总印数超过了 2 亿册。2003 年 6 月 21 日，《哈利•波特与凤凰社》（*Harry Potter and the Order of the Phoenix*）全球首发，人民文学出版社买下其中文简体版版权，安排 3 名译者同时进行翻译，一部 900 页的小说不到 3 个月就完成翻译，并于同年 9 月发行出版（刘晓丽，2006）。

　　通过对翻译理论和翻译史两方面的分析，我们可以发现，无论是在理论研究还是翻译实践方面，效益主义伦理立场都已占据一席之地。翻译理论家的研究早已涉及了效益主义伦理视角下的理论研究，并取得了一定成果，这证明了效益主义与翻译研究相结合的可行性。同时，在翻译史上，译者和赞助人的活动背后都或多或少地带有效益主义伦理倾向，这表明效益主义可以用来对翻译活动进行描述性研究，为翻译史研究开辟一条新的研究路线。

　　以效益主义伦理立场为基础进行翻译伦理研究具有非常积极的意

义。首先，效益主义最大的优点在于它提出的道德原则是单一而且明确的，因此判断一个行为在道德上是否正当，会有很清楚、明白的标准。根据此标准，所有道德义务出现冲突的情况都可以得到合理的解决。具体实践中，只要计算哪个行为会产生最大的整体效益，就可以确定该行为的正当性，可以说效益主义具有很强的实践性和可操作性。在把它与翻译研究结合后，我们可将翻译结果的"最大效益"作为翻译实践中的首要准则。只要确定翻译活动的期望效果，就可以此为出发点，指导翻译活动并对最终的译作进行评价。这对应用性文本和商业领域的翻译活动尤其有效，它在理论和实践之间架起了一座桥梁，使得译者在翻译实践中有法可依，有规可循。诺德就曾指出，"目的论和翻译行为理论对译员培训方法论有相当的影响"（Nord，2005：78）。其次，效益主义可以很好地解释具体翻译实践，尤其是那些违背了一定常规的翻译策略和方法。例如，译者翻译时没有遵守忠实规范，对原文内容进行了删减甚至情节上的改动。这种现象在翻译史上并不少见，如伊万·金（Evan King）在翻译老舍名著《骆驼祥子》时，对原作做了大量改写，甚至将悲剧结尾改为喜剧结尾，然而这部译作却获得了极大的成功。在效益主义伦理观照下，译者的行为与选择都可以得到合理的阐释，此时，传播效果和出版社的商业利益是翻译整体效益的根本所在。

　　同效益主义一样，效益主义翻译伦理观也同样面临质疑与批判。主要包括以下两点：第一，消极责任可能引发不公正的评价。效益主义者关心事物结果的最佳状态或最大化效益，因此具体哪个行为主体影响了整体效益不是重要的问题。反之，如果行为主体直接或间接影响了行为结果，无论他处于何种地位，参与度如何，都需要对此结果负责，这就是所谓的"消极责任"（林火旺，2005：87）。简单来说，一个人对一个结果负有责任，则无论他是主观允许这个结果发生或者是无法阻止而造成它的发生，都需要对此事负责。在一部分以传播效果为根本的效益主义翻译伦理者看来，译文的传播广度（如发行量）和接受度（读者评价）是衡量译文质量即译者翻译行为"好""坏"的核心标准。例如，有学者将《中国文学》杂志的停刊归结于译者翻译策略和质量（郑晔，2012：140-144），而忽略了影响译本传播效果的其他因素。译文并不是影响传播效果的唯一因素，在一定情况下甚至不是最重要的因素。译者在完成译文后，往往无法掌控和影响译文的传播情况，市场推广、译入语国家的主流意识形态和文化审查制度等因素都会直接或间接地影响译文传播效果。因此，我们无法仅运用效益主义伦理观评判译者翻译行为的伦理规范性。以上文提到的《红楼梦》译本为例，如果将杨译本传播效果欠佳的责任全部归咎于译本翻译质量或者是译者责任，这显然是片面且不公平的。杨译本《红楼梦》由我国的外文出版社出版，其发行渠道、读者受众都以国内市场为主。而霍克斯译本由国际著名的英语文学出版社——企鹅出版集团出版，后者在英语读者中的影响力是外文出版社无法比拟的。这在一定程度上影响了两个译本在英语文化中的传播与接受。因此，效益主义伦理观的评价方式不够全面，忽略了外部因素对翻译结果的影响。

其次，过于简化的道德判断忽视了行为正当性。"简化"是效益主义被批评的一个重点。效益主义把结果的效益最大化看作判断行为对错的唯一指标（林火旺，2005：89），行为本身的正当性被忽视。假设对某赞助人委托的翻译任务，译者有 A 和 B 两种翻译方法，使用 B 方法比 A 方法产生的译文更符合委托人的要求，能实现更多的效益，但 B 方法要求译者对原文做出很大的改动，会违背基本的"忠实"伦理。尽管 B 方法在一般意义上是不正确的翻译策略，但根据效益主义最大化原则，译者仍然应该选择 B 方法。例如，2014 年 4 月 21 日在华东师范大学主办的国际研讨会上，葛浩文（Howard Goldblatt）在谈到翻译忠实问题时，认为自己总会尽最大努力忠实于原文，但出于各种原因，出版社会要求他对译文进行一些改动甚至删减，这完全不是出于他的本意（葛浩文，2014）。对于出版社来说，译本的整体效益最为重要，其他相关伦理都需要遵从于效益主义伦理观。效益主义翻译伦理观将对翻译行为和其他翻译伦理进行考量（如"忠实"于原文），如果和翻译行为正当与否没有关联，或仅仅是次要关联，随时可以让位于译文的整体效益。

通过以上分析，我们发现目的论的效益主义翻译伦理观可以很好地与翻译理论和实践相结合，其最大的优点就是操作性强，只需确定翻译活动要实现的最大效益是什么，便可据此指导和评价翻译实践。然而目的论对结果的重视导致了其对行为自身的忽略，使得任何有利于整体效益的行为都获得了"合法化身份"，这显然是荒谬的，会导致译者为达成目的不择手段，从而忽视翻译中的一些基本伦理规范。对此局面，与目的论相对应的义务论可以提供一个完全不同的研究视角。

第二节　义务论为基础的规范翻译伦理观

义务论（deontological theory），又被翻译成伦理道义论，是一种与目的论相互平行和对照的道德思维向度。它同目的论一样具有悠久的历史，表现出持续的理论活力，但在现代社会，它似乎比目的论更易为人们所接受。义务论指的是这样一种道德逻辑思路：行为或活动的道德性质与意义，不在于最终所达成的目的或结果，而取决于行为本身的伦理正当性。而伦理正当性必定具有普遍性意义，非由单个行为主体自身行为目的或价值实现来确定（万俊人，2003）。两种逻辑方式的差异在于，目的论认为"善"独立于、优先于"正当"，"正当"是第二位的，它依赖于"善"而存在；义务论的观点则恰恰相反，它认为"正当"独立于、优先于"善"，"正当"是根本的（任丑，2008）。义务论代表首推康德，他认为一个行为无论结果如何，只要行为者的动机是"好的"，行为就是正当的。这就是康德所提出的"善良意志"，在他看来"在这世界内，或是就是在这世界以外，除了好的意志之外，没有什么东西有可以无限制地被认为好的可能"（康德，1957：8）。善良意志是一种"自律"的伦理，强调行为主体要为义务而义务，一定程度上忽视了客观条件，具有一定的形式主义色彩。

从义务论伦理的角度审视翻译活动，本书认为译者在翻译过程中也具有某个或某些"善良意志"，例如"尊重他者文化"。译者在翻译活动中必须遵循这些"善良意志"引发的绝对命令——"义务、规范"，只有这样译者的行为才是正当的，才是符合翻译伦理要求的。例如，鲁迅倡导的"直译"便是以义务论伦理观为基础，他认为当时翻译活动的主要意义在于改良中国落后的社会文化（善良意志），这就要求译者需要以"直译"甚至"硬译"的方法（义务、规范）进行翻译活动，只有采取这样策略的翻译才是"好的"翻译。至于行为的结果，倒不是最重要的。康德认为，道德原则是作为我们先天意识而又必然确实的一个纯粹理性事实给予我们的，这是绝对命令，是无条件的，与行为目的无关，自身必须实行（崔凤梅，2007）。将其投射到翻译领域，本书认为翻译活动中同样存在"道德原则"，这是译者无论如何都需要遵守、实行的，只有这样，翻译行为才是符合翻译伦理规范的，翻译行为的结果——译文接受情况是第二位的。据此标准，本书认为现有的一些翻译伦理理论都可以从义务论伦理的角度进行阐释，或者说它们都隐含着义务论伦理立场。

受解构主义和翻译研究的文化转向的影响，20 世纪 90 年代出现了"女性主义翻译思想"，该理论认为翻译的道德原则是"在意义生产中尽量突出女性的主体性"，或"在翻译中使用女性主义术语"（"woman handling" the text）（Simon，1996：13）。女性主义翻译观认为，传统的翻译观把译文看作女人，译文依附原文存在，这不仅仅贬低了译者和译文，也暗含了对女性的歧视。因此，女性主义翻译观主张重新界定译文与原文之间的关系，认为译文应该享有和原文一样的地位。基于此认识，女性主义翻译观在翻译实践中倡导译者的干预性（interventionist），要求对翻译文本进行女性主义的创造。路易斯•冯•弗洛图（Luise von Flotow）给女性主义翻译实践提出了三种具体方法：增补（supplementing）、劫持（hijacking）以及加前言和脚注（prefacing and footnoting）（葛校琴，2003）。在女性主义翻译者看来，译者的"善良意志"就是突出女性主体性，改变女性从属于男性的社会地位，由此"善良意志"产生的"绝对命令"或规范、准则就是在翻译中使用女性主义术语，通过各种方式彰显女性主体。这是译者，至少是女性译者，在翻译中必须遵循的伦理规范，是译者应尽的义务，只有这样做才符合女性主义的翻译伦理观。至于用此方法翻译的译文多大程度上可以被接受，女性主义翻译论者没有太多地提及，在她们看来，翻译最重要的义务就是"突出女性主体性"。女性主义翻译观将研究的重点转到二元对立中的弱者，转到众多的"她"者，使文化中原本被忽视甚至遗忘的边缘角色被展示出来（葛校琴，2003），获得人们重视，从而赋予了"差异"合法性新意义，为现代的文化发展与文化批评，提供了一个新视角。但同时，女性主义翻译观定义的"义务"也存在着不足。首先，突出女性主体性是否是译者翻译活动的唯一"义务"，恐怕女性主义翻译倡导者自己也无法做出肯定的回答。如果这不是唯一应尽的义务，那是最重要的义务吗？对于这一点，相信不同的学者有不同的观点。此外，女性主义翻译伦理过于理想化，有矫枉过正之嫌（葛校琴，2003）。理想化是指它倡导使用"女性主义术语"，这违背了当代社会主流诗学和价值观，在大部分国家还都处于男权社会的情况下，此种译文的接受程度堪忧。矫枉过正是指过分强调"女性主体性"很可能会带来新的不平等，使女性凌驾于男性之上，享有更高的社会地位。

同样表现出义务论伦理立场的还有"后殖民主义翻译思想"。20 世纪80 年代末，"后殖民主义翻译思想"进入了人们的视野。该理论审视不同历史条件下的翻译活动，关注隐藏在翻译过程中的两种文化之间的冲突与争斗，它认为这并不是一个势均力敌的争斗，因为不同文化之间存在着权力差异。后殖民主义翻译理论不仅描述译者在此语境中的价值取向和翻译策略选择，还倡导译者（尤其是弱势文化译者）通过"去殖民化"的翻译策略去打破这种权力争斗中不平衡的局面，为弱势民族文化争取平等对话的机会。所谓"去殖民化"是指"去除殖民化的有害影响，尤指是去除殖民化状态下的集体自卑情结的渐进过程"（Robinson，1997：115），这是一个从被殖民走向独立的、平等的动态过程。后殖民主义翻译理论家认为，传统的归化翻译是帝国主义对弱势民族国家的文化控制，是一种不平等的文化交流。他们倡导采取异化的翻译策略，在译文中故意使用"不通顺、不流畅、不透明"的非惯用表达方式，从而破坏目的语的文化规范，保留原文本中的外国"异质"（金敬红，2004）。显而易见，在后殖民主义翻译理论家看来，在弱势民族文化文本译入英语文化时，"不通顺、不流畅、不透明"的异化翻译策略是译者翻译行为的伦理规范，是译者需要循序的义务，因为只有这样，译文才能彰显弱势民族的语言与文化。同女性主义翻译思想一样，后殖民主义翻译理论并未考虑太多翻译的效果和接受问题，在一定程度上，他们认为"翻译是一种文化政治行为"（金敬红，2004），他们倡导"异化"，却没有考虑"异化"的译文是否能够真正促进弱势民族文化的独立与自主。在后殖民主义翻译思想关照下，通过异化的翻译彰显弱势民族文化是译者应尽的义务，是翻译活动中的"善良意志"，是译者需要遵循的翻译伦理规范。而使用这种策略产生的译文是否能被读者接受和认可，从而真正促进弱势民族文化独立的效果则不是他们关注的重点。

此外，贝尔曼和韦努蒂的翻译伦理思想也都可以从义务论伦理立场进行阐释。两者都重视研究何种翻译行为才是符合伦理规范的行为，认为"彰显他者或异质"的翻译才是好的翻译。在他们看来，"彰显他者"是翻译的价值所在，是译者需要遵循的义务，"异化翻译"是译者的行为准则。有一点需要澄清的是，义务论者也并不是完全不关注行为结果，如贝尔曼认为翻译的历史任务是促进文化交流和民族发展，韦努蒂认为翻译是为了打破西方的文化霸权主义和欧美中心主义。但是他们更注重对行为过程的研究，坚信只有坚持"异化的翻译"这个规范才能达到翻译目的，因此推导出"异化的翻译"就是译者必须遵守的"绝对命令"，是译者的义务所在，是译者始终需要遵循的翻译伦理规范。

以义务论为基础的翻译伦理思想具有积极的意义，主要表现为翻译伦理规范具有明晰、绝对性的特点。以目的论为基础的翻译伦理需要根据行为结果（或目的）评判行为是否符合规范，不同主体在不同环境下可能对行为结果做出不同的判断，这使得行为规范具有一定的不确定性。当行为目的发生变化，行为准则可能也会随之变化。而在这一点上，以义务论为基础的翻译伦理的标准更加明晰与确定，它确定译者应尽的某项或某些义务，要求译者在任何情况下都必须恪守，没有例外。当然，义务论翻译伦理观也存在不足之处。其一，义务论的"绝对命令"——行为准则是一种普遍化的道德要求，有一定的形式主义倾向（万俊人，2003）。在翻译实践中，作为社会个体的译者，由于不同的主观倾向、价值观以及不同的社会历史语境，很难用一种单一、绝对的伦理规范去约束他们。其二，义务论过于依赖译者的"自律"，忽视"他律"。它要求译者了解翻译的行为准则，并以此规约自己的翻译行为。"他律"的缺失不利于对行为道德的实现情况进行监督，"义务"有可能会成为空谈。例如，韦努蒂的翻译伦理思想要求译者采取"异化翻译"策略，这需要译者自觉地进行，但是在没有"他律"的方式或评价标准时，往往很难对译者行为进行道德判断和道德监督。

作为规范翻译伦理的两个主要分支，规范翻译伦理目的论和规范翻译伦理义务论似乎是针锋相对的，二者使用了不同的逻辑判断方法，前者重结果，以译本价值的实现或译本传播效果为判断标准，具有实用主义倾向；而后者重过程，重视翻译活动的展开方式和译者对某种善意志的遵从，具有形式主义倾向。两种理论各有长处，也同时存在一些不足，而这些不足恰恰又可以在对方的理论中找到解决方法。归其原因，我们可以在哲学层面找到答案，这就是目的论和义务论对立与辩证关系。一方面，义务论是目的论的超验目标（任丑，2008）。效益主义所追求的效益不仅仅是物质的，如译本的商业价值，还包含有精神层面的需要，如译本的文化传播功能等。而这个精神追求从本质上说，就是义务论所追求的"德性"。对于译者而言，以翻译谋生完成赞助人的委托，译文符合读者的期待等目的都属于物质层面的效益，促进文化交流与发展则属精神层面的效益，这也可以看作是译者的"义务"。义务论者（如康德）认为，目的是作为道德命令最高要求的"德性"义务自身所具有的，义务从本质上讲就是一种最高的、无条件的目的。以异化的、彰显他者的翻译促进民族文化发展和交流，或打破西方的文化霸权主义本身是译者的义务也是译者最高形式的、最终的目的。另一方面，目的论是义务论的经验根基。康德把目的分为两种：一是由感性冲动决定的主观的目的即外在目的；二是依据自身法则所确立的客观的目的即内在目的，这同时也是义务的目的，即人本身（任丑，2008）。目的论强调的是外在目的，义务论所追求的是内在目的。外在目的为内在目的的最终实现提供经验根基，内在目的的实现不可能脱离外在目的的实现。对翻译活动而言，翻译在物质层面的效益为其精神效益的最终实现创造可能，提供经验，前者是后者的先决条件。完全没有物质效益的翻译活动是不可能存在，更不可能取得发展的。

通过以上梳理，现有翻译伦理思想的理论缘起、逻辑论证与实践意义在规范伦理学视域中得以更清晰地呈现。一方面，规范翻译伦理目的论为译者的翻译实践活动提供了很好的理论指导；另一方面，规范翻译伦理义务论从精神层面出发，提出了译者需要遵循的、具有普适性的义务要求。前者是规范翻译伦理的根基，是手段，是适用于具体语境的翻译伦理；后者是理想，是目标，是具有普遍意义的翻译伦理。尽管两种翻译伦理思想采取了不同的道德逻辑判断途径，但都热衷于制订一定的规范，既规约译者的行为，又对翻译活动进行评价。规范和行为是规范翻译伦理理论最关心的问题。然而在一定程度上，规范翻译伦理忽视了行为主体，忽略了主体的主观性和道德，即忽略了对译者自身道德水平的研究。译者道德又因为译者的双重身份，可以划分为作为社会成员的"个人道德"和作为翻译从业人员的"职业道德"。美德伦理学正好可以弥补这一不足，它以行为主体为主要研究对象，有助于弥补规范翻译伦理对译者个人道德方面的研究不足，完善翻译伦理研究体系。

第六章 美德翻译伦理——翻译主体的 道德研究

规范伦理学的主要理论基本可以归类于目的论或者义务论，但由于两者在道德判断问题上都存在着一些困难，这使得以阿拉斯戴尔·麦金太尔（Alasdair MacIntyre）为代表的一批伦理学家转而关注对行为主体"美德"（virtue）的研究。对"美德"的研究自古有之，可以追溯到亚里士多德。"美德"研究在当代社会的复兴始于 1958 年英国哲学家格特鲁德·伊丽莎白·玛格丽特·安斯贡贝（G. E. M. Anscombe）的著名论文《现代道德哲学》（"Modern Moral Philosophy"），然后到 1981 年，麦金太尔的《追寻美德》（*After Virtue*）一书宣告美德伦理学研究的真正复兴（秦越存，2008）。美德伦理学的核心问题是"什么样的美德能让人成为道德上的好人"，换言之，美德伦理学家研究的不是"何为正当行为或应当如何"，而是何为"美德"。美德伦理学家认为，做有美德的人比做符合规范的事情更为根本、更具有决定意义。这是因为主体按照行为规范去做事，可能出于各种不同的原因，行为自身的规范性不能用来证明主体自身道德水平，而当主体具有了美德，那遵循道德规范便成了水到渠成之事（王海明，2001：6）。脱离美德，单纯要求人们去遵守道德规范是没有意义的。美德伦理学的复兴，是以规范伦理学批评者的身份出现的，它进而引发了伦理学界对规范和美德的关注和讨论。对两者的争论，有学者认为，过去的伦理学（尤其是规范伦理学）有一定局限性——过分注重规范性，进而提出，伦理学需要以价值境界为伦理的实践归宿，将道德追求看作伦理行动的激励，把道德价值看作伦理创造的中心。由"规范"向"价值"的过渡，体现了人全面发展的自由个性，也体现了完美人性中"有意义的生活"和"有规范的生活"统一关系（李建华、邹晖，2011：114）。从伦理学内涵上讲，伦理学的本质是追求自由之学（任丑，2008），道德或伦理体现的是人自身内在的自由本质。可以看出，由规范伦理学向美德伦理学的研究转向，归根到底是出于对行为主体——"人"的关注，对人"有意义生活"的关注，这是对规范伦理学"见规则不见人"的思维方式的挑战和颠覆。现有的翻译伦理研究同样存在"重规范、轻主体"的特点，注重对翻译行为规范的研究，而忽略了对译者品德的研究（方薇，2013）。现有的翻译伦理研究都以翻译行为的规范属性作为研究对象，而鲜有研究涉及译者道德因素，而译者作为翻译行为的主体，其行为必然是外在伦理规范与内在个人品德相融合而产生的结果。这正可以解释为什么在相同社会伦理规范条件下，不同译者依然会采纳不同的翻译策略与方法，译者道德在其中起到了关键作用。社会伦理规范通过内化的方式，与译者道德一起影响译者的翻译行为。因此，我们可以将美德伦理学投射到翻译伦理研究，将译者道德作为翻译伦理研究的重要组成部分，展开"美德翻译伦理"研究。

作为翻译活动中"最活跃"的行为主体，译者自身的主体性对翻译活动本身有绝对性意义。根据阐释学观点，客观事物具有一个视域，阐释者也有自己的一个视域，理解或阐释是阐释者视域和客体视域相融合的情况下发生的（朱健平，2008）。具体到翻译活动中，译者的理解是译者视域和原文本视域不断融合的过程，翻译是两者融合的产物。为了实现视域的融合，译者必须发挥主观能动性，翻译是译者不断努力寻求新视域的过程。而译者道德（美德）水平是译者所有行为的内在依据。孔汉思认为："今天，正是这些虔诚的人们，正是那些常常想入非非的信教的人，得对自己说：他们不能呼吁一种仍然高高在上的权威，以此来剥夺人们内心世界的自治；在这层意义上，完全有一种康德研究出来的东西，即一种在良心中已扎根的、针对我们的实现自我和塑造世界的伦理上的自我立法和自我负责。"（汉斯·昆[①]，2002：63）这里"康德研究出来的东西"是指康德著名的"头上的星空和内心的道德律"，即人一方面敬畏大自然，敬畏那些已先在存在且莫名其妙的客观存在物；另一方面又敬畏自身的内在可能性，这种可能性塑造着一切可能，同时又始终保持神秘。人们真正的敬畏源自那种不可名状的神秘存在。"道德律"是把人最美好的东西编码成无上的法则，要求人们无条件遵从。也就是说，人终究是生存在自己的"内心"之中。我们可以把康德对人本质的这种描绘，用作翻译活动和翻译与人的关系的研究根据，即对人内心世界的研究，因为内心的"敬畏"构成了译者的自主性、主体性以及道德观念。译者的道德（美德）源自译者的内心世界，其判断不依赖于外在的客观条件，是独立存在的。翻译是译者个人与"他者"的交往，是维护自我生成与强大努力的不断持续，译者的根本性的"道德"（美德）决定了译者主体的范围，以先

---

① 即孔汉思（Hans Kung），为保持和参考文献一致，此处采取汉斯·昆。

在的方式，规定了译者自我的责任、义务和使命。美德翻译伦理观认为，译者的道德（美德）水平就像是翻译行为的"指南针"，指引翻译行为前进的方向与方式，是决定翻译价值的内在因素。因此，美德翻译伦理研究可以让我们跳出以往翻译伦理研究"见规则不见人"的研究视野，将研究中心重归于对人的研究，这切实可行，也具有一定的积极意义。

正如美德伦理以研究具有何种美德才算"好的"人一样，美德翻译伦理研究的核心问题是译者应该具有何种道德（美德）才算是一个"好的"译者。翻译语境中的译者是一个具有双重身份的主体：首先，译者是具有社会属性的个人，其次又是一名从事翻译的"职业"人员。两种身份对译者有不同的道德要求，前者属于个人道德，后者属于职业道德。两者既彼此独立，又密切联系，尤其是前者对后者有一定的决定意义，是后者的基础。

第一节　译者的个人道德

社会属性是个人的基本、首要属性，个人通常需要具有社会普遍认可的各种道德（美德），如诚实守信、尊重他人、谦虚谨慎等等，才可以称得上是"道德上的"好人。译者的首要身份是社会人，其自身道德水平会影响其翻译策略。但是，社会道德包罗众多不同属性的道德价值，如果使用全部道德价值对译者进行要求和规范，并展开相关研究，其实际操作性不强，且效益比较低。此外不同社会和历史语境对社会道德的认知都有所差异，很难达成共识，因此，为确保研究的可操作性和理论的适用广度，我们需要在所有道德价值中找出一条最重要、最基本的"道德中的道德"，而且此"道德"可以超越社会、文化和历史语境的局限。

伦理学研究中的"全球伦理"概念对此问题具有很高的参考价值，因为全球伦理的主要特点就是"普适性"和"最低限度"。但全球伦理是伦理概念，是关于人际关系的行为规范，而我们需要的是一个具有"底线性"和"普适性"的道德价值，是对个体行为的描述。伦理关系体现道德价值，全球伦理也不例外。根据孔汉思的观点，全球底线伦理的基本原则是"每一个人都应当得到人道的对待（人其人）"和"子所不欲，勿施于人"（何怀宏，2002：198）。仔细分析这两条伦理规范，会发现两者都包含着一个相同的道德价值——尊重。前者强调对人自然属性的尊重，后者强调对人社会属性的尊重。可以说，作为全球底线伦理对个人道德价值的诉求，"尊重"也同样应该具有"普适性"和"底线性"，可以作为社会个人的最基本、最重要的道德（美德）。因此，作为具有社会属性个人的译者，应该至少具有"尊重"这一道德（美德）价值，"尊重"是译者个人道德的底线和最重要的组成部分。作为社会个体，译者的"尊重"主要表现在对"他者"（原文）的尊重和对译入语文化的尊重；作为翻译从业人员，译者的"尊重"表现在对读者的尊重、对赞助人的尊重和对翻译职业的尊重。本章将首先分析译者对"他者"（原文）和译入语文化的尊重，即译者的个人道德。之后，我们再讨论译者的职业道德。

首先，译者要尊重原文。翻译是两种文化之间交流的桥梁，这个过程必然涉及两种文化之间的关系与态势对比问题。将原文以怎样的方式和面貌介绍到译入语文化之中是译者首要面对的问题，其中的决定性因素就是译者对原文的态度。译者通常面对两种选择：一是让原文以本真的面貌出现在译入语文化之中；二是源语文化"戴上译入语文化的面具"出现在译入语文化中。前者面临译入语文化中民族中心主义的挑战与排斥，后者似乎更易"入乡随俗"，为译入语文化所接受。对原文和源语文化抱有尊重和敬畏之心的译者，往往会选择前一种方法进行翻译，原因有二：第一，任何一种文化都应该享有和其他文化同等的地位，都应该在世界文化领域占据一席之地，这与孕育此文化的民族大小、强弱、人种都没有关系。文化没有优劣之分，都有在世界舞台上"发声"的权利。给源语文化"戴上译入语文化的面具"，表面看似更易于传播民族文化，实际上很可能会令其迷失自我，甚至面目全非。因为在这样的译文中，源语文化往往失去本真，甚至不再是源语文化，而成为译入语文化建构的所谓"他者"，是译入语文化的一部分，这不符合"尊重他者"的美德。第二，保存源语文化的特质与本真，这符合文化全球化的趋势。文化全球化不是世界文化的单一化或同质化，不是一种或几种文化独霸天下，而是各民族文化相互影响、制约和促进中的共存，是保持世界文化的多样性（张全，2010：9）。保留原文中"异质"的译文，更有利于维护源语文化的独立性，避免全球化背景下文化发展的同质性，确保文化全球化多样性的发展。

其次，译者也需要尊重译入语文化。译入语文化作为译文传播的主要语境，理应受到重视。一方面，翻译涉及两种文化的交流，在此过程中几乎所有的民族都会或多或少地体现出文化民族主义。文化民族主义是民族主义在文化方面的集中表现。每个民族都坚信本民族固有文化的优越性，认同本民族文化传统，并要求从文化上将民族统一起来（郑师渠，2006：2-3）。民族主义所塑造的民族概念和民族形象，一般都通过文化传统、价值观念和信仰来体现，弘扬民族的优越、尊严和进步是文化民族主义的核心价值。因此，译者在翻译过程中不能忽视文化民族主义因素，在尊重源语文化的同时，也需要尊重译入语的民族文化需求。例如，当原文出现对译入语民族文化歪曲、污蔑的内容时，译者应该充分尊重译入语民族文化，做出客观、正确的翻译。另一方面，译者要努力促成译文对译入语文化发展的积极作用。文化民族主义以本民族的固有文化为核心，极端情况下会导致民族自恋的文化情结，不可避免地带有非理性色彩，进而可能发展成一种保守、消极的力量，阻碍本民族文化对其他文化的借鉴。在译文中引入源语文化的"异质"，有利于译入语文化自身的发展。一个民族对待"他者"的态度，不能固守本民族中心主义，因为这只会令其发展停滞、走向僵化。相反，对"他者"的包容与接纳，表面看似"异化"了自我，实则为自我的发展注入了新的活力，使之更加强大。因此，出于对译入语文化的尊重，译者要勇于将"异质"带入译入语文化，为文化丰富与发展注入新活力。

对源语和译入语文化的尊重是译者个人道德的核心，虽然译者个人道德还包括诸多其他元素，但"尊重"是所有道德的基础与前提，是解决其他"道德"冲突的关键。译者个人道德（诚实守信）与源语道德产生冲突时，"尊重"是解决这个问题的关键，一个尊重源语文化和译入语文化发展需求的译者，应该站在中立的角度阐释源语中文化现象，而不是仅仅凭自己的道德观或经验对原文做出价值判断。

第二节 译者的职业道德

如上节所述，"尊重"也可以作为译者职业道德的核心道德价值。以翻译为职业的译者，在翻译活动中通常面对三种基本伦理关系，即译者与读者的关系、译者与赞助人的关系以及译者对翻译职业理想的态度。因此，译者职业道德就相应地包括：尊重读者、尊重赞助人和尊重翻译职业理想。前两者属于翻译职业的基本要求，可以通过制订相关制度来实现，也就是制度伦理。二者相互影响，当发生冲突时，译者的选择往往取决于更高层次的"尊重翻译职业理想"。对翻译职业理想的尊重则属于译者精神层面的追求，是译者对实现翻译历史使命的追求，通常是译者的最高追求，就如同人类对绝对真理的追求——心向往之，永无止境。

译者需要尊重读者。读者是译文的受众，译文需要通过读者才可以实现其社会文化价值，译文的价值需要通过对读者的影响和读者的反馈来体现。在翻译中，译者通过译文与读者发生联系，因此译者对待读者的态度也会影响其翻译文本选择和翻译策略运用。通常情况下，读者的接受情况可以决定译作在译入语文化中的生存价值，在译者翻译的过程中，读者的意见通过译者之手决定着译文作为一种文化或文学产品的生存状态（杨晓荣，2005：54）。对译文读者的重视自古有之，在现存最早有关佛经翻译理论性的文章《法句经序》中，支谦曾指出"其传经者，当令易晓，误失厥义，是则为善"（转引自陈福康，2010：5），其中的"当令易晓"便是对读者的关注，要求译文易于读者理解。林语堂在《论翻译》一文中也发表过类似观点，他认为译者有三种责任，其中之一就是"对读者的责任"（陈福康，2010：280）。奈达的"功能对等"理论也是以读者接受为中心，认为译者应该充分考虑读者的接受能力，"在翻译中译者的首要任务在于如实地传递原文的信息""必须使译文能为读者所正确理解"（谭载喜，1984：21）。20 世纪 60 年代后，在接受美学理论的直接影响下，翻译理论界对译文读者的关注度达到了前所未有的高度。接受美学（receptional aesthetics）这一概念是由德国康斯坦茨大学（Universität Konstanz）文艺学教授汉斯·罗伯特·姚斯（Hans Robert Jauss）在 1967年提出，其核心观点是从受众出发，从接受出发。姚斯重视读者在阅读中的作用，他认为读者解读文本之前就存在一种"先结构"（prestructure），即期待视野（horizon of expectation），它是指读者在阅读之前就具有的、潜在的对作品意义的期待。在读者阅读文本时，这种期待视野能"唤醒对已读过的作品的回忆，把读者带进一定的感情状态，并随着作品的开端引起对'中间和结尾'的各种期待"（Jauss，1982：23）。接受美学的另外一个重要概念是审美距离（aesthetic distance），即期待视野与作品之间的距离，以及在接受新的作品时，读者在审美经验视野方面所需做出的变化。审美距离越短，接受意识越不需要回溯到原有的经验范围，这部作品便越接近于大众艺术。如果审美距离很大，超出了首批读者的期待，那么，它就越可能会成为一部经典作品（Jauss，1982：224）。

"期待视野"与"审美距离"理论同样适用于译文读者。一方面，符合或接近读者期待视野的译文更容易被读者所接受，并受到好评。译入语文化、诗学规范以及译入语对源语文化的认知是读者期待视野的重要组成部分。当译文在语言上符合译入语诗学时，读者阅读译文所需付出的努力相对较小；在文化形象与读者先前对源语文化的认知相同或接近时，译文的阅读更有利于读者巩固和构建其先有的认知体系。一般来讲，这种译文的接受效果更好。传播学家威尔伯·施拉姆（Wilbur Schramm）等认为，"外来符号到达时，如果接受者决定利用其中的讯息，他首先要加工这一讯息，加工的根据是他储存的形象；一般地说，产生的结果可能有几种：证实既存的构想，稍许修正原有的界定，或澄清原来不清楚的地方"（威尔伯，威廉，2010：57）。另一方面，违反译入语诗学和文化，带有异域特质的译文，因为与读者期待视野之间的距离较大，会给读者的审美带来不同感受，更可能成为经典作品。这一点和翻译"陌生化"理论不谋而合。"陌生化"（defamiliarization）在 20 世纪初期由俄国形式主义者维克托·什克洛夫斯基（Viktor Shklovsky）提出，意指"使之陌生"，就是要审美主体对其生活中的世界视而不见，使审美主体即使面临非常熟悉的事物时，也能有新的发现，这样会延长其关注的时间和感知的难度，从而增加审美快感（杨向荣，2005）。将陌生化概念运用到翻译之中，意味着译者尽量避免将文本归化成符合译入语诗学规范或文化的内容。相反，译者通过异化和陌生化的翻译策略，保留原文本语言和文化的异质性，使译文读者在阅读过程中需要花费一些努力和时间才能理解和接受译文，这样的译文往往会令读者从中获得更多的审美快感（陈琳、张春柏，2006）。可见，"距离产生美"在译文与读者之间同样适用。

译者与读者通过译文发生联系，因此"尊重读者"就是指译者要尊重读者对译文的阅读期待即读者期待。根据以上对读者相关翻译理论的分析，尊重读者期待可以分为尊重"读者接受能力"（谭载喜，1984：21）和尊重"读者审美需求"（陈琳、张春柏，2006）。尊重"读者接受能力"要求译者客观、正确地评估读者能力，并以此为基础采取相应的翻译策略。译文既不能晦涩难懂，超出读者阅读能力，使阅读无法正常进行；也不能过于归化和本土化，低估读者能力。"读者接受能力"是一个历史性概念，随着时代变迁，尤其是互联网时代信息传播方式的革命性变化，读者的阅读与接受能力达到前所未有的高度，译者应该相信并尊重读者的能力，不能简单地认为，尊重"读者接受能力"等同于通过归化翻译消除译文的陌生感。低估读者接受能力也是一种对读者的不尊重。例如，没有必要把 as poor as a church mouse 译成"穷得像要饭的"，要相信读者有能力理解也愿意接受"穷得像教堂里的老鼠"这样的译文。再比如，对于莎士比亚的名句"Shall I compare thee to a summer's day?"，辜正坤因担忧中国读者不了解英国夏季"是最明媚的季节，相当于我国的春季"，所以将 summer's day 译为"春天"（辜正坤，1990：906）。也许译者的这种担忧在译文诞生的 20 世纪 80 年代具有一定的合理性，但时至今日，随着到英国旅游、留学、商贸的国人越来越多，我们对英国的了解程度早已今非昔比，译者应该充分信任读者的能力，相信读者了解或者有能力了解英国

"夏日"的特点。

尊重读者审美需求，这要求译者理解读者的阅读特点。读者在阅读翻译文本，尤其是文学翻译文本时，文本信息往往不是读者阅读的全部目的，原文艺术风格、艺术境界以及阅读给读者带来的美的、精神层面的享受同样是读者所追求的（尹衍桐，2001）。译者在译文中要尽量保持并传达原文语言和文化特点，既不能过于归化，使译文的"异域风情"尽失，也不能"越俎代庖"，将原文中的潜文本在译文中明晰化。明晰化的译文看似减轻了读者的阅读负担，实则是违背了原作者的写作意图，破坏了原文"犹抱琵琶半遮面"的意境，降低了读者可能从阅读中获得的审美快感。许钧曾带领南京大学西语系翻译研究中心对《红与黑》汉译问题进行过读者反馈调查，调查结果显示，"从读者对译文语言的要求看，大多数读者比较喜爱与原文结构较为贴近的译文"（许钧，2002：125）。这表明当代社会的读者希望阅读带有原文"异质"的译文，这体现了读者的审美期待。

译者需要尊重翻译赞助人。"赞助人"这一概念由勒弗维尔引入翻译研究领域。他"引入了一套新术语，以便更好地分析文学外因素对文学的影响"（转引自张南峰，2004：148）。勒弗维尔指出，影响翻译的三个主要因素是意识形态、诗学和赞助人。赞助人是指有"促进或阻碍文学的阅读、写作和重写的"权力的人或机构，可以是个人或团体、政党、社会阶层、宫廷、出版社，以及报刊、电视台等传播媒介（Lefevere，1992：15）。赞助人是影响文学翻译的外部因素，其影响力量表现在三个方面：一是从意识形态方面控制和影响译文；二是从经济方面决定作者和译者的收入，如稿费、版税；三是社会地位方面，控制译者是否能进入某些社会团体或阶层（Lefevere，1992：17）。与语言规范或诗学相比，赞助人通常更关注译作的意识形态，通过掌控译者物质收入和社会地位对翻译活动进行控制。绝大多数情况下，译者必须尊重赞助人的要求，尤其是符合其意识形态上的立场，否则译者很难获得安身立命所需的基本要素。例如，当译作思想与赞助人意识形态相冲突时，译作往往很难通过相关出版审查制度，也就无法给译者带来相应回报。

勒弗维尔的赞助人概念主要针对文学翻译领域，在非文学翻译领域，扮演相同角色的是翻译委托人——有翻译需求的个人或团体。委托人给译者下达翻译任务，译者按照要求完成翻译后，会得到相应的物质回报。从委托人决定译者的金钱收入这一点上看，委托人也可以看作是翻译赞助人。译者与委托人之间通常具有直接的雇佣关系，即译者为委托人提供有偿的翻译服务。切斯特曼的服务伦理就是针对译者与委托人之间关系的规范，体现了译者对委托人的尊重。此外，德国功能翻译理论也有类似观点，认为译者要重视委托人对翻译行为的具体目的、译文读者的期待等要求（Gentzler，2004：73）。通常来说，翻译委托人在下达翻译任务时，会就原文本、译文用途、意向读者、翻译期限等具体事项给译者明确地说明，译者需要在翻译过程中充分考虑这些因素，以保证实现委托人的预期翻译目的，这体现了译者对委托人的尊重。当然，委托人的要求需要合情合理，而且是译者能力所能达到的，否则，译者有权利拒绝接受（孙致礼，2007）。这表明译者对委托人的尊重是有条件的，不是绝对化的。如果委托人的某些要求违反了社会道德、法律或民族利益，译者完全可以拒绝提供翻译服务。表面上看，译者没有"尊重"委托人要求，"违背"了职业道德，但实际上是译者个人道德的体现。这与前文所述的译者职业道德与个人道德之间的关系所契合——个人道德是职业道德的基础。当两者发生冲突时，本书认为个人道德通常优先于职业道德产生作用，这是因为两种道德的来源不一样，前者源于人的社会属性，后者是人的职业属性，社会属性更为根本。此外，对委托人的尊重还体现在译者需要根据委托人要求，对相关内容保密，以维护委托人利益。国际译联《翻译工作者章程》第十条就做出了相关规定："翻译工作者应尊重译文使用者的合法利益，对因翻译需要而了解到的任何信息应视为职业秘密而守口如瓶。"（黄长奇，1996）其他国家也都有类似规定，如美国译协和澳大利亚译协的翻译章程里都有为委托人保守信息机密的规定（骆贤凤，2012：115）。

由此看来，无论是文学翻译还是非文学翻译，译者都要尊重赞助人（委托人）对译作的相关要求，尤其是在意识形态方面要尽量保持一致，但是对那些超出或者违背社会基本道德的要求，译者可以拒绝遵从。译者的个人道德对职业道德具有指导作用。

译者对读者和赞助人的尊重，都可以通过制订相关制度，形成带有强制性质的制度伦理规范。通常来说，普通的社会伦理对人们行为的规范作用是非强制性的，当一个人做出违背伦理的事情时，大部分情况下只会受到道德层面的谴责。而将伦理制度化，使道德德性、价值观和伦理规范以制度化的具体规则和规范形式固定下来，伦理就成了人们必须遵守的规范，具有一定的强制意义。翻译伦理制度化具有一定的必要性。根据相关统计，全国经过工商注册的翻译公司有 2 万家之多，其中有约 60%的公司成立于 2000 年之后。中国的翻译产值达年均 120 亿元以上（黄友义，2011）。面对如此规模的市场和庞大的翻译人员队伍，制订相关的行业规章以及法律有助于对翻译市场和翻译行为的管理和规范。在行业规范方面，我国译界已经做了一些有益的尝试，并取得了不错的效果。2005 年中国翻译协会公布了《翻译服务行业诚信公约》和《翻译服务行业职业道德规范》，前者要求译者确立以"诚信为本"的职业理念，后者重在将翻译服务标准化和规范化。同年，国家质量监督检验检疫总局颁布了《翻译服务译文质量要求》（国家标准 GB/T 19682—2005）（骆贤凤，2012：163-165）。然而，这些规章和制度只体现出更多的指导性意义，尚不具有绝对强制性，因为只有法律才具有绝对强制性。关于翻译立法，2011年，全国政协委员黄友义在全国政协会议上提交过"推动翻译立法，促进翻译行业健康发展"的提案，他指出"是到了通过立法这条根本途径来促进我国翻译事业更好更快发展的时候了"（黄友义，2011）。

对读者和赞助人的尊重属于翻译职业道德的基本要求，与物质层面的追求密切相关，而尊重翻译职业理想则体现出译者在精神层面的追求。职业理想是人们对未来的专业、工作部门、工作种类以及事业成就大小的向往和追求（宋长生，1988：15）。因为职业本身具有服务社会的属性，职业理想应该以推动社会乃至人类的发展为最高目标。职业理想应与职业本身的社会意义和历史作用紧密相连，社会意义和历史作用的实现应该是从业人员的最高职业理想。翻译是人类交流的桥梁，是推进社会和人类文化发展的动力。已故国学大师季羡林先生曾经指出，中华文化这条长河，曾有两次最大规模的新水注入，一次来自印度，一次来自西方，而这两次的注入依靠的都是翻译。中华文化之所以可以长葆青春，其源泉就是翻译（季羡林，1997：2）。推动社会和文化发展是翻译的历史使命，理应成为翻译职业的（最高）职业理想。每个译者都应以此为目标，为之奋斗，即使有时候因现实情况的限制，需要做出一些妥协让步，但是译者对翻译职业理想的追求永远不能放弃。译者在翻译过程中的每时每刻都应为此目标做出最大努力，要保持一种"虽不能至，心向往之"的思想境界。贝尔曼的翻译伦理思想与以上的翻译职业理想非常接近，在他看来，文学翻译的本质就是通过彰显"他者"的翻译，促进不同民族对话与交流，从而促进文化的发展。此思想与翻译职业的最高理想不谋而合，只是翻译职业理想不局限于文学翻译领域，而是泛指各领域的翻译活动。贝尔曼同时也提出了实现此理想的根本途径——彰显他者。每一名尊重翻译职业理想的译者，都应始终以此为翻译行为的最高指导思想，但同时也需要根据客观实际情况（如译文读者接受能力和译入语文化对他者文化的包容度），调整自己的翻译策略，做一些暂时性的妥协。译者要在条件允许的情况下，保证译文最大限度地接近翻译职业理想对译文的要求。翻译职业理想是关于翻译行为历史作用的真理，因此它具有绝对性和相对性。相对性是指译者在多大程度上"彰显他者"取决于特定的历史、文化和社会语境，是在当时最有利于实现翻译职业理想的翻译策略；但随着历史变迁和社会进步，"彰显他者"的程度也会随之深化，译者应确保翻译的"方向性正确"，向着翻译职业理想不懈努力，这是绝对性的体现。

在美德翻译伦理研究中，无论是关于译者的个人道德还是职业道德，都基于译者自身对翻译行为的认识，都强调译者应具有关于翻译行为的道德（美德），在内心深处形成对翻译价值的正确判断，并以此树立相关道德（美德）观。这种道德内化于译者的思想，与译者的价值观融合，从而培养译者翻译过程中的自律意识。在美德翻译伦理观看来，译者的这种自律远比外在的、行为规范的约束力更根本、更有效。美德翻译伦理以译者道德为研究中心，有利于改善翻译伦理研究领域"见规则不见人"的现状。但是由于品德是人的内在属性，在量化和评估方面存在一定困难，所以在一定程度上，美德翻译伦理的可操作性低于规范翻译伦理，很难制订相关制度和评价体系去评价译者的道德水平，道德对译者的指导作用更多地体现在译者的自律和道德内省。规范翻译伦理和美德翻译伦理相结合，会使翻译伦理研究更加全面，思想更加完善。规范翻译伦理可以用来规约译者翻译行为，美德翻译伦理则可以从精神层面提出译者必备的道德（美德）。在具体翻译实践中，译者以规范翻译伦理为具体翻译行为的指导原则，与此同时，译者有"美德"在心，将其作为所有翻译行为的最高指导原则，从而达成"行为"和"道德"的完美融合。

第三节　译者个人道德与职业道德的关系

美德翻译伦理的主要研究内容是译者的个人道德和职业道德，以及两者对于译者翻译活动的影响。它们对译者的影响作用不是孤立存在的，而是交织在一起，形成一种合力影响译者翻译实践。两者既相互区别，又密切联系或彼此影响，主要表现在以下三个方面。

第一，两者是一般与特殊的关系，通常具有统一性。个人道德的社会属性和职业道德的职业属性，决定了两者属于一般和特殊的关系，这是因为职业本身也具有社会性。个人道德是一般意义上的道德，例如诚实守信、尊重他人；职业道德则是一种特殊的道德，是译者在翻译活动中体现出的道德。译者的职业道德可以看作是其个人道德在翻译领域中的具体表现形式，个人道德是基础，是第一位的道德；职业道德则是第二位的，它既反映翻译活动中的伦理规范，在一定程度上也是译者个人道德在翻译实践中的延伸。例如，一个不诚实守信（个人道德）且喜欢追逐名利的译者，很难保证在翻译活动中能"忠实"再现原文，帮助赞助人实现其翻译目的，因为在他的道德体系中，"名利"的意义大于诚实守信。即使译者遵照了"忠实"的职业道德，也可能是因为满足赞助人要求是他获取"名利"的前提保障，而非为了忠实于原文。

第二，两者有时会产生冲突。由于翻译活动涉及两种文化的交流，而不同文化的道德不尽相同，无论译者民族身份如何，其个人道德都可能与原文本蕴含的道德、价值观和世界观等发生冲突。在这种冲突中，个人道德往往会胜出，最终成为决定译者翻译策略的关键因素。例如，杨宪益、戴乃迭夫妇在翻译《红楼梦》时，对原文中涉及"性"的文字都有所回避，未完全忠实于原文描写，究其原因是那个时代的中国社会对"性"的话题非常避讳，公开谈论"性"不符合当时社会的主流道德观念。这肯定影响到了杨宪益、戴乃迭夫妇的个人道德，即他们也或多或少认可公开谈论"性"是不恰当的。在个人道德（公开谈论"性"是不道德的）和职业道德（忠实于原文）发生冲突时，译者选择了个人道德，而暂时放弃了要"忠实于原文"的职业道德。

第三，在精神层面，两者具有一定的相互包容性。个人道德最基本和最重要的是"尊重"，包括对读者和译入语文化的尊重，在此条件下，译者需要用"彰显他者"的译文来体现对读者期待与审美的尊重。与此同时，"彰显他者"的译文是译者实现翻译职业最高理想的途径。因此，"彰显他者"的翻译策略在译者个人道德和职业道德两个方面都具有其合法性。

个人道德和翻译职业道德在译者身上结为一股合力，影响译者翻译策略的运用。译者个人道德通常具有很强的历史性和民族性，而翻译职业道德的属性则相对比较稳定。因此，伴随个人道德的变化，同一译者面对同一文本，在不同时期也可能会采取不同的翻译策略。傅东华两次翻译 *Jennie Gerhardt* 便是很好的例子。1935 年译本名为《真妮姑娘》，在 1959 年重译时，改为《珍妮姑娘》。在重译本中，译者着力塑造珍妮的无产阶级形象，将她悲惨的命运归结于资本主义社会制度的罪恶，在译本序言中进行了大量的分析。而在最初的译本中，译者关注更多的则是原作者西奥多·德莱赛（Theodore Dreiser）的现实主义的写作风格。（陆颖，2011）。傅东华前后不同的翻译策略以及对原作的解读，都是他自身思想和个人道德的演变过程的体现，在 1959 年的译本中，读者明显可以读出更多的无产阶级思想元素。

综上所述，美德翻译伦理以译者道德为研究对象，弥补了原有翻译伦理在译者道德方面的研究欠缺。根据译者身份属性，译者道德进而分为两个层面，即译者个人道德和职业道德，前者是宏观的、基础的一般道德价值；后者是微观的、具体的特殊道德价值，它们交织在一起，影响和决定译者对翻译策略的选择和运用。

第七章　影响译者翻译伦理诉求的要素

元翻译伦理、规范翻译伦理和美德翻译伦理构成了翻译伦理研究的主要理论框架，其中元翻译伦理明确了翻译伦理研究的内容和核心概念，规范翻译伦理和美德翻译伦理则分别从翻译行为和翻译主体道德的角度切入，提出了不同的道德判断逻辑、伦理规范和相关美德。这些理论有助于我们分析翻译史，从伦理视角理解、阐释其他翻译理论，都属于描述性理论研究。有关元翻译伦理的第四章第三节，笔者提出了"翻译伦理诉求"概念，指出译者遵循某种伦理关系规范的动机和行为产生的价值便是译者的翻译伦理诉求，翻译过程就是译者实现某项或某些翻译伦理诉求的过程。通过分析规范翻译伦理和美德翻译伦理，我们发现译者在翻译过程中面对多种翻译伦理诉求，如服务伦理、再现伦理、诚实守信的伦理、尊重他者的伦理等。因此，我们将两者结合，对翻译伦理诉求进行了分层，分析了不同层次翻译伦理诉求对于译者的意义，以及译者对翻译伦理诉求的选择顺序。

本章将以翻译伦理诉求为核心，以决定和制约翻译伦理诉求的诸因素为变量，讨论译者对翻译伦理诉求的选择。这是翻译伦理理论与翻译实践相结合的有效途径，它有助于更好地阐释翻译现象和指导翻译活动。我们认为，在翻译理论研究中，只要结合这些变量因素的具体情况，就可以确定其中涉及的翻译伦理诉求以及各诉求之间的关系。影响翻译伦理诉求的因素包括客观和主观两方面，前者包括翻译价值和翻译语境，后者指译者道德。

第一节　翻　译　价　值

价值是伦理的基础，因此翻译价值决定翻译伦理，这能帮助我们分析译者在翻译活动中可以实现哪些翻译伦理诉求以及伦理诉求的特点。第四章"元翻译伦理"已经对翻译价值的概念、分类和特点进行了分析，现在笔者将进一步分析影响翻译价值的主要因素。简单来讲，价值是客体对主体的有用性，那决定翻译价值的因素可以大致分为客体和主体两方面：前者主要指原文文本，包括文本类型；后者则包括读者期待和翻译赞助人

（发起人）。这里之所以未把译者纳入主体因素是因为，译者的翻译策略、态度和方法直接决定翻译价值，但是译者翻译活动归根结底是各因素综合作用下的产物。换言之，原文文本、读者期待和翻译赞助人才是真正决定翻译价值的深层次因素。

原文文本是影响翻译价值的基本因素，伴随着原文的诞生得以确定，原文价值通常不会发生太大的变化。大多数情况下，原文的文本类型会在译文中得以保存，不同的文本类型会赋予翻译不同的价值，从而衍生出相应的翻译伦理。例如，商业文本的主要价值在于通过信息交流，促成或保障商业活动的顺利完成。此时，服务伦理、（信息）忠实伦理是译者的主要翻译伦理诉求。而对于文学作品，信息交流通常不是其主要价值所在。文学作品内部又可以细分为不同的文本类型，如小说、散文、诗歌等。它们的主要价值不尽相同，有的促进语言诗学的发展，有的针砭时弊，而有的以文化传播为目的。此时，再现伦理、接受伦理、差异伦理会成为译者的主要翻译伦理诉求。有时候，原文文本类型较为复杂，同时具有多个类型文本的特点，如叙事诗既有小说的特点又有诗歌的韵律与节奏，那么翻译价值和翻译伦理诉求也就不再单一。在这种情况下，翻译价值的确定依赖于主体特点，即读者期待和赞助人两方面，当然，这两个因素是通过影响译者翻译策略，从而决定翻译作品的价值。

读者期待是指读者对于译文的阅读期望，即读者希望从译文阅读中获得的价值。它体现了主体对于客体价值的判断与接受，会影响译者的翻译伦理诉求。例如，晚清时期西方的侦探小说很受大众欢迎，通过阅读译本，读者的猎奇心理得到了很好的满足。保留原文故事的离奇情节，尊重读者的接受能力，是译者的主要翻译伦理诉求，而尊重原文文化的翻译伦理往往不是那么重要。与此相反的是鲁迅的翻译，鲁迅将其译文的读者定位于社会精英，他认为这些读者期待通过阅读西方先进的思想，以丰富和改造中国相对落后的文化（王东风，2008b）。因此，鲁迅表现出的主要翻译伦理诉求是尊重译入语（中国）文化发展需求，尊重翻译活动的历史任务，这在他选择原文本和译文语言表述方面都得到了鲜明的体现，他甚至坚持用"硬译"的方式去实现尊重翻译历史任务的翻译伦理诉求。当然，因文化背景的差异，不同读者会有不同的阅读期待。我们可以尝试从两个不同的方面解决此问题：一个是结合具体语境，分析和归纳读者期待的主要内容和特点，并据此分析翻译伦理诉求；另一个方法是结合翻译赞助人（发起人）的特点，确定主要目标读者及其阅读期待。

翻译赞助人或发起人通常是决定翻译价值的直接因素，他们根据一定的目的，进行翻译选材，通过物质回报或意识形态掌控、操纵或规范译者的翻译行为。在文本类型确定的情况下，翻译价值往往取决于赞助人的翻译目的，同时赞助人的意识形态和文化背景也会影响翻译价值。例如，1949 年之后，在中国典籍英译领域，中国政府和官方组织发起了很多译介活动，如创办《中国文学》杂志、推行"熊猫丛书"计划等，此背景下的译介活动都是以传播中国文化、让世界了解中国为主要翻译目的。因此，忠实伦理、再现伦理、传播中国文化的伦理是译者的主要翻译伦理诉求。而由国外出版社策划和出版的一些英译中国典籍，主要目的是服务于西方读者和文化，为他们提供了解中国的机会。在译者翻译过程中，虽然忠实伦理、再现伦理依然重要，但位于首位的翻译伦理诉求往往是尊重西方读者阅读习惯、英语的诗学规范和文化。由此可见，同样类型的文本和相同的目标读者，因为翻译赞助人的翻译目的不同，会产生不同的翻译价值，翻译伦理诉求之间的排序和关系也会因此有所不同。当然，赞助人对翻译价值的定位不可能完全脱离文本类型和读者期待，但同时他们对译文文本和读者期待具有一定的引导性。

翻译价值的确定是一个复杂的过程：翻译赞助人（发起人）以原文文本类型为客观基础，参照读者期待，并结合自身意识形态和文化背景设定一定的翻译目的，而最终形成译文。只有厘清具体翻译价值的主要内容，才能确定译者在翻译过程中有哪些翻译伦理诉求，以及译者应该如何根据重要程度将这些诉求排序。

第二节　翻　译　语　境

翻译是一项社会活动，因此对译文接受情况、传播效果和翻译价值的研究都需要结合具体的时代与社会语境进行宏观层面的分析。这主要包括时代背景和信息传播特点两个方面的内容：时代背景主要指原文本文化和译入语文化之间强弱对比关系；信息传播特点主要指信息传播的载体和技术。

原文本文化与译入语文化之间的强弱关系会影响读者接受情况，进而影响译者的翻译伦理诉求。虽然大部分人同意各民族的文化不应该有优劣之分，但现实中，不同文化之间存在强弱对比关系。根据伊塔马·埃文-佐哈尔（Itamar Even-Zohar）多元系统论的观点，文学是社会文化历史架构中的一个组成部分（Munday，2001：109），其中翻译文学属于文学多元系统中的一个系统。佐哈尔指出，当翻译文学处于文化多元系统中心地位的时候，它往往参与创造之中，并不惜打破译入语文化的传统规范；而当翻译文学处于边缘时，翻译则常常使用译入语文学中现有的二级模式（Itamar Even-Zohar，1990）。在强势文化文本译入弱势文化的语境中，译本往往处于文学系统中心地位，原文本中的"异质"也会在译文中得到更好的保留，"尊重原文"通常是译者主要的翻译伦理诉求。同时，弱势文化读者对先进文化的向往与崇敬为带有"异质"的译文提供了良好的传播环境。与此相反，在弱势文化文本译入强势文化的语境中，因为翻译文学在系统中的边缘地位，尊重译入语规范和文化则是首要的翻译伦理诉求。出于文化上的优越性，往往译入语读者对来自弱势文化的译本接受和包容程度较低。弱势文化很难以原本的面貌出现在强势文化之中，即使偶有"异质"的保留，也往往是因为这种"异质"的特色符合强势文化对弱势文化的定位与刻板认识。例如，罗马帝国时期的翻译家圣哲罗姆非常推崇使用意译法翻译希腊作品，他认为拉丁语要优于希腊语，在他看来希腊语文化是罗马人的一个俘虏，罗马人可以随心所欲地对待它、处置它、占用它（孙会军，2005：76）。韦努蒂所批评的翻译中的英美文化霸权便是最好的例子，随着译文被纳入英美文化语境，弱势文化的特点要么被抹杀，要么被同化。但需要注意的一点是，文化之间的强弱对比关系并非一成不变。随着各民族政治、经济实力的发展变化，文化强弱关系也在发生着变化。当两者之间的强弱对比发生明显变化后，无论是译者主观认识，还是读者的接受情况都会发生变化，中国文化和英语文化便是很好的例子。随着经济的发展，中国的国际地位日益提高，中国文化的影响力也越来越大，西方读者对中国文化的接受和包容程度也随之提高，译者主要的翻译伦理诉求也会随之改变。中文文本译入英语时，保留"异质"的直译现象越来越多，例如，像"大妈"这一具有中国特色的词语，被直接音译成Dama 出现在美国的主流媒体之上。文化强弱的对比关系，也会对译者的心态产生影响，强势文化的译者在翻译过程中，可能会带有文化优越感，无论是译出还是译入，会展现尊重本民族文化的伦理诉求。例如，乔治·托马斯·斯当东（George Thomas Staunton）在英译《大清律例》时，尽管一再声称，他的译文对原文本是绝对忠实时，但在实际翻译中，他依然呈现尊重译入语文化的翻译伦理诉求。他采用"归化"策略，用英国人更为习惯的表格编排方式替代原文中的类目编排（李征，2013）。而弱势文化的译者会呈现出较为复杂的心态，民族主义文化意识和文化上的不自信（甚至自卑）交织在一起，会令译者的翻译伦理诉求之间产生矛盾。有时出于文化上的不自信，有的译者会用抹去原文本中的文化现象，表现出一定的"自我殖民"倾向。著名翻译家辜鸿铭将《论语》译入英语社会，虽然其目的是让西方人真正了解中国儒学的思想体系，但他在翻译中呈现出尊重译入语文化和读者接受的伦理诉求。比如，为消除或降低译文陌生感，他删去了一些专有名词，而且除了孔子与其几个重要徒弟之外，其他孔子弟子的名字他都未进行翻译。不仅如此，他还采用西方文化元素去注释译文，例如，对周武王的注释为"the warrior king or the conquer: the Solomon of Chinese history"（钟明国，2010）。

文化信息传播方式与特点会影响翻译文本的价值实现和读者接受情况。译文的传播效果不仅依赖于译文质量，传播方式也在一定程度上影响传播效果和读者接受情况。印刷术和电子书的问世，不仅促进了文化传播与交流，在改变知识传播方式的同时，也丰富了读者接受新知识的途径，提高了大众读者理解他者文化的能力。尤其是互联网技术的发展，不仅极大地提高了知识传播速度，还使知识传播呈现出去中心化的趋势。这给了弱势文化更多的发声机会，使弱势文化文本译入强势文化的门槛相对降低。此外，因意识形态差异造成的译本传播障碍在一定程度上得以扫除，这让译者可以相对放心地实现再现伦理诉求，而不用过分担心译入语国家的文化审查制度。

读者接受能力也随着信息传播技术的发展得以提高。在互联网时代之前，人们获取信息的渠道相对匮乏。普通读者不容易获取相关参考资料或其他版本的译文，对译文的解读只能依靠译者的翻译和阐释，译者享有较高的权威性。针对这种情况，译者需要更多地考虑读者的接受能力，保证译文符合译入语诗学规范，并易于理解。而在互联网时代，读者可以通过互联网方便地查询各种信息或获得其他版本的译文。即使译文中出现相对难懂的"异质"元素，读者也可以借助互联网找到答案。读者的接受能力在互联网时代得到了很大程度的提高，于是再现伦理和忠实伦理成为译者的主要伦理诉求。

同样的翻译活动，因所处时代语境的不同，译者会形成不同的翻译伦理诉求。原文本语言文化和译入语文化对比并不是一个全新话题，但文化信息传播方式对翻译实践的意义却很少有人重视。信息技术革命带来的变化，尤其是对读者接受能力的改善，值得引起翻译界的重视。

第三节　译者道德

译者道德是影响译者翻译伦理诉求的主体因素，是一个重要的变量。在它的指导下，译者结合客体情况，对各个翻译伦理诉求做出最终的判断和排序。根据美德翻译伦理，译者道德包括个人道德和职业道德两个层面，两者之间的关系以及对翻译的影响在第六章"美德翻译伦理——翻译主体的道德研究"中已经做出详细的论述，在此不再展开分析。译者职业道德在不同文化中的差异性不是很大，大都包括服务伦理、忠实伦理、再现伦理等。相比之下，译者的个人道德会因为民族和个体差异呈现出不同的水平和特点。尽管在第六章提出以"尊重"作为译者的个人道德底线，但这并不能掩盖译者个人道德的民族性和个体性特点，译者个人道德受到"译者身份"和"译者自我定位"这两个因素的影响。

译者的个人身份赋予译者个人道德以民族性。不同文化对道德的判断不尽相同，译者所属民族的道德观念会影响译者对原文中有关道德元素的价值判断，如不同文化对婚姻、对家庭的道德判断不同。另外，在对待原文本文化和译入语文化的态度上，译者道德的民族性会起到重要作用。通常来说，由于文化民族主义思想或倾向，尊重本民族文化往往是译者的主要翻译伦理诉求，译者会让"他者"来接近本民族文化，严复翻译《天演论》的策略便充分体现了这种翻译伦理诉求。然而翻译史上也有译者做出与自己民族身份不符的选择，著名的文学家、翻译家赛珍珠便是一个很好的例子。作为美国人的赛珍珠，由于早年都在中国生活，对中国和中国文化怀有深厚的感情。她在翻译《水浒传》时，采取了非常直译的方法，以再现、传达中国文化的特质，甚至可以说，她对中国文化的认可与尊重在一定程度上不亚于她对英语文化的尊重。究其原因，我们发现在译者身份这一客观条件之外，译者的自我定位也同样会影响其翻译伦理诉求。

译者的自我定位是指译者对于自身与两种文化之间关系的主观判断。译者的自我定位可以分为三种情况：更认同源语文化、更认同译入语文化和处于文化中立地位。例如，中国译者在英译中国典籍时，通常表现出对源语文化的认可；而西方译者则更多地表现为对英语文化的尊重；母语既不是英语也不是汉语的译者往往处于相对中立的位置。当译者自我定位与译者身份一致时，其作用等同于译者身份对翻译伦理诉求的制约。但是在现实中，因为各种因素，译者可能会做出与自身身份不完全一致的自我定位。此时，译者的翻译伦理诉求会出现摇摆不定的情况：一方面，译者无法彻底"摆脱"自己的文化民族主义情结，呈现出尊重本族文化的翻译伦理诉求；另一方面，译者又对他者文化表现出极大的认可或兴趣，或者是对本族文化缺乏足够的信心，在翻译中下意识或者无意识地呈现出尊重他者文化的伦理诉求。例如，虽然绝大部分中国译者在英译中国典籍时，会站在中国文化的立场，但是因为英语文化的强势地位，有些译者难免会由于文化上的不自信，采取相应策略以保证译文在英语世界的传播效果，例如上文提到的辜鸿铭翻译《论语》时对孔子弟子姓名的翻译策略。

本节从客体和主体方面分析了影响译者翻译伦理诉求选择的三大因素即翻译价值、翻译的语境和译者道德，这为翻译伦理研究与具体翻译活动相结合架起了一座桥梁。自此翻译伦理的理论研究实现了其对实践的指导意义。在今后的翻译研究中，我们可以使用此翻译伦理模型，确定翻译活动中变量值，然后依此分析具体翻译实践中的翻译伦理模式，分析译者呈现出的翻译伦理诉求、对各种诉求的排序和影响译者选择的因素。

第八章　中国典籍英译历史及研究

理论研究不能脱离实践活动，了解中国典籍英译的历史发展，有助于理解典籍英译中的各种问题，客观评价译者翻译策略和译本。通过梳理典籍英译历史上的相关翻译思想和研究，有助于认清典籍英译本质以及面临的问题。在厘清中国典籍英译发展史基础上，本书以翻译伦理研究框架为指导，希望推动典籍英译研究的深入发展，为中国典籍英译真正走向世界提供建设性的建议。

第一节　典籍英译的历史发展

典籍外译是中国典籍对外传播的主要途径，典籍英译是其中的重要组成部分。由于地理位置和贸易往来的原因，早期的典籍外译并非译入英语国家。马祖毅认为，最早的汉籍外译发生在我国南北朝时期，大约在公元 508—534 年，当时的天竺僧人菩提流支将中国的《大乘章义》译成梵文。一直到唐代，典籍外译的对象主要集中在佛经。后来到 14 世纪初，典籍外译的对象扩大至不同类型文本，包括历史、医学、药物等方面的典籍，如孙思邈的《千金要方》在元代被译成波斯文。到 15、16 世纪，随着亚洲国家，如越南、朝鲜自身文字系统的成熟，中国典籍也随之被译入这些国家，对这些国家的文字和文化发展都产生了深远的影响（马祖毅、任荣珍，1997：2-4）。可见初期的典籍外译始于宗教文本，后随经济和文化交流的增加，延伸至其他应用型、知识型文本。

一、19 世纪之前的典籍英译

明末清初，西方传教士进入中国传教，他们与中国士大夫一起合作翻译，将西方科技文献译入中国，同时，他们也将儒家经典等一些文化型文本译介到外国，西方世界通过这些外译文本形成了对中国的初步认识。其中，1592 年西班牙传教士高母羡（Juan Cobo）翻译的《明心宝鉴》被看作是"中国文学译成欧洲文字的第一本书"（汪榕培、王宏，2009：4）。在 16—18 世纪，通过各国传教士的翻译，西方世界开始了解中国，中国形象从"神秘国度"转向"文明古国"。

在这个阶段,典籍英译活动仍处于起步期,18 世纪的英国仍停留在"前汉学"阶段,典籍英译是从间接翻译开始的(汪榕培、王宏,2009:222)。例如,根据法语版《中华帝国全志》,英国出版了其英译本,书名为《中国通史》,其中收录了《诗经》《今古奇观》部分篇章和元代杂剧《赵氏孤儿》。1761 年,托马斯·珀西(Thomas Percy)出版的《好逑传》(*Hau Kiou Choaan*),成为 18 世纪英国翻译的第一部中国古典小说。珀西本人不懂中文,其译本是以东印度公司的詹姆斯·威尔金森(James Wilkinson)学习中文的翻译练习文本为基础润色加工而成。由于还经过了转译,译本中存有不少误译。此外,专门研究亚洲各国文化的威廉·琼斯爵士(Sir William Jones)将《诗经》的部分篇章译入英语,因他略懂汉语,其译文准确度相对较高。

这个时期的典籍英译活动处于起步阶段,很多译本都是根据其他语种译本转译进入英语。这个时期的中国国力昌盛,具有一定的世界影响力,随着中西方交流日益增多,西方国家和文明对古老的中国文化充满了好奇感,译者在翻译过程中也力求通过翻译中国典籍揭开中国文化的面纱,让西方了解中国的古老文明,因此这个时期的译者比较尊重原文,尊重源语文化的翻译伦理。当然,因译者自身中文水平的客观限制,这个时期英译本的准确性和文学性都不甚理想,但这并不能否定它们的积极意义。中国文化走向世界,在英语文化中的传播肇始于此。

二、19 世纪的典籍英译活动

1840 年鸦片战争后,大批英国商人、传教士和外交人员进入中国,他们当中的一部分人开始学习汉语和了解中国文化。在这个过程中,他们对中国的语言、文化、风土人情、哲学、历史等都产生了极大的兴趣,有人逐渐发展成专业学者,成为第一代的汉学家。他们是这个时期典籍英译的主要人群。同时,中国知识分子开始有意识地向西方译介中国典籍。他们认为典籍恰恰是中国文化的精髓,是改变中国在国际舞台的弱势地位,让世界了解中国丰富的文化的关键所在。

英国第一代汉学家中,有三位被称为"19 世纪英国汉学的三大星座":约翰·弗朗西斯·戴维斯(John Francis Davis)、詹姆斯·理雅各(James Legge)和翟理思(Herbert Allen Giles)(汪榕培,2009:228)。

戴维斯,又译德庇时,他是第二任香港总督,他对中国文化尤其是文学非常感兴趣,翻译了很多中国古典文学作品,其代表性译作《中国小说集》（*Chinese Novels, Translated from the Originals*）于 1822 年由伦敦默里出版社出版（钱灵杰、操萍，2013）。

理雅各是一名伦敦会传教士，曾任香港英华书院校长，他将中国的"四书五经"全部进行了翻译。他出版的《中国经典》《法显行传》《中国编年史》在西方汉学界占有重要地位。他与法国学者顾赛芬（Séraphin Couvreur）、德国学者卫礼贤（Richard Wilhelm）并称"汉籍欧译三大师"，相当于英国汉学界的鸠摩罗什、玄奘（莫东寅，2006：89）。他是第一个系统地研究和翻译中国典籍的英国学者，他的翻译属于学术性翻译，其译文以"忠实、准确"闻名。译界对其翻译评价颇高，有学者认为："与早期傲慢的新教传教士相比，理雅各对待中国宗教的态度是客观的、认真而尊重的，像他那样重视学术理性的宗教专著在早期新教传教士中甚为罕见。"（岳峰，2004：273）

翟理斯出身书香门第，1867 年作为使馆翻译被派至中国工作。他对中国文学、历史和儒家思想都颇有研究。1873 年，他英译的《三字经》和《千字文》得以出版，书名为 *Two Chinese Poems*（《两首中国诗》），是其第一部典籍英译作品。此后他翻译了大量的中国典籍，其中著名的包括《洗冤录》（*Hsi Yuan Lu, or Instructions to Coroners*）、《聊斋志异》（*Strange Stories from a Chinese Studio*）（节译）、《老子》（*Lao Tzu*）（节译）和《庄子》（*Chuang Tzu*）（节译）。翟理斯译文风格"优雅、鲜活、生机盎然"，在学术界享有很高的声誉，也为其带来很多奖项，如法兰西学院儒莲奖（1897，1911）、皇家亚洲学会金奖（1922）和中华民国政府嘉禾勋章（1922）等。

进入 19 世纪后，随着美国传教士在中国传教和兴办教会学校，越来越多的美国传教士来到中国。有的传教士开始将中国典籍译介到美国。例如，1832 年，美国传教士、汉学家裨治文（Elijah Coleman Bridgman）在广州创办《中国丛报》，将《孝经》翻译成英文，为中国典籍在美国的传播奠定了基础。此期间最著名的美国译者当属有美国"汉学之父"之称的卫三畏（Samuel Wells Williams）。卫三畏于 1833 年到广州教会工作，其间他自学汉语和日语，并协助裨治文一同编辑《中国丛报》（*The Chinese Repository*），后还在美国使馆工作。他在中国生活长达 43 年之久，对中国问题和文化非常了解。他虽然没有专门翻译某部具体典籍，但其研究基本围绕中国传统文化和文学展开。例如，他曾将法国汉学家巴赞（Bazin Ané）法译本的《合汗衫》译成英文，发表在《中国评论》（*The China Review*）上面（马祖毅、任荣珍，1997：372）。

在这个时期，一部分中国知识分子意识到了让西方了解中国文化的重要性，开始自发英译中国典籍。其中著名的译者有辜鸿铭和苏曼殊。辜鸿铭被认为是近现代最早向西方英译中国典籍的译者之一。辜鸿铭出生于马来西亚，就读于英国爱丁堡大学，后来受马建忠的影响，开始钻研中国典籍。回到国内后，他曾为张之洞工作，专职外交方面的事务。辛亥革命之后，曾在北京大学任教。他既精通多国语言，熟悉西方国家的文化和政治，又在中国传统典籍和文化方面造诣很深。他主张"儒学就西"，是学贯中西之大家。学界甚至认为辜鸿铭是"中国比较文学的奠基者"。（吴建华，2004：125）他英译的中国典籍主要有《论语》（*The Discourse and Sayings of Confucius*，1898）、《大学》（*Higher Education: A New Translation*）和《中庸》（*The Universal Order or Conduct of Life*）。林语堂对他的译本评价非常高，认为辜氏的翻译是真正的天启，他的翻译不仅忠实而且还富有创造性，古代典籍的光在他的译文中得以再现（林语堂，1999：550-551）。

与典籍英译初期以转译为主相比，19 世纪的典籍英译活动呈现出以下特点：第一，英译典籍数量增加，典籍以代表中国传统文化和思想的文本居多。第二，典籍英译译者主要以新传教士为主，他们出于对中国文化的喜爱，与初期传教士高高在上的姿态相比，有了很大的进步。但同时受当时社会历史背景的影响，尤其是中国弱势的国际地位，他们或多或少地存有一定的文化优越感和偏见。在翻译过程中呈现出更多以西方读者和文化为中心的翻译伦理，译者会使用西方的文化元素来阐释典籍中的中国文化。第三，与早期阶段转译和编译相比，这个时期的译者熟悉汉语和中国文化，他们根据中文原文直接进行翻译，客观上避免了二度翻译过程中的信息流失或文化失真。第四，典籍英译中出现了中国译者，他们意识到传播中国文化的重要性，开始主动、自发地承担起这项历史重任。他们呈现出的译者伦理具有明显的民族性，体现出对典籍原文和中国文化的认同与尊重。

三、20 世纪初至 70 年代末典籍英译活动

进入 20 世纪后，中国与世界的文化交流日益增多。更多的外国译者将中国典籍译入英语，其中有一部分典籍已不是第一次被译入英语。这个时期的译者因为对先前译本质量的不认同，或对典籍有新的理解，开始对典籍进行重译。此外，西方译者选择典籍翻译的范围也进一步扩大，除了代表传统中国文化和思想的典籍外，他们开始关注文学作品和具体应

用领域的典籍英译。

19 世纪末以来，英国的汉学研究发展迅速，第二、第三代汉学家日益成熟，成为典籍英译的中坚力量。其中著名的译者有：亚瑟·韦利（Arthur Waley）、翟林奈（Lionel Giles）、倭讷（E. T. C. Werner）、戴维·霍克斯（David Hawkes）、白之（Cyril Birth）和葛瑞汉（Angus Charles Graham）等。

亚瑟·韦利作为著名的汉学家和翻译家，被人称为"没有到过中国的中国通"。他的译文力求忠实、准确，并努力再现原作风格。例如，他在翻译中国古诗时，创造了无韵自由体，以避免译文过于追求押韵而"因音害义"。他翻译的《诗经》、汉赋和唐诗大都富有音乐感，给读者带来美的阅读体验。除诗歌外，他还翻译了其他一些典籍，其中著名的有《西游记》和《老子》。林语堂曾这样评价其译文：译文出类拔萃，韦利完全靠自己刻苦努力和书本知识的营养成为举世闻名的翻译家和汉学家。（熊文华，2007：124-125）

翟林奈是汉学家翟理斯的儿子，受其父影响，他自幼对中国文化表现出极大的兴趣。他曾任职于不列颠图书馆，负责东方图书部的工作。他具有深厚的汉语功底，且熟悉中国文化和典籍。图书馆的工作性质，令他能从严谨的学术的角度对原文进行鉴别，并且熟悉读者可能遇到的阅读困难。因此，他不仅在阅读和理解典籍原作方面具有明显的优势，还能在翻译中更好地评估读者的接受程度。他的代表性译作有《老子语录》（*The Sayings of Lao Tzu*，1905）、《中国神秘主义者沉思录：庄子哲学选读》（*Musings of a Chinese Mystic; Selections from the Philosophy of Chuang Tzu; With an Introduction by Lionel Giles*，1906）、《孙子兵法：世界上最古老的军事论著》（*Sun Tzu on the Art of War: The Oldest Military Treatise in the World*，1910）等。

霍克斯曾师从韦利，20 世纪 50 年代在北京大学获得硕士学位，他精通中文，甚至能用中文写旧体诗。他回英国后在牛津大学担任汉学教授。他最著名的译作当属《红楼梦》（*The Story of the Stone*）（前 80 回），他的女婿约翰·闵福德（John Minford）完成了红楼梦后 40 回的翻译，和霍克斯的前 80 回一起，成为《红楼梦》的第一部完整的英译本。霍克斯非常喜爱和推崇《红楼梦》的文学价值，在译本前言中，他写道："《红楼梦》的作者是一名伟大的艺术家，作品倾注了作者一生的心血与努力……我不敢说我的翻译总是那么成功，但如果译本能把小说带给我的愉悦和幸福或多或少传达给读者，那我的一生也算有了价值。"（Hawkes，1973：46）

此外，霍克斯还以翻译的《楚辞》和杜诗而闻名。

葛瑞汉是英国著名的哲学家、汉学家和翻译家，1946 年在伦敦大学学习时，选修汉语，从那时起他对中国典籍和文化产生了极大兴趣，翻译了大量的中国典籍，如《列子》（The Book of Lieh-Tzu）、《〈庄子〉内七篇及其他作品》（Chuang-tzu, the Seven Inner Chapters and Other Writing from the Book Chuang-tzu）和《西湖诗选》（Poems of the West Lake）。

进入 20 世纪后，美国译者的典籍英译活动也日益频繁。其中有以翻译中国古诗而闻名的埃兹拉·庞德（Ezra Pound）、加里·斯奈德（Gary Snyder）和伯顿·沃森（Burton Watson），还有以翻译古典小说而闻名的赛珍珠、哈罗德·沙迪克（Harold Shadick）。

庞德译介了很多中国古典诗歌和哲学著作，其主要译作有《华夏集》（Cathy）、《〈诗经〉：孔子典籍文集》（Shih Ching: The Classic Anthology Defined by Confucius）和《孔子：〈大学〉、〈中庸〉与〈论语〉》（Confucius: The Great Digest, The Unwobbling Pivot, The Analects）。他为中国文化在美国的传播做出了巨大的贡献。其中，《华夏集》是美国翻译中国古典诗词的第一部结集，此书于 1915 年在伦敦出版，共收录 14 首诗歌，除一首源于《诗经》外，其他是屈原、李白和王维的诗歌（马祖毅、任荣珍，1997：348）。他重视诗歌的内容和意象的传达，译文呈现出简洁古朴的异域风格。《华夏集》对英语世界，特别是美国现代诗歌的发展影响巨大，托马斯·斯特尔那斯·艾略特（Thomas Stearns Eliot）曾这样评价："庞德为我们的时代发明了中国诗歌。"（转引自马祖毅、任荣珍，1997：363）

赛珍珠是美国著名的文学家和翻译家，她出生于 1892 年，几个月大时就随家人来到中国，直到 1910 年才返回美国读书。她深受中国文化熏陶，对中国有着特殊的感情。她大部分小说都是以 20 世纪前期的中国为背景，1938 年她获得诺贝尔文学奖。她的主要译作是《水浒传》的英译本，题名《四海之内皆兄弟》（All Men Are Brothers），是所有《水浒传》英译本中流传较广，影响较大的。

20 世纪以来，中国的知识分子更加重视中国典籍外译，出现了一批著名译者，其中包括著名作家、学者、翻译家林语堂，外国文学研究专家、诗人杨宪益、戴乃迭夫妇和翻译家翁显良等。

林语堂精通英语，很多作品都是用英语直接写作而成，如早期的《吾国与吾民》（My Country and My People）。他在翻译方面涉猎颇广，英译作品有传统哲学思想方面的典籍，如《庄子》（选译）[收录在《中国与印度的智慧》（*The Wisdom of China and India*）一书中]、《老子的智慧》（*The Wisdom of Laotse*）和《孔子的智慧》（*The Wisdom of Confucius*）；古代小说和人物传记，如《镜花缘》（*Feminist Thought in Ancient China*）、《英译重编中国传奇小说》（*Famous Chinese Short Stories*）和《苏东坡传》（*The Gay Genius: The Life and Times of Su Tungpo*）；他还翻译过《中国画论，译自国画名家》（*The Chinese Theory of Art: Translation from the Master of Chinese Art*）。因为他对中西文化的融会贯通，他的译文在国外颇受欢迎。

1949 年之后，为加强对外交流，我国政府非常重视典籍的外译和出版工作。这个时期的外译文本主要是毛泽东著作和一些进步作家作品，如鲁迅、巴金和老舍等。此外，介绍中国基本情况的书籍和古典文学作品的译介也受到了一定的重视。中国文学作品英译的代表性人物当属杨宪益、戴乃迭夫妇。杨宪益主要研究古希腊文学、中古法国文学和英国文学，1941 年与英国传教士的女儿戴乃迭成婚。1951 年，他们夫妇二人进入外文出版社，承担了英文版《中国文学》的翻译和编辑工作。这是中华人民共和国成立后，由政府组织向西方译介中国文学作品的开端。杨宪益、戴乃迭夫妇译文多达 1000 万字，如此巨大的翻译量在国内外译界都是非常少见的。他们共同翻译的典籍著作包括《红楼梦》《儒林外史》《离骚》《汉魏六朝小说选》等。此外，他们还翻译了不少传统戏曲剧本，如《牡丹亭》、《长生殿》、京剧《打渔杀家》、昆曲《十五贯》和闽剧《炼印》等。

翁显良出生于香港，1949 年，他返回广州，先后任职于《南方日报》、广州外语学院和暨南大学。翁显良擅长中国古典诗词的翻译，他英译了 226 首古代诗词，其中 124 首收录在《古诗英译》之中。其英译诗歌范围广泛，从楚辞、乐府、古体、近体到长短句和散曲，他都有涉猎。

与 19 世纪的典籍英译相比，这个时期的典籍英译活动更加深入，典籍的选材也从传统文化典籍向文学作品延伸，中国古诗开始大量被译入英语，对西方国家的文学发展，尤其是美国新诗运动产生了深远影响。这体现了西方对中国文化和文学的关注度的提高，反映了他们利用中国典籍翻译丰富自身文化的需求，这个时期的西方译者更加尊重典籍原文及其背后文化的翻译伦理，力求通过译本推动本国文化和文学的发展，表现出翻译职业的最高伦理诉求，即推动语言文化的发展。这个时期典籍英语的另外一个鲜明的特点就是，越来越多的中国本土译者开始从事典籍英译工作，尤其在新中国成立之后，出现了很多著名的典籍翻译家，他们有更强的民族自豪感，也更加自信，他们以传播中国文化为己任，体现了尊重源语文化的翻译伦理。

四、20 世纪 80 年代至今的典籍英译活动

进入 20 世纪 80 年代后，伴随着改革开放的政策，中国经济实力的提高使中国在国际政治舞台和文化领域都拥有了更多的话语权。尤其在进入 21 世纪后，西方各国人民对了解中国、认识中国产生了更大的兴趣，在文化领域产生了新一轮"中国热"。在文化交流需要和市场商业需求的带动下，典籍英译得到了更大的发展。

这个时期的西方译者主要以汉学家和文学家为主，其中比较著名的有英国的约翰·闵福德、蓝诗玲（Julia Lovell）、美国的宇文所安（Stephen Owen）和葛浩文（Howard Goldblatt）。

闵福德是英国著名的汉学家、翻译家，在牛津大学学习时，师从霍克斯，他在霍克斯的指导帮助下，翻译了《红楼梦》的后 40 回。此外，他还翻译了《鹿鼎记》《聊斋志异》《孙子兵法》《易经》等多部中国典籍。出于对中国文化的热爱，他和香港岭南大学教授、翻译家刘绍铭合作，经过十几年努力，在 2000 年出版了《含英咀华集》（*Classical Chinese Literature: An Anthology of Translations*），该书跨越时空，收录了历史上最具代表性的中国古典文学翻译家 100 多人的译著。该丛书的一大特点是编者提供了许多注释，既有难点解释，又有译者背景和不同译文的说明，体现了极高的学术研究价值，为读者的理解提供了丰富的背景知识（朱徽，2004）。

宇文所安是美国当代著名汉学家，主要研究中国的古典诗歌和文论，其研究成果在汉学界享有盛名。他尤其喜爱唐代诗人的诗歌，其翻译作品主要有《初唐诗》（*The Poetry of Early Tang*）、《盛唐诗》（*The Great Age of Chinese Poetry: The High Tang*）、《中国传统诗歌与诗学》（*Traditional Chinese Poetry and Poetics*）和《中国文论读本》（*Readings in Chinese Literary Thought*）。

20 世纪 70 年代末改革开放后，典籍英译在中国进入蓬勃发展期，越来越多的中国译者参与到中国典籍英译的工作之中。其中著名的有翻译家许渊冲，英语教育家、翻译家汪榕培和原外文局局长、翻译家林戊荪。其中，许渊冲在 2014 年获得国际译界最高奖项之一——"'北极光'杰出文学翻译奖"。在政府相关的政策支持下，一系列的典籍英译丛书相继出版发行，其中"大中华文库"和"熊猫丛书"是规模最大且影响深远的两

个重要系列。

许渊冲精通英语和法语两种语言，自 1951 年起历任北京、洛阳等地外国语学院的英语、法语教授，在国内外出版了汉译英、汉译法、英译汉、法译汉相关译文以及文学翻译理论相关作品 50 多种。他的典籍英译作品主要以诗歌尤其是唐宋时期的诗词为主，如《中国古诗六百首》（中英对照）、《汉英对照唐诗一百五十首》、《人间春色第一枝》（*The First Branch Blooming on Earth*）（包括诗经·国风欣赏和诗经·雅颂欣赏）、《李白诗选》、《宋词三百首》（*300 Song Lyrics*）、《毛泽东诗词选》（*Selected Poems of Mao Zedong*）。此外他还将《西厢记》译为英语，题名 "*The Romance of Western Bower*"。

汪榕培曾任中国典籍英译研究会会长，他专注研究中国古典文学和中西文化比较，将多部中国典籍译入英语，如《老子》《易经》《诗经》《庄子》《孔雀东南飞》《牡丹亭》《苏剧精华》《评弹精华》《昆曲精华》等，其中有 8 部入选"大中华文库"，是迄今为止翻译作品入选最多的当代翻译家。

中国实行改革开放政策后，更加注重对外宣传和文化交流。中国政府把典籍外译尤其是典籍英译作为中国文化"走出去"的重要途径，先后资助出版了多个典籍英译系列丛书，其中影响较大的当属"大中华文库"和"熊猫丛书"。

在 1994 年，旨在弘扬中国民族文化和促进中西文化交流，由中国新闻出版署策划并发起重大文化出版工程之一的"大中华文库"系列丛书开始运作。整个丛书选取 100 余种最有影响、最具代表性的经典作品，旨在尽可能全面地向世界展示中国几千年的精神文化财产。经过十几年的努力，至 2011 年 3 月，"大中华文库"已经出版英译典籍 89 种，总计 170 册（于美晨，2013：26）。"大中华文库"的出版，引发了国内外汉学界的关注和讨论，对中国文化的对外传播意义深远。这套丛书项目填补了我国历史上国家机构主动组织译介中国文化典籍的空白。诚然，对"大中华文库"的评价也存在不同的声音，学界有学者质疑丛书的翻译质量以及编辑出版水平，指出丛书在翻译、编辑出版中存在的一些不足之处（王辉，2003）。也有学者"指责"文库在国外的传播范围非常有限，未能真正实现传播中国文化之初衷。但无论如何，该丛书打破了长期以来典籍英译以西方译者为主的局面，中国译者承担起更多的责任。中国译者在文化上的优势和天然的归属感是西方译者无法相提并论的。文学作品的接受具有历史性，西方读者对译本的接受同样具有历史性，从文库第一辑推出至今只有 20 年左右，对译本质量和文库丛书价值的评价有待后人和时间来检验。

　　"熊猫丛书"是另外一项影响深远的典籍英译丛书，它的诞生比"大中华文库"还要早近 20 年。1978 年，翻译家杨宪益先生提出了出版一套中国文学作品英译丛书的设想，并提议用"熊猫"作为丛书的名称，旨在向西方介绍中国文学作品。由《中国文学》杂志社负责的"熊猫丛书"于 1981 年正式出版，自出版后，受到国外读者的广泛欢迎和好评，许多书籍不得不重印或再版。1986 年外文局正式成立中国文学出版社，专门负责《中国文学》杂志、"熊猫丛书"和其他中文文学书籍的相关工作。据统计，到 2009 年"熊猫丛书"共计出版英文图书 149 种（耿强，2010：46）。20 世纪 90 年代后，一方面由于国内对文化发展的热情有所减退，另一方面，随着经济往来的频繁，文学作品不再是西方读者了解中国的主要渠道，丛书作品在西方销量逐年下滑，最后甚至发展到主要靠赠阅的方式进行传播。"熊猫丛书"的遭遇是中国典籍英译发展的一个典型案例，为新世纪中国典籍英译提出了一个严肃且具有挑战性的问题，即中国典籍应该如何走出国门。有学者以此提出，典籍英译中应该去除意识形态，以作品内容为重，因为"西方读者对中国现当代文学作品的内容更感兴趣"（耿强，2010：137）。然而，伟大的文学作品必定是某个时期的社会文化、历史和主流思潮的缩影，体现了作者个人的价值观和意识形态主张，如果将意识形态与文学作品割裂开来，仅仅为传播"故事"而译介典籍，这对中国文化的传播又有多大的意义呢？

　　回顾改革开放 40 多年来的典籍英译活动，我们发现以下几个显著的特点：第一，文学作品在典籍英译中占据了很大的比重，尤其是近、现代文学作品引起了西方文学界和读者的兴趣。第二，随着我国经济实力的发展和政治影响力的扩大，政府开始有意识、有组织、有计划地支持和赞助典籍英译活动，这是过去从未有过的局面，是典籍英译发展的绝佳机遇。第三，虽然西方世界对中国和中国文化表现出越来越大的兴趣，但英语世界对中国和中国文化早已形成的"刻板形象"或固有认知是中国典籍英译走出国门要面临的最大困难之一。中国随着经济的飞速发展，国际地位和影响力达到了新的高度，这为现阶段典籍英译实践开创了新局面，其中的翻译伦理也呈现出较为复杂的特点。对于西方译者来说，一方面，西方意识到中国文化对西方的积极意义，愿意通过典籍英译了解和学习中国文化，西方译者体现出对典籍原文和文化的尊重，但固有的文化优越感和思维定式，让西方译者在翻译过程中也时常表现出尊重译入语文化的译者伦理。与此同时，中国译者群体也表现出两种不同的翻译伦理主张，如前面提到的，有的学者以规范翻译伦理的目的论为指导，认为中国典籍英译首先要"走出去"，他们更多考虑西方的文化背景和读者接受度；而有的学者以规范伦理的义务论为指导，认为中国典籍英译要始终以传播中国文化，促进世界文化交流为根本，他们更多考虑译文对典籍原文和文化的真实再现。

第二节　典籍英译的研究历史

在将中国典籍英译研究纳入翻译伦理视域之前，我们还有必要回顾一下典籍英译的相关翻译思想和理论研究，旨在发现现有的问题所在，从而明确翻译伦理视角对典籍英译研究的重要意义。

自典籍英译活动开始以来，关于典籍英译的翻译思想或研究就一直是典籍英译发展史的重要组成部分。在典籍翻译发展初期，并没有专门的典籍英译研究著述或论文，更未见规模化、系统化研究。一些关于典籍英译的翻译思想和主张，常常以零散的、片段式的语句出现于译者的译本前言、评论和访谈文本之中。这些感悟性的评论或语句，虽然只是译者经验性的总结，很难称为翻译思想，但正是这些思想的火花引燃了后人对典籍英译研究的热情。

作为典籍英译活动的直接参与者，大部分译者都针对典籍英译提出了自己的观点和相关翻译思想。他们根据自身翻译经历，结合具体典籍翻译实践，对典籍翻译中的相关问题提出自己的看法和见解，如"对待原文的态度""原文与译文的关系"等。这些翻译思想是典籍英译理论研究的雏形，虽未形成系统性理论，但为之后的典籍英译研究奠定了一定的基础。

一、典籍译者的翻译思想

回顾典籍英译史，西方译者在其中发挥了巨大作用，尤其在新中国成立之前，典籍英译大都由西方译者完成。时代背景、译者身份和翻译目的等因素决定了西方译者对典籍英译的态度和相关翻译思想。纵观典籍英译历史，绝大部分西方译者在面对中国典籍和中国文化时，都或多或少地具有一些文化优越感，译介中国典籍的主要目的是为西方读者和英语国家文化服务。

早期的典籍译者大都拥有传教士和汉学家的双重身份，他们因宗教开始接触、了解中国文化，后来因兴趣和热爱，发展成汉学方面的专家。他们大都尊重原文，希望向世界展示真正的中国文化，当然他们对待中国文化的态度上，或多或少都受到其传教士身份的影响。例如，理雅各在英译《中国典籍》的前言中对中国典籍英译的目的做出相关论述，他认为了解中国传统思想是西方传教士在华传教之基础。此外，典籍英译还能让那些刚来或者计划来中国的传教士和商人更好地认识和了解中国，以便他们在华工作的顺利开展（何立芳，2008），这是英译典籍的根本或者说是最重要的目的，在一定程度上体现了理雅各"为译入语文化和社会服务"的翻译伦理思想。除此之外，在翻译策略和具体翻译方法运用上，理雅各则表现出很强的学术性和严谨性。他认为"对原文的忠实，要超出对于行文雅致的关注"（…faithfulness to the original Chinese rather than grace of composition）（黄中习，2009：168）。为了译文的严谨性，理雅各在《中国典籍》的翻译中会区别指出译文的直译和意译部分，他甚至还会为"研究型读者"提供单词对照单词的译文，体现了他对原文的尊重。但在其英译典籍的主要目的指导下，这种"尊重"是以译入语文化和社会需要为基础的，是一种有条件的"尊重"。

进入 20 世纪后，随着西方汉学的发展和中西方文化交流的增多，典籍译者不再局限于传教士这个特殊人群，更多的文学家、汉学家参与到典籍英译中来。与初期的传教士相比，他们的翻译目的相对更为单纯，其关注点主要是典籍的文化性和学术价值。例如，身为文学家和翻译家的赛珍珠，由于成长在中国，对汉语和中国文化有着很强的认同感，她主要采取直译的策略翻译中国典籍。她在《水浒传》译本序言中说："我尽可能做到直译……我惟一要做的，就是尽己所能使译本逼似原著，因为我希望不懂中文的读者至少能产生一种幻觉，即他们感到自己是在读原本。"（马红军，2003）但因为她过于直译和异化的翻译策略，她的译作备受诟病。例如，经常被批评者提及的"放屁"一词，她直译为 pass your wind。但近几年来，译界对其译本的评价有"转向"之势，有学者对其译本进行了深入的研究后提出，赛珍珠的直译或被他人看作"误译"的地方都隐藏着作者深层次的意图和原因，而且这种做法在一定程度上更有利于抵御英语文化中心的趋势，颠覆英语语言与文本构建的价值体系（庄华萍，2010）。

改革开放之后，随着中国经济的飞速发展，中西文化交流的机会也日益增多。中国经济和政治实力的增强以及西方"中国热"的趋势，虽然在一定程度上改变了西方译者对中国文化的态度，但是面对中国的文化典籍，西方译者依然表现出"以译入语为中心"的翻译伦理观。例如，美国翻译家宇文所安在诗歌翻译方面有着独到的见解，他提出了一个"世界诗歌"的文学概念，他认为"世界诗歌"是指那些包含民族风味的异国情调和国际化的地方色彩的名称、意象和传统，且译文还具有诗的形态的诗歌。换言之，诗歌的国际性存在于诗歌自行翻译的能力（Owen，1990）。他认为诗歌翻译过程中，需要"中和"原诗中那些"太地道"和"异国情调太浓"的特质（Owen，2003）。宇文所安认为中国典籍英译应该采取"适度"的"归化"策略（Owen，1996：xiiii）。然而，通过分析其译作和相关译论，我们会发现其"适度"是有所偏向的，其翻译策略基本是"接受语为取向的"（Hung，1998）。例如，他在《中国文学选集》的前言中详细说明了他的翻译策略与方法，他反对使用音译的方法翻译中国文化专有词汇，如中国的度量衡、历法和乐器等概念。他将中国农历正月和二月对应译为三月和四月，更是用 beer 和 wine 翻译中国的"酒"（魏家海，2010）。这是将中国本土文化纳入世界文化，更确切地说，是将中国文化纳入英语为中心的世界文化体系的典型做法。译者在实现译文"世界性"的同时，抹杀了中国文化的民族性，会对读者产生一定程度的误导。这既不利于西方读者了解真正的中国文化，也从客观上巩固了英语文化的世界霸权地位，不利于全球化背景下文化多样性的保持。

葛浩文是当代美国著名汉学家和翻译家，莫言小说的主要英语译者。2002 年，他在《华盛顿邮报》上发表了一篇题名为《写作生活》（"The Writing Life"）的文章，较为系统地阐释了他的翻译思想。首先他认为"忠实"是文学翻译的第一要点，一方面，译者要忠实于原文作者，将原文中文字尽量全部译出，这既包括好的文字，也包括那些不好或者无关紧要的文字；另一方面，译者要忠实于读者，要尽力使译文可读性强、易于译入语文化接受。同时，他提出翻译也是一种"背叛"，是一种"重写"活动（Goldblatt，2002）。葛浩文认为没有任何翻译可以与原文完全一致，就像每个读者在阅读时都会将自己的经历与背景融入对文本的理解和阐释。译者在翻译过程中同样会根据自己的视域，结合译入语的语言和文化特点，对原文做出一些"改变"，但是这种改变并非译者的任意而为。其"忠实"和"背叛"的概念都属于翻译伦理思想，"忠实于原文"体现了译者尊重原文的伦理思想，"忠实于读者"则体现了译者尊重读者接受能力的伦理思想。但是在忠实于读者的问题上，葛浩文似乎忽略了读者期待中的"审美需求"。

不同时期西方译者的翻译思想和策略因其典籍翻译目的和时代背景有所差异。有译者强调"忠实于原文"，有的译者强调"去除原文中文化性太强的因素"。然而，他们的翻译思想都呈现出两个共同的特点：第一，无论翻译目的如何，其翻译服务的对象始终是以西方读者和西方文化为中心的，传播中国文化的目的是为西方服务，为西方所用。第二，除了在典籍英译初期阶段，在典籍英译发展史上，西方译者对中国文化多少都带有一些居高临下的优越感。

从 19 世纪开始，中国知识分子开始加入典籍英译活动中来，他们期望通过自己的翻译作品，改变西方世界对中国片面、消极的认识，让世界了解真正的中国和中国文化。他们的典籍英译活动大都属于自发，他们将其视为知识分子的历史使命。

作为最早从事典籍英译的中国译者，辜鸿铭英译典籍的目的就非常明确。他在其英译本《论语》的序言中指出"希望有教养有智慧的英国人能读一下中国人的译本，借此审视一下他们对中国人的偏见，改正这些先入之见，可以改变他们对中国人和中国的态度，进而改善两国关系"（Ku，1898：ix—x）。这表明他不能认同西方译者翻译的典籍译本，认为西方译者受"先入为主"观念的影响，对中国形象已形成了固化的、片面的认识，他们的翻译只会加深和巩固这种认识。辜鸿铭期望借助自己的译本，改善中国和中国文化在西方世界的形象，从而让中西方文化能在一个平等的基础上进行交流。这体现了辜鸿铭以"传播中国文化为核心目的"的翻译伦理思想，其伦理思想呈现出很强的民族性。此外，辜鸿铭在《中庸》英译本的序言中写道，希望他的译本能让西方人"更好地理解中国的'道'，加强他们的道德责任感，促使他们遵从道德规范，放弃欧洲'炮舰'和'武力'文明的傲慢与跋扈，用合乎道德的方式对待中国和中国人"（Ku，1906：xi-xii）。他希望典籍译本可以向西方传播中国文化的优良传统，并能对西方文明产生影响，令其放弃建立在"物质和武力"优势上的傲慢态度，能在"道"的基础上，与中国平等交流。在中国遭受帝国主义侵略与欺压的背景下，辜鸿铭期望以"典籍英译"，即中国文化来化解帝国主义的欺侮，改善中国的国际地位，这是译者的美好愿望。没有丰富物质基础和强大武力保障的中国不可能与西方世界进行平等交流，中国文化的传播与国家自身综合实力密切相关。在典籍英译的标准问题上，辜鸿铭也提出了自己的看法，在英译《中庸》序中他表示："彻底掌握其中意义，不仅对等译出原作的文字，而且再现原作的文体风格。"（辜鸿铭，1996：509）由此可以看出，辜鸿铭认为典籍英译不仅仅是传达原文语言层面的含义，还需要保持原文在文化和文学上的特点。

进入 20 世纪，尤其是"五四运动"之后，中国译者的翻译活动和思想体现出更多的学术性。例如，林语堂将翻译看作是一种艺术，提出翻译的标准应该是"忠实、通顺、美"（陈福康，2010：280）。林语堂在英译典籍时，经常会采用编译的方法，即在他自己理解的基础之上，对原文进行解构，重新构建文章结构，如其英译的《庄子》（节译）和《老子的智慧》，体现出他对译本文学性的追求。他的译本文笔优美、可读性强，相对易于传播。但这种翻译策略会带来这样一个问题，即在译者对原文的解构和对译文"美"的追求下，译本体现出的文学性是否与原文的文学性一致？如果答案是否定的，那"忠实"伦理何以保障？此外，翻译家翁显良有着相似的观点，他认为"文学翻译是艺术"，译者"在不违背原文本旨的限度内进行再创作，力求取得与原文相似的效果"，也就是说文学翻译是一种再创作的活动（翁显良，1983：2）。与林语堂强调"文学性"相比，翁氏给译者的创作加了一个条件，即"不违背原文本旨"且"力求取得与原文相似的效果"，这体现出译者在追求译文文学性和艺术性的同时，要以尊重原文为基础的翻译伦理思想。

我国政府大力支持典籍英译，在相关政策扶植下，更多的译者加入了英译典籍的队伍。中国政治上的独立和经济的飞速发展，增强了中国译者的民族自豪感，译者在英译典籍中呈现出更多的文化自信，这一点在译者的翻译思想中可见一斑。

许渊冲是我国最著名的翻译家之一，他对英译中国典籍，特别是中国诗歌有自己的独特见解。1979 年，他在《外国语》上发表《"毛主席诗词"译文研究》一文，首次提出了他关于诗歌翻译的"三美论"（许渊冲，1979），此后针对译界不同的声音，他又于 1983 年和 1987 年先后撰写《再谈"意美、音美、形美"》和《三谈"意美、音美、形美"》两篇系列文章对"三美论"进行解释与完善。在《三谈"意美、音美、形美"》一文中，他指出"'意似'是译诗的低标准，'意美'是高标准，'三美'是最高标准"（许渊冲，1987）。他将"三美论"作为汉语古体诗英译的最高标准，认为保持原诗的意美最重要、最根本，音美次之，形美又次之，三者得兼最善。此外，他还先后提出过"竞赛论"和"优势论"等相关翻译理论思想，代表着其翻译思想和理论的演变过程，体现了许渊冲对译本艺术性的追求。

作为改革开放后的典籍翻译大家，汪榕培在 1992 年发表了题为《译可译，非常译——英译〈老子〉纵横谈》一文，第一次提出了"译可译，非常译"的翻译思想，在当时的翻译界引起了很大的反响。他认为，每本典籍都可以存有不同的译本（"非常译"），但随着时间发展，终究会有一个译本（或其中的一个段落）更加接近原著的精髓，比较符合翻译的原则，如"信达雅"，从而最为接近典籍的"常译"标准。"非常译"的译本跟"常译"的译本之间的关系就好比是相对真理和绝对真理间的关系，即绝对真理是由相对真理不断发展而来，是相对真理的总和，而相对真理中又必然包含绝对真理的成分。"非常译"不全是客体（原著）的相对正确的反映，其中甚至可能有错译、误译，但它们却是通往"常译"的必由之路（汪榕培，1992）。汪榕培从哲学的角度解释了典籍翻译中不同译本之间的关系，进而肯定了典籍重译的价值所在。他在 1997 年出版的《比较与翻译》一书中，提出关于典籍翻译标准的思想，可以概括为"传神达意"——"传神"是传达原作的神情，包括形式、语气、意象、修辞等等；"达意"是表达原作的意义，特别是深层意义，同时还要尽量照顾表层意义。"传神""达意"并非并列结构，而是"传神地达意"，即"达意"是基础，是根本，"传神"是建立在此基础之上的（朱安博，2013）。

通过回顾典籍译者的翻译思想或相关理论，我们发现译者的翻译思想或理论都与其典籍英译实践活动密切相关。他们在翻译中采取的策略、呈现出的翻译伦理思想都受到了其所处的时代背景的影响。简而言之，他们的思想或理论大都源于自己的实践，具有一定合理性。但是由于每个译者翻译实践数量相对有限，且受时代因素的制约，他们的翻译思想或理论都带有一定的时代特色。

二、中华人民共和国成立后的典籍翻译研究

典籍英译研究真正的发展是中华人民共和国成立之后，随着翻译理论研究兴起和中国传播传统文化的需要，典籍英译研究吸引了越来越多学者的关注。在中国知网数据库，以"典籍英译"为关键词进行主题检索，可以找到 1047 篇学术论文[①]。学者们的研究重点（对象）和研究视角不尽相同，既有关于典籍英译活动的宏观、概述性研究，也有对典籍英译中某个具体问题展开的具体研究，例如关于典籍英译的标准、翻译策略和文化差异等问题。

宏观研究方面，相关学者主要就典籍英译的意义、现状、问题、前景和对策等问题提出自己的观点。例如，在《典籍英译：问题与对策》一文中，卓振英主要分析和总结了当代典籍英译活动中面临的各种问题，从赞助人机制到翻译人才素质与培养等不同方面，提出典籍英译面临的困难和相应的应对方法（卓振英，2002）。2005 年，汪榕培在第三届全国典籍英译研讨会上，以"为中国典籍英译呐喊"为题进行了主旨发言，他首先

---

① 数据收集时间为 2019 年 2 月 1 日。

分析了中国典籍对于传承中国文化的重要意义，进而指出典籍英译是中国文化走向世界的重要途径。他认为典籍英译事业是一项长期、系统的工程，而现实中，典籍翻译人才的断层与匮乏是典籍英译发展急需要解决的问题（汪榕培，2006）。这些研究大都充分肯定了典籍英译的重要性，这对典籍英译的开展和译员的个人发展都具有非常积极的作用。然而，这些研究更注重典籍英译实践中的问题与对策，较少从翻译理论的高度对问题的实质进行剖析。无论是相关政策的制订还是典籍翻译人才的培养，都应该重视译者的翻译伦理诉求，这是影响典籍英译发展的重要因素。

具体问题方面，"译者身份之争"一直是典籍英译研究中的热门话题，学者的意见也比较鲜明地分为两派，大部分西方学者坚持认为西方学者、汉学家是典籍英译的最佳人选，例如，英国汉学家葛瑞汉在所译《晚唐诗选》（*Poems of the Late T'ang*）序言《谈中国诗的翻译》一文中指出，在翻译上我们几乎不能放手给中国人。他认为，外语译成母语（译入）远比母语译成外语（译出）更符合翻译的规律（Graham，1965：37）。然而，以许渊冲、潘文国为代表的中国学者则认为，中国人完全有能力，也更有资格承担典籍英译的工作。许渊冲把葛瑞汉英译的李商隐的《无题》、韦利翻译的《诗经·关雎》、理雅各翻译的《论语》与中国译者的译文进行对比分析，得出的结论是"典籍英译，无论诗或散文，中国不算世界第一，至少也可说是世界一流"，他进而号召中国译者要树立信心，勇于参与到典籍英译的工作之中（许渊冲，2006a）。潘文国在其论文《译入与译出——谈中国译者从事汉籍英译的意义》中指出，中国典籍英译不应该仅仅是西方译者"译入"的专利，中国译者的"译出"同样具有深远意义，一定程度上比"译入"更为重要。例如，中国译者在理解原文和中国文化上的天然优势是西方译者无法比拟的。此外，他还提出了"中国英语"存在的合理性，以及中国英语对传播中国文化的积极意义（潘文国，2004）。"译者身份之争"的本质是译者翻译伦理的民族性，在典籍英译时，中西方译者翻译伦理诉求会有所不同。从实践方面分析，外国译者和中国译者各有所长，通常情况下，外国译者语言表达更加地道，而中国译者在理解原文方面优势明显。我们可以从三个方面评价译文，即语言层面、文学层面和文化层面。外国译者在语言表述和文学层面占优势，而中国译者则在理解原文和文化传播方面更有优势。因此，中西译者合作也许是典籍外译的最佳选择。

典籍英译的翻译标准问题也是译界的研究热点之一。杨自俭从语篇学研究出发，探讨了典籍英译中的几个重要问题：典籍定义、翻译标准和翻译中的语言学问题。杨自俭指出，根据典籍的一般定义和内涵，大部分中国典籍都是由古汉语写成，因此典籍翻译和"把现代汉语译成现代英语的翻译有很大不同"（杨自俭，2005），因为后者只涉及两种语言之间的转化，不需要跨越时间障碍，而典籍翻译的过程实际可以分为两个阶段，即古汉语到现代汉语，现代汉语到英语。第一个阶段属于"语内翻译"，第二个是"语际翻译"。这使原本就非常复杂的翻译过程变得更为复杂，译者需要处理古汉语、现代汉语和英语三者之间的对应关系。因此，典籍英译的标准与普通翻译的标准应该有所不同。汪榕培的博士生黄中习以典籍英译标准为研究对象，撰写了题为《典籍英译标准的整体论研究——以〈庄子〉英译为例》的论文，论文以整体论为研究视角，分析译者在翻译过程中在"忠实性（信）、可读性（顺）和创造性（创）"三元要素上的中心取向。黄中习认为，从动态关联和圆融整体的视角来看，典籍英译标准可以看作一个整体进行研究，这个整体主要包括三个部分："行为（translation）、翻译过程（translating）和译作（translations）"，这三者之间"动态关联，融合成为一个连续的圆融整体"。他认为典籍英译的文本目的与译者翻译的根本目的是一致的，译者在翻译过程中的自律准则就是译者的翻译标准。译者翻译标准就是对三元要素的权衡取舍趋势，即处理"忠实性（信）、可读性（顺）和创造性（创）"之间的关系。因此，译者个人的翻译标准是三元要素一体化的结果，三者之间的关系始终是一种动态关联，其趋势是接近典籍英译标准之道（黄中习，2009：III-IV）。黄中习提出的标准充分肯定了典籍译者的重要性，将译者的自律看作影响翻译行为、过程和译作的核心因素，然而他对译者自律标准的确定未做详细论述。本书认为，译者的自律标准是译者翻译伦理的显化表征，体现了译者对典籍英译的认知与态度，与译者伦理密切相关。

　　在翻译策略方面，虽然翻译界关于"异化"和"归化"之争也同样存在于典籍英译研究之中，但近些年来，倡导（适度）采用异化策略的学者越来越多，"原汁原味"地再现典籍原文成为很多学者的共同选择。例如，徐珺在《典籍英译：文化翻译观下的异化策略与中国英语》一文中提出，典籍英译活动应该在文化翻译观的指导下进行，即将中国典籍的英译看作是中西方文化的交流，而非简单的语言转换。因此，采用适当的异化策略，并使用"中国英语"，有利于中国文化走向世界，为世界文化所接纳（徐珺、霍跃红，2008）。"异化"和"归化"的本质就是伦理问题，体现了处理中西方两种文化关系的立场和态度。采用归化策略的译文，虽然看似尊重译入语文化，但实际上不仅损害了源语文化的利益，也不利于译入语文化的自身发展。长期看来，典籍英译的翻译策略呈现出逐渐异化的趋势，这是传播原汁原味中国文化的有力保障。然而在实现这个目标的过程中，部分的或者暂时的"妥协"，即适度的归化，依然在所难免，毕竟西方世界对中国文化的接受是一个长期、渐进的过程。

在翻译实践方面，如何处理中英文化差异是典籍英译中最常见的问题之一。李文革在《中国文化典籍中的文化意蕴及其翻译问题》一文中，探讨了典籍英译中富含中国文化意蕴的词语所造成的翻译难点和障碍，并在分析的基础之上，提出了以"文化对等"为翻译原则，处理中英文化的差异。他以杨晓荣提出的"文化对等"概念作为典籍英译的指导原则，后者认为"文化对等原则要求译者以积极介绍源语文化、努力传达原作文化特色的艺术美为己任，尽可能忠实地再现原作的整体文化氛围"（杨晓荣，1989）。在杨晓荣思想的基础上，李文革提出了典籍英译中处理文化差异的7种方法，然而遗憾的是，他并未对如何在7种方法之间进行选择或者各方法适用的语境给出明确的论述（李文革，2000）。

以谢天振为代表的一部分学者，从"译介学"的角度对典籍英译译本在西方世界的传播和接受情况展开研究。谢天振在《中国文化走出去：理论与实践》（2013）一文中指出，长期以来我们对中国典籍英译的认识存在一个误区，简单地认为这是一个普通的翻译问题，以为只要把中国文化典籍和中国文学作品翻译成外文，中国文学、文化就自然而然地"走出去"了。然而典籍英译作为一种"译出"活动，其特点必定与"译入"有所区别。他认为现在的典籍英译较少考虑"传播手段、接受环境、译入国的意识形态、诗学观念"等因素，而这些因素往往是决定中国文化能否真正"走出去"的关键所在。谢天振提出，借助译介学的视角重新审视典籍英译的问题，我们发现典籍英译绝不是简单的文字转换，而是牵涉多方因素的问题，与文化的跨国、跨民族、跨语言传播方式、途径和接受心态都密切相关（谢天振，2013）。谢天振以他的两位博士生江帆（2007）和耿强（2010）的博士论文研究为例，指出典籍英译的传播和海外接受是一个复杂且具有挑战性的任务。江帆在其论文《他乡的石头记：〈红楼梦〉百年英译史研究》中，通过大量的调查、数据收集，将《红楼梦》最著名的两个英译本（霍克斯译本和杨宪益译本）进行了对比，发现两者的传播范围和效果存在巨大差异。从译本的印刷数、再版数、图书馆的借阅人次数以及译本的被引用率、相关重要文学选本的入选率等数据来看，杨译本远不如霍译本。耿强的博士论文通过研究"熊猫丛书"的出版、发行和海外传播和接受情况，指出"真正影响甚至左右'熊猫丛书'域外接受效果的要素来自目标语文化系统内部的'意识形态、诗学和赞助人'等方面"（耿强，2010：3）。通过大量的数据分析和学者访谈，耿强认为由于"熊猫丛书"的出版发行主要由国家宣传机构负责管理，因此译本的选择、翻译等环节都"受到了官方意识形态的干扰和介入"，丛书的出版承担了过多的"重新塑造崭新的国家形象，服务当下的政治任务"（耿强，2010：134）。对于此种以译本发行、销售、馆藏数量为标准评价典籍英译作品的主张，本书无法完全认同。首先，译本的发行、销售和馆藏收录是一个复杂的过程，其影响因素众多，译文质量只是其中之一，仅仅以销售量大小评判译文质量似乎失之偏颇；其次，中国典籍植根于中国文化，不可避免地会带有中国特色的意识形态，其中也包括当代中国的官方意识形态，因此典籍英译中，不可能也不应该要求译文去除中国的意识形态，这既不符合中国的利益，也违背了典籍内在的文化特质。从翻译伦理角度分析，这是对原文本和源语文化的不尊重，不符合翻译伦理规范。

第三节　新世纪中国典籍英译的问题与应对

20 世纪末以来，中国经济飞速发展，综合国力日益增强，中国在世界政治和经济舞台上的地位不断提升，西方对了解和认识中国文化的需求日益增多。然而，许多西方民众仍然抱着以西方文化为中心的心态，对中国文化和中华民族的认知还停留在几十年前的刻板印象；另一方面，以美国为首的西方国家抛出的"中国威胁论"也阻碍了中国文化的传播。"中国形象"依然是西方所塑造的"中国形象"，这其中不乏想象、误解和偏见。因此让世界各国更全面、更准确、更客观地认识中华民族的传统和文化，消除西方社会对中国文化的偏见，是摆在我们面前的一项重任。只有让中国文化真正地走出去，才能让世界更清楚地了解、认知中国，从而建立积极、正面的民族形象，促进和平稳定的国际格局，共建人类命运共同体。显然，完成这项任务的一个重要途径便是中华典籍的外译。

西方国家所描述和塑造的"中国形象"，主要源自西方人在中国的游记和西方人译介的中国典籍。从 16 世纪到 20 世纪的 400 多年中，出于不同的目的——或为传教，或为向西方介绍中国文化，中西方译者将很多中国典籍译介到国外，译者群体主要由外国传教士、汉学家及华裔人士组成。这些典籍英译本对中国形象的塑造影响很大，积极的一方面是它们将中国文化推向了世界，让世界对中国文化有了更多、更深入的了解；不足的一方面则是，或出于主观原因，或限于客观条件，有些译作中存有对中国文化意象的误解，甚至扭曲。有的译者干脆把中国文化意象和中国哲学思想纳入了西方的文化和哲学系统进行阐释，客观上造成了中国文化趋附于西方文化的局面。

如前文所述，1949 年中华人民共和国成立后，一大批中国译者对中国典籍外译投入了极大的热情，付出了辛勤的工作，他们的译作影响较大，推动了典籍外译的发展，在一定程度上促进了"中国形象"的改善。然而，典籍外译本在国外的传播却并不尽如人意。这其中虽然有出版发行和市场宣传等客观因素，但翻译工作本身也存在一些问题，这些问题可以概括为三个方面：典籍选择、译者选择和翻译策略。这三个问题的解决关系到中国典籍英译是否能够成功，真正地走出国门，为世界所认识和接受。以下我们将从翻译伦理视角逐一分析，探讨符合新世纪国际社会、政治和文化现实的答案。

一、典籍选择

通过典籍英译传播中国文化，首先面对的问题就是译什么和选择什么样的文本。这包含两个方面：一是对典籍的选择，二是典籍底本的选择。从传播学的角度来看，传播什么——传播内容是传播的首要问题，这是关乎到我们想要向世界传播中华文化的哪些方面和树立何种中国形象的根本问题。传播内容如果选择不当，必定会影响传播中国文化的目的。

首先是选择哪些典籍进行翻译。典籍是民族文化的历史积淀与智慧结晶，是一个民族对外形象展示的根本和依据，然而，典籍的定义比较宽泛，没有绝对的标准规定何种著作属于典籍。中华民族历史悠久，涉及文、史、哲、政、经、法、数等方面的书籍可以说是汗牛充栋，全部译成外语，工程实在过于浩大。因此我们有必要先选择那些最能代表中国文化和中国形象的典籍进行翻译。

在我国典籍外译的发展初期，由于译者大多数是外国人，典籍文本的选择权往往掌握在他们手里。虽然他们翻译了一些具有代表性的中国典籍，如《论语》《道德经》《孙子兵法》等，但是一些译者在选择典籍时，受自身意识形态、翻译目的、个人喜好等因素的影响，选择的典籍往往有些偏废，不能真正代表中国文化或者中国形象。例如，《金瓶梅》《唐人传奇》《聊斋志异》《镜花缘》在法国被译介。斯奈德基于自身的审美观念，译介了诗人寒山的很多诗歌，使得寒山成为 20 世纪美国人崇拜的精神领袖。这可能是西方国家眼中的中国形象相对片面、消极的原因之一——他们没有了解和认知那些能真正代表中国文化精髓的典籍。1949 年后，更多的中国译者参与到典籍翻译中，典籍的选择范围不断扩大，能更全面地代表中国的文化，如上文提到的"大中华文库"（汉英对照）工程，在不同领域专家的共同努力下，选出的典籍能更全面地代表中国文化。

其次，在确定了选择翻译哪些典籍后，还要面临典籍底本的选择。很多典籍成书于几百年，甚至几千年前，可能会存有多种底本，良莠不齐，有些不乏谬误之处。因此，对底本的甄别和遴选直接决定了译本是否可以准确再现原文本的思想与文化。以往译者对底本选择较多依靠个人判断或受客观条件限制。现在随着学术交流机会的增加，底本选择可以集各个领域专家之力，做出最优的判断，选出能最好、最准确地再现原文本的精髓的底本。另外，除了底本选择之外，典籍的参考系统（即译者在翻译过程中所参考的一系列文献书籍）也非常重要，这些书籍基本体现了最新的研究成果，对典籍原文的解读可能更接近真实，因此译者还应该参考这些研究成果。

二、译者主体选择

回顾中国典籍翻译史，译者既有外国人，也有中国人，他们的译作虽不乏经典之作，但也或多或少留有一些遗憾之处。关于到底哪些人是中国典籍翻译的最佳人选的问题，学术界（主要）有三种观点：第一种观点是中国典籍的最佳译者只能是外国人，持此观点的以外国学者居多。他们认为按照一般规律，翻译都是从外语译成母语。西方汉学家认为，中国译者的外语文字表达无法达到英语母语表达水平，会影响译文的可读性。西方译者的译文更多以译入语和读者为中心，强调译文的语言流畅性；第二种观点认为中国典籍外译译者应该是中国译者，持此种观点的以中国学者居多，他们认为中国译者在理解原文方面的优势是外国译者无法超越的，他们更多以源语和原文本为中心，强调忠实再现原文。第三种观点则是，典籍英译应该采取中西方译者合作的模式，以发挥各自的优势。从以上的三种观点不难看出，学界的争论并没有落在问题的同一个方面，尤其是第一种和第二种观点的截然对立，一方是注重"译入"，另一方是注重"译出"，而这又是典籍英译不可分割的两个方面。从译者伦理角度出发，通过分析译者主观特点和客观能力，能帮助我们判断典籍翻译的最佳译者人选。

首先是译者的主观特点。译者的主观特点主要包括译者的意识形态、世界观和宗教信仰等。从某种意义上说，"翻译乃是意识形态的生产"（王晓元，2002：576）。以柏拉图哲学和基督教文化为大背景的外国译者往往会受到欧洲中心主义和西方文化优越论的影响，使他们在面对中国文化和哲学思想时，有一种居高临下东方主义的立场，从而使得译文可能无法客观反映中国典籍的文化和思想。例如，闵福德在谈到他翻译的《孙子兵法》时说，"书中的很多观点我不能接受。其主张对人际关系阴险算计的方法直接违背了我所赞成的人文主义价值观的根本原则。该书所论皆是操纵和利用每一于己有利之形势，达到壮大自身力量和心理上操纵对手之目的"（Minford，2002）。正是因为他怀有此观点，他对"'道'的意识形态的翻译所产生的效果与源文本中'道'的诠释是相悖的，其译文本身和译文与副文本之间的诠释也不能达成一致"（黄海翔，2009）。可以看出，西方译者在翻译中国典籍时会呈现出遵循西方社会和文化的翻译伦理观，会有意无意地排斥原文中自己不认可的思想与价值观。另外，西方译者对中国的刻板印象，也会影响到他的译文。西方传教士翻译儒经时的基督教化和一些汉学家翻译中国经典的西方哲学化就是一个很好的例证。他们用自己的世界观和哲学观去翻译、阐释中国典籍，客观造成的结果就是把中国文化纳入了西方知识和哲学体系，使得中国文化丧失了自身特点，成为了依附于西方文化的存在。

中国译者则呈现出完全不同的翻译伦理主张，绝大多数中国译者都对中国本土的文化有更深的理解，抱有很强的认同感。他们在进行典籍翻译时，具有更多的民族自觉意识——向世界传播中国文化，树立积极、全面的中国形象，希望中国文化在世界文化领域拥有更多的话语权。如前文提到的辜鸿铭，其翻译《论语》的主要目的就是通过他的译本，让西方读者重新审视和反思他们对中国和中国文化的固有成见，从而能改变他们对中国和中国人的态度。（Ku，1898：ix—x）由此可见，中国译者具有鲜明的民族属性，呈现出对典籍蕴含文化的认可与尊重，他们致力于传播真正的中国文化，塑造客观、积极的中国形象。因此，在译者主观特点方面，中国译者通常比外国译者更适合承担中国典籍外译的任务。

其次，在客观能力方面，译者的翻译能力表现在两个方面，一是对原文的理解能力，包括对文本和文化内涵的理解；一是译文的文字表达能力。在理解原文方面，由于语言水平限制和文化背景知识的欠缺，外国译者对原文的理解水平往往不及中国译者，即使是很有成就的西方汉学家也可能存在理解偏差。例如，著名英国汉学家亚瑟·韦利英译的陶渊明的诗《责子》，译文中就出现了对中国人的年龄表达的误解，他把"二八"当成 18 岁。又如，霍克斯在翻译《红楼梦》时，将建筑物上的"兽头"翻译为"animal-heads"。我们知道"兽头"在中国古代建筑中象征勇猛、强悍、力量和安全感，通常为猛兽，而 animal 一词泛指动物，不利于传达"兽头"的文化意象。霍克斯的译文似乎受到了他对中国文化理解程度的影响。

在译文的文字表达方面，外国译者显示出了强于中国译者的优势。他们的译文更加符合译入语的表达习惯，更加流畅，对大多数外国读者来说，译文清晰、易懂。这也正是为什么很多西方汉学家认为只有西方译者才可以胜任中国典籍外译的工作。他们认为，中国译者的译文不符合译入语表达，译文生涩难懂，影响了译文的可读性。这种观点也是符合事实的，中国译者在这方面确实相对较弱，除了少数大师级翻译家，大多数中国译者无法达到母语译者的文字表达水平。

综上所述，外国译者和中国译者各有所长，外国译者语言表达优于中国译者，而中国译者理解原文的能力更强，孰强孰弱似乎难以抉择。然而我们知道，评价翻译优劣有三个层面，即语言层面、文学层面和文化层面。外国译者享有天然的语言表达优势，而中国译者则在对中国文化和语言的理解上为前者所不及。既然中国典籍英译的根本目的是传播中国文化，那么中国译者的客观能力就更加符合此任务的要求。当然，我们不能否定译文语言表达的重要性，蹩脚的语言会影响读者的阅读兴趣和理解水平。因此，第三种观点更加适合中国典籍英译，即中外译者合作模式可能是典籍外译的最佳选择，在这种模式下，中国译者体现出基于义务论的翻译伦理，即以传播中国文化为己任；同时，西方译者在基于目的论的翻译伦理框架内，发挥他们语言表达的优势，确保读者对译文的接受度。此种合作模式将更有利于传播中国典籍的思想与文化。

三、翻译策略选择

典籍是中华文明的精华，具有鲜明的民族文化属性，面对典籍语言和英语语言的差异，尤其是两种语言在文化方面的差异，译者面临着翻译策略的抉择。德国神学家、哲学家弗里德里希·施莱尔马赫（Friedrich Schleiermacher）在 1813 年发表的《论翻译的方法》（"On the Different Methods of Translating"）中表明，翻译有两种方法，要么是译者尽量不打扰作者，让读者走近作者；要么是尽量不打扰读者，让作者走近读者。（Schleiermacher，1992）此后，翻译学家韦努蒂在此基础上，相应提出了"异化翻译"和"归化翻译"。这也正是典籍译者要面对的根本问题，对此问题的态度会直接影响其翻译作品的整体风格。表面上看，这是一个"作者中心"和"读者中心"之争，然而其实质是两种不同翻译伦理主张，即基于义务论的翻译伦理和基于目的论的翻译伦理。

从典籍翻译历史上看，外国译者较多采用归化策略，例如，前面提到的《红楼梦》的译者霍克斯。从外国译者的主观特点来看，他们更习惯用他们所熟悉的文化和世界观系统，去阐释中国典籍蕴含的文化和思想。在文字表达方面，为了迎合外国读者，他们的译文更符合译入语规范，可以说是"透明"的翻译。向世界介绍中国文化，满足译入语国家读者的猎奇心，或者是服务于殖民者了解中国的需要是这些翻译的主要目的，归化策略指导下的译本完全可以满足这些需求。西方译者的翻译实践反映了他们翻译伦理的民族性，也体现了基于目的论的翻译伦理主张。

此外，部分中国译者和一小部分对中国文化怀有很深感情的外国译者也采用了更多的归化策略。虽然他们以传播中国文化为己任，力图改变外国对中国文化和形象的片面认识，但在实际翻译过程中，为了迎合西方读者对译文的接受度，他们依然倾向采用归化策略。例如，辜鸿铭翻译《论语》的主要目的是让西方人真正了解中国儒学的思想体系，改变西方人对中国文化传统的偏见。然而他的译文依然采用了很多归化策略。为了让西方读者更容易理解译文，辜鸿铭经常采用西方文化元素去注释译文，如前面提到的周武王的译例。

在基于目的论的翻译伦理指导下，归化策略下的译文成为了西方文化体系的一部分，译作对中国文化的阐释，未能跳出西方文化和哲学体系，无法客观地反映和传播中国文化内涵。尽管这样的译文在一定程度上向世界介绍了中国文化，但未能让世界了解真正的中国文化。即使是在迎合读者方面也存在不同的声音。一位德国出版社的编辑说，通过你们的译文，我们看到的是说着德语，有着德国文化修养的老子、孔子和孟子，事实真是这样的吗？（魏耀川，2008）　这也从侧面验证了归化策略存在的不足。

在翻译理论研究之中，异化翻译策略也从不乏支持者，从 19 世纪初的施莱尔马赫到 20 世纪的韦努蒂都是异化翻译策略的倡导者。虽然他们提倡异化翻译策略的出发点有所不同，施莱尔马赫认为异化翻译是丰富民族语言和文化的重要途径；而韦努蒂认为异化翻译是打破西方帝国主义文化霸权的有效方法。在异化翻译策略的指导下，译文在丰富译入语语言和文化的同时，自然会更有效地传播源语文化；打破西方帝国主义文化霸权，必然有利于树立真实、全面的本民族文化形象。

当然，异化翻译策略也面临质疑，反对者的观点主要分为两个层面：语言表达层面和文化传播层面。他们认为，在语言方面，异化翻译的译文往往不那么符合译入语的语言规范，会受到读者的排斥。他们忽视了两个方面的问题，一方面是上文提及的读者期待，读者在阅读译入的外国书籍时，也抱有体验外国文化的期望，带有"异国情调"的译文可能更能满足他们的需求。更重要的另一个方面是语言对于民族的意义，德国著名的语言学家威廉·冯·洪堡（Wilhelm von Humboldt）认为民族的语言即民族的精神，民族的精神即民族的语言。语言的差异不是表面声音和符号的差异，而是民族世界观本身的差异。（洪堡特，2001）归化策略指导下的译文，文字表达完全符合译入语表达，从表面看起来是更能传达原文内容，实则是抹杀了源语言的民族精神。对于汉译英翻译当中译文的文字表达，一些著名学者也提出了使用"中国英语"的观点。1980 年葛传槼提出各国都有其个性的民族文化，为了表达这些文化个性的概念，他提出了在汉译英时可以使用"中国英语"的观点。（葛传槼，1980）此后，汪榕培对"中国英语"定义为"中国人在中国本土上使用的、以标准英语为核心、具有中国特色的英语"。（榕培[①]，1991）因此，在文字表达方面，异化策略指导下的典籍译文可以被译入语读者所接受。

　　文化层面的差异是异化策略反对者针对的另一个层面，他们认为在译文进入译入语文化的时候，要尊重译入语文化的特点，用归化的方法解释原文本特有的源语文化元素，倡导文化功能对等。这种用西方文化元素替代中国文化元素的方法，完全是落入了西方中心主义的圈套，例如把"太极拳"翻译成"shadow boxing"，就属此例，使得"太极拳"丧失了民族文化特色，成为了拳击的一种，不仅降低了其文化价值，还会使读者误认为太极拳只是一种拳击运动。因此，异化策略的译文把源语中的文化直接引入译入语文化，而不是在译入语中寻找替代品，更有利于源语文化的传播，有助于树立独立的民族形象。至于担心文化层面上的异化翻译会导致译文难以被读者理解，甚至误导读者的问题，其实可以采用做注释的方法，对译文中的文化元素进行解释，例如闵福德在其《孙子兵法》译本中就使用了大量的副文本，对文中的文化元素进行解释和说明。此外，在互联网时代，信息获取更加便捷，读者完全可以借助互联网去进一步理解译文中出现的文化元素。

　　西方所塑造的"中国形象"，充斥着西方的想象和偏见，是为满足西方文化体系自身需要而建立的。中国文化博大精深，却尚未在世界文化之林取得应有的地位，这不符合中国的经济地位和综合国力水平。相关统计

---

① 榕培，是汪榕培先生，他用此名发表了多篇学术论文。

数据表明，中国大约有 3 万—5 万种古典书籍，但翻译成外文的只有千分之二左右（黄中习，2007）。作为典籍翻译主体的中国译者任重而道远，以"译出"中国文化为根本，以中国译者为主，外国译者为辅，译介更多可以代表中国文化精华的典籍是一项长期的任务。在尊重原文的翻译伦理观照下，异化翻译策略更适合中国典籍英译，有助于中国建立全新、积极和独立的民族形象。

第九章　元翻译伦理视域下的中国典籍英译

回顾翻译理论研究史，几乎所有翻译理论和相关争论都可以归结于翻译伦理问题，例如被翻译界奉为圭臬的"忠实"本身就是一个伦理概念。译者对源语文化和译入语文化的态度也属于伦理问题。此外，在翻译过程中，译者不仅需要处理原文和译文的关系，还需要面对复杂的社会关系，如赞助人和读者，这些也都会涉及伦理问题。因此中国典籍英译研究的核心问题就是翻译伦理问题，是解释典籍英译之中各种问题的关键所在。

第一节　典籍英译的翻译伦理属性

近二十年来，典籍英译一直是译界的研究热点之一，每年都有很多相关论文发表，研究涵盖的主题主要包括：译者主体之辨，如《译入与译出——谈中国译者从事汉籍英译的意义》（潘文国，2004）；典籍英译中的翻译策略的选择，如《典籍英译：文化翻译观下的异化策略与中国英语》（徐珺、霍跃红，2008）和《典籍英译中的"东方情调化翻译倾向"研究——以英美翻译家的汉籍英译为例》（蒋骁华，2010）；具体典籍译本研究，如《瑕瑜分明，得失可鉴——从 Arthur Waley 的译本悟〈论语〉的英译之道》（何刚强，2005）；典籍翻译中的文化问题，如《中国文化典籍中的文化意蕴及其翻译问题》（李文革，2000）；典籍英译的宏观分析研究，如《中国典籍英译：成绩、问题与对策》（王宏，2012）。通过对论文研究主题分类，本书发现，尽管不同学者从不同角度展开典籍英译研究，但是几乎所有的研究都或多或少地涉及翻译伦理相关问题。如"关于译者主体的讨论"主要探讨中国译者和外国译者谁更有资格从事中国典籍英译工作，其中的核心问题之一就是译者伦理问题。因为中外译者的不同文化身份，决定了他们的翻译伦理诉求有所差异。通常情况下，对于以传播中国文化为目的的中国译者，"忠实再现原文本""尊重中国文化"是他们的主要翻译伦理诉求。关于翻译策略的研究也自然地与翻译伦理密切相关，异化翻译策略本身就是贝尔曼和韦努蒂翻译伦理思想所倡导的翻译策略。

关于具体典籍译本的研究也同样离不开翻译伦理，因为译文的表述和翻译策略无不体现着译者的翻译伦理诉求，或"忠实"或"叛逆"，或"归化"或"异化"，译者对不同的翻译伦理诉求进行选择与排序。典籍英译中的文化意象问题，体现了英语文化语境中译者如何看待与处理中国文化的态度，体现了两种文化之间的关系，同样也是翻译伦理问题。

由以上分析可见，关于中国典籍英译的诸多研究无不体现着翻译伦理相关问题。因此，从翻译伦理视域展开中国典籍英译研究，能让我们透过现象，看清事物的本质和规律，更好地理解典籍英译的发展历史，尤其是译者翻译策略的选择，并有助于从哲学的角度为典籍英译中一些问题提供方法论和逻辑方面的指导。此外，将现有各种研究视域统一到翻译伦理视域之中，有助于推进研究的深入发展和译界的学术交流。总之，将典籍英译纳入翻译伦理视域具有可行性、科学性和必要性。

以往的翻译伦理研究大都偏重理论性研究，不少学者试图构建一个或一套具有普适意义的翻译伦理模式，如贝尔曼的"差异伦理"和皮姆"以改善文化间性为目的的译者伦理"。研究往往缺少与翻译实践的结合，没有限定理论研究的历史和社会文化语境，如韦努蒂的翻译伦理思想就很难适用于强势文化译入弱势文化的翻译语境。然而，翻译伦理同其他真理一样，具有相对性、时代性和主体性，与翻译活动展开的时代、社会背景、翻译对象、翻译主体等因素密切相关。因此，将翻译伦理研究置于具体语境之中，有助于形成更有针对性和指导意义的翻译伦理模式。中国典籍英译是翻译中的一个特殊领域，主要有如下特点：第一，翻译对象是中国典籍，即原文本是中文，且是中国文化的代表性作品，大多为文史哲类著作；第二，中国典籍英译活动发生的具体时代背景不同，主要是指不同时期，中国在世界舞台的政治、经济地位和国内政治经济局面不同；第三，译者群体构成主要是中国译者与以英语为母语的译者，他们分别代表了译出与译入两种不同类型的翻译活动；第四，中国典籍英译的具体目的存在差异，如传播中国文化、丰富英语国家文化或者是纯粹的商业行为。这些具体因素交织在一起，形成了中国典籍英译的具体语境，为建构相关翻译伦理模式提供了有效且具体的"参数变量"。

第二节　典籍英译的内涵与特点

元翻译伦理是关于翻译伦理研究的研究，其主要研究内容是相关术语的内涵与道德判断情况。那么，元翻译伦理视域下的研究就应该对典籍英译中的核心术语进行定义，并对典籍英译的核心价值做出判断。这有助于从根本上确立典籍英译研究中的相关问题实质，确保术语概念的一致性，并利于将科学、规范的研究方法纳入典籍英译研究之中。

了解和认清中国典籍英译活动的特点，不仅有助于将翻译伦理更好地运用到研究之中，还能使研究目的更具针对性和更加具体化。从构词角度分析，"中国典籍英译"包括两方面的内容，即"中国典籍"和"英译"。本节将分别从这两个方面入手，分析其内涵与特点。

首先，作为原文本的中国典籍有其自身特点。根据杨自俭的定义，中国典籍是指"'中国古今重要的文献和书籍'，并可按时间划分为'古代典籍''近代典籍''现代典籍'和'当代典籍'"（杨自俭，2005）。从此定义不难看出，典籍是中国文化、精神文明发展的智慧结晶，中华民族作为一个历史悠久的民族，涉及文、史、哲、政、经、法、数等方面的书籍数量巨大，这些宝贵的知识不仅是中华民族的精神财富，更是人类文明的重要组成部分。其中蕴含的知识、思想和特有的文化元素更是带有鲜明的民族特色，它们是构成中国文化和民族形象的核心内容，也是世界了解中国文明和历史的重要途径。事实上，中国典籍的意义已经超越了知识本身，它们是研究中国的文化、思想和文明发展史的主要史料来源。根据典籍的定义与内涵，中国典籍的特点可以归纳为如下三点：

第一，这是一个相对"主观"的描述，对于"可以代表一个民族文化水平"的判断，不同的人会有不同的理解与判断标准。因此，除了那些非常具有影响力的著作之外，其他一些著作是否可以归为典籍会出现"仁者见仁，智者见智"的不同判断。此特点与译者对文本的选择密切相关。选择何种文本进行翻译通常由赞助人或者译者个人决定，两者都会依据自己的判断，选择相应的文本进行翻译。这一点上，中国译者与外国译者经常会表现出较大的差异性。中国译者因其在文化上的优势，对典籍的选择通常较为"准确"，选择的文本可以较好地反映中国文化在某个领域的真实状况或水平；而外国译者受到意识形态、翻译目的、个人喜好等因素的影响，他们的对典籍的选择可能与中国译者的选择存在一定的出入，有时不能很好地选择出代表中国文化精髓的作品。例如，美国诗人加里·斯奈德基于自身的审美观念与当时美国的社会环境，译介了诗人寒山的很多诗歌，使得寒山成为 20 世纪一部分美国人崇拜的精神领袖。在他们眼中，寒山的诗歌被看作是中国古诗的代表，他们可能对李白和杜甫一无所知（李征，2013）。译者对典籍文本的定位与选择体现了其翻译目的，以"传播中国文化""丰富英语语言文化"为目的的译者，通常会选择各领域具有代表性的著作。比如，前面提到的"大中华文库"就选择了 100 部具有代表性的著作进行翻译。而以"满足读者阅读消遣、了解中国需求"为目的的翻译活动，译者会根据读者从对中国文化的固有认知、猎奇期待、阅读习惯等因素出发，选择读者"喜闻乐见"的典籍，例如《金瓶梅》《唐人传奇》《聊斋志异》《镜花缘》等通俗小说在法国被译介，颇受读者欢迎。两种不同选择的背后，是译者在个人伦理观和翻译伦理诉求上的差异。译者对原文所涉及伦理和道德的认知与接受程度，会影响其对文本的选择，译者通常会选择符合自己、赞助人或者目标读者的伦理观的文本进行翻译，而对于那些与自己或赞助人伦理不符的文本，通常会选择回避。譬如，耶稣会士在中国传教期间翻译了大量中国典籍，但其中没有关于科学最新发展并且与其教义相背离的著作（彭萍，2008：61）。

　　第二，典籍主题广泛，呈现多样性特点。不同主题的著作在文体与功能方面表现出一定的差异性，这可能会影响译者对翻译伦理诉求的选择。面对不同典籍的文体特点与文本功能，译者的翻译伦理诉求会有所不同。例如，唐朝孙过庭的《书谱》是关于书法的论著，其中提出书法创作过程中的"五乖五合"具有指令性性质，译者在翻译过程中需要重视译文明晰化与可操作性（王宏印，2009：21）。这要求译者在翻译过程中遵循切斯特曼伦理模式中的期待规范——译文应清楚、易懂，不会给读者带来阅读误解。即使对于同一文本，不同译者也可能对其文本类型有不同的定位，这同样也会影响到译者的翻译伦理诉求。例如，《孙子兵法》是一本伟大的军事著作，但同时也是一本哲学著作，因为其用兵策略与方法是中国哲学思想的体现，而且这些策略与方法不仅适用于战争，对其他领域也具有借鉴意义，如商业、体育竞技等。译者对《孙子兵法》文本类型的定位，会直接影响其翻译伦理诉求。例如，美国军事家塞缪尔·B. 格里菲斯（Samuel B. Griffith）和英国文学翻译家约翰·闵福德在英译《孙子兵法》的过程中，其对待中国文化的态度以及翻译策略都受到他们对《孙子兵法》文本类型与功能定位的影响。军人的身份和第二次世界大战的时代背景，让格里菲斯深刻地领略到《孙子兵法》重要的军事意义，在他的眼中，《孙子兵法》是一部纯粹的军事著作，是西方世界了解中国军事思想的必读之作。在其《孙子兵法》英译本短短千余字的前言中，格里菲斯简单介绍了《孙子兵法》的历史渊源及其英译参照的版本——孙星衍的《孙子十家注》，大部分篇幅都用于介绍《孙子兵法》的军事意义与影响。他指出孙子军事思想的精华与独到之处，如不战而屈人之兵、间谍对战争的重要性以及战争对经济的影响等。他还指出从古至今，中外很多伟大的军事家都受《孙子兵法》的影响，例如曹操、拿破仑和毛泽东（Griffith，1971：ix-xi）。闵福德则将《孙子兵法》视为中国文化尤其是中国哲学思想的代表性著作，在其英译本前言中，他介绍和分析了《孙子兵法》与中国文化的关系，他认为《孙子兵法》和《易经》一样，"应用范围千变万化，无所限制"，因此"书中的战略思想不仅局限于战争，它是一部关于生活的书，其中充满了格言智慧"。（Minford，2009：xi）《孙子兵法》的应用范围不仅仅局限于军事，商业、体育运动中都可以使用《孙子兵法》的思想（Minford，2009：xi）。从两位译者在前言中对《孙子兵法》的介绍和评价中，我们可以看出他们对《孙子兵法》文本类型和功能的不同定位。这表明译者对译本的价值诉求有所不同，其主要翻译伦理诉求也必然会有所差异。

第三，典籍与其他类型文本存在较大的差异性。与商业文本翻译以信息传达为主要目的相比，典籍英译更注重文化和思想的传播，是向西方展示中国历史和文化有效途径之一。另外，典籍也区别于现当代文学作品，虽然两者在传播中国文化和思想方面具有一定的共性，但因为后者成文于现当代，文本内容和语言表达通常比较容易为当代读者（包括译者）所理解和接受。因此，在翻译过程中，译者在理解原文方面的困难较少。而典籍文本大多成书于几百甚至上千年前，译者在阅读时需要跨越时空障碍去理解原文。由于汉语语言和中国文化的变迁，以及典籍原文本的缺损等因素，准确理解典籍原文本对译者是一个很大的挑战。由于历史原因，很多典籍存有不同的底本或版本，译者需要对底本进行选择；此外，为了更准确地理解典籍中的古语，绝大部分译者都需要借助相关参考文献（如学界关于典籍的注疏、评析和文字工具书等），这又涉及一个选择问题。因为不同文献对典籍内容，例如具体语句，可能持有不同的见解。对于这些理解分歧，译者往往在翻译过程不得不做出判断和选择。

第四，典籍"英译"不同于将其译入其他语种。与译入其他语言（如日语、俄语、法语）相比，"英译"活动具有其自身的特点。一方面，英语语言和文化具有自身的特点；另一方面，英语文化在世界文化体系中占据中心地位，与其他文化（包括汉语文化）相比，英语文化属于强势文化。典籍"英译"的特点主要表现在以下三方面：第一，英语和汉语分属不同的语系，语言结构与表达方面差异明显。英语表达重形合，多长句，且语义重心在前；而汉语则重意合、句短且简练，通常语义重心在后。尤其是中国典籍大多是用古汉语写出，行文比现代汉语更为简洁、紧凑。两种语言形式的巨大差异给译者的翻译带来很大的困难和挑战。翻译过程中，译者往往需要进行两次"翻译转码"——古汉语到现代汉语和现代汉语到英文。第二，英语语言和文化的强势地位，使中国典籍在译入英语时，面对的语言和文化阻力往往大于译入其他语言。西方译者在翻译过程中往往会带有一种"居高临下"的姿态，习惯用自身文化背景理解和阐释中国典籍，甚至表现出批评、贬低的倾向。例如，闵福德在《孙子兵法》翻译中增加了很多个人注释与评述，其中不乏对原文思想的批判。即使是中国译者，面对英语和英语文化的强势地位，也可能会表现出语言和文化上的不自信，"情不自禁"地将译文纳入英语文化视域。这种不自信，表现为译者努力让译文语言表达符合英语语法规范和表达习惯，对语言上的"创新"小心翼翼，远不及西方译者"大胆"。例如，庞德对中国古诗的大胆创译，显示了他在语言和文体上敢于创新的精神，这种译法往往是中国译者不敢使用的。再比如，在语言使用方面，林戊荪英译的《孙子兵法》比闵福德的译本要"规矩"很多，后者突破了英语语言的一些常规表达，译文简洁明快，在形式上更贴近原文。

以上所讲的典籍英译的自身特点主要涉及翻译对象和译入语语言特点。此外，典籍翻译活动还具有时代特点，翻译所处的历史背景，尤其是世界政治文化格局同样会给翻译活动打上时代的烙印。因此，研究中国典籍英译需要考虑其时代背景。在当今全球化背景下，我国组织和推动中国典籍英译事业的主要目的是让中国文化走出国门，树立良好中国形象，并传播中国文化。典籍英译研究和传播必须与时代特点结合，充分利用有利条件。首先，中国经济的崛起和政治影响力的强大，不仅会使越来越多的西方读者对中国文化和典籍产生兴趣，还会提高中国文化的世界地位，前者为中国典籍英译的传播提供了更广阔的市场，后者有助于提高中国文化的认可度，为"异化"译本的传播创造更有利的环境。其次，互联网信息技术的飞速发展，使信息传递和文化交流越来越简单、便捷，而且给人们的思维方式也带来了革命性的变化，为西方读者阅读和理解中国典籍英译本提供了极大的便利。读者不仅更容易获得不同版本的译本进行对比阅读，而且互联网的海量信息，也可以用来辅助读者的理解。此外，"去中心化"是互联网传播的一大特点。在此思维影响下，人们不再崇尚权威和传统，西方读者可能不再满足于原有的西方视域下的中国形象，他们更希望了解真正的、原汁原味的中国文化，这为中国典籍传播提供了前所未有的机遇，"异化"的译本将更容易被读者接受。施莱尔马赫曾在《论翻译的方法》一文中提出，"异化"翻译作品被读者接受、认可需要两个社会文化条件："第一，外国作品的认知度较高，且受大众欢迎；第二，译入语（对外来语）具有一定的包容、适应性。"（Schleiermacher，1992：48）在当今的时代环境下，这两个条件日趋成熟，"中国热"在西方持续升温。同时，互联网信息传递的特点使读者更容易接触到中国文化，对中国文化的包容度越来越高。这为中国典籍英译创造了前所未有的良好传播环境。

第三节　中国典籍英译的价值定位

翻译价值是翻译伦理的基础，确定中国典籍英译的价值是讨论翻译伦理和译者翻译伦理诉求的首要问题。价值是客体对于主体的有用性，在典籍英译中，客体是确定因素，而主体则是一个变量，通常存在三种不同的情况，而客体的有用性，即典籍英译的价值，因主体的不同会有所侧重。

第一，以中华民族和中国文化为主体，典籍英译是一种"译出"翻译活动，其目的是让世界了解中国、传播中国文化和促进中国文化与其他文化交流。中国是世界四大文明古国之一，几千年的历史文明发展进程为中华民族留下了浩如烟海的文化典籍，这些典籍代表了中华民族文明的精华，因此典籍外译是中国文化走向世界、让世人了解中国的主要方式之一。季羡林先生曾指出，"文化不论大小一旦出现就必然向外流布"（王宁等，1999：1）。与其他文化的交流活动一直贯穿于中国文化发展史，也正是在和其他文化的交流过程中，中国文化得以延续、发展和进步。鉴于英语在全世界的通用性，典籍英译是典籍外译的核心组成部分。另外，以英语为母语的英国和美国也是西方文化的典型代表，因此典籍英译的研究成果可以部分适用于典籍译入其他西方国家语言，如典籍法译、典籍德译等。典籍是中国文化与文明的具体载体，其译出的目的是让世界了解中国文化，树立中国在世界舞台上的形象。这个形象的建立必须以我为主导，才能反映我们民族和文化的本真面貌。受历史、政治和经济等因素的影响，当今中国形象的确立基本是以西方国家对中国的描述与态度为基础。在世界文化领域，中国文化依然处于以西方文化为中心的秩序之中，西方眼中不可避免地对中国形象存有偏见甚至歧视。因此，在典籍英译中，不能简单追求所谓的"传播效率"，为追求译本在英语世界的接受度和传播范围，而用西方文化视域阐释中国典籍中的文化元素。对于中华民族而言，通过典籍译本让世界了解真正的中国文化，改善、重塑中国形象是中国典籍英译的首要价值所在。

第二，以英语国家和英语文化为主体，中国典籍英译是西方了解中国文化的重要途径之一，他们了解中国文化的根本目的是丰富其自身文化的发展。在西方国家看来，典籍英译要服务于英语国家文化，其根本目的是促进英语国家社会和文化发展、巩固其文化中心地位。例如，格里菲斯在英译《孙子兵法》的序言中写道："对于想深入理解这两个国家（中国和日本）军事战略的人来说，《孙子兵法》是他们的必读之物。"（Griffith，1971：x）可见，对于西方而言，与促进自身文化的目的相比，了解和传播真正的中国文化通常是第二位的，是他们实现自我发展的手段，而非最重要的目的，中国文化的传播最多只是"副产品"而已。正如英国翻译家苏珊·巴斯奈特（Susan Bassnett）的文化翻译观所示，不同时期的翻译总是为了满足（译入语国家）不同的文化需要以及该文化中特定群体的需要（谭载喜，2004：222）。以西方人为主体的典籍英译，总是以服务英语文化和社会为首要目的。

第三，以出版商为主体，典籍英译作品是出版商推出的"商品"。这些作品满足了读者阅读、了解中国文化、获取相关专业知识等方面的需求，出版商也因此从中获取商业回报。对西方社会而言，中国和中国文化一直相对陌生甚至神秘，典籍译作是大部分普通大众了解中国的重要途径之一。在完全市场化的环境中，这种需求是出版商出版中国典籍英译书籍的根本动力（政府资助的翻译不属于此类）。出版商从原文本选择、翻译策略到市场宣传等环节，无不以获取最大经济利益为根本目的。其中涉及的伦理关系非常复杂，除了译者翻译伦理诉求之外，还包括出版商如何定位自己的社会责任，例如，协调译作在意识形态和文化方面与英语国家社会的冲突。

不同的主体对典籍英译有不同的价值诉求，从而会引发不同的翻译伦理关系，也同样会影响译者翻译伦理诉求的选择。因此典籍英译相关研究必须置于具体语境之中。当然，无论主体如何定位，典籍英译的价值依然具有其客观性，三种不同价值诉求通常是共同存在，只是根据主体的差异，三者的重要性排序有所区别。

第四节　典籍英译中的伦理关系与诉求

在明确了典籍英译价值内涵后，我们需要梳理一下其中包含哪些具体的伦理关系与现象。在应用翻译伦理研究中，译者是伦理的主体，其中的伦理关系主要是指译者与其他主、客体之间的关系。这包括译者与赞助人、译者与读者和译者与作者、译者与源语文化、译者与译入语文化等。当然，除此之外，还包括赞助人伦理和读者伦理等。其中涉及的译者的伦理关系通常是影响翻译活动的决定性因素，是翻译伦理研究的重点。诚然，译者伦理也会受到其他伦理的影响，并非孤立存在。例如，译者受赞助人委托进行翻译，难免不受到赞助人伦理立场的影响。

从翻译伦理角度来看，翻译过程主要是译者处理和协调自身与其他主、客体之间关系的过程。译者根据自身的道德和价值观念，对各种伦理关系做出判断和选择，这些可以统称为译者伦理。译者伦理包括两个层次：个人伦理和翻译职业伦理。前者以译者作为社会个人所具有的道德观念——个人道德为基础，后者以译者的职业道德为基础。两者有所区别，但紧密相连，前者是基础，是普遍性的，后者是特例，具有特殊性。

一、译者作为社会个体的伦理关系与诉求

个人伦理是关于译者对社会活动中行为应该如何的基本认知与观念，是译者个人道德观念的基本体现，其中包括译者的价值观、世界观等。译者个人伦理主要体现在译者个人道德与原文道德元素、译入语道德元素、赞助人道德元素三者之间的关系，此过程中不同的译者可能会呈现出不同的伦理诉求倾向。

第一，译者个人道德与原文中道德元素之间的伦理关系。前文已经指出，译者更倾向于选择与自己道德观念一致的文本进行翻译。但在现实翻译活动中，原文中道德和伦理观念与译者道德认识相冲突的情况并不少见，尤其是对于将外语文本译入本族语的译者而言，原文中异域文化的道德和伦理观念经常会与译者的个人道德观发生冲突。面对此种情况，译者需要做出选择，或将原文道德、伦理观真实再现于译文之中，或对其进行相应的处理（如加注、评论、改写，甚至删除）。例如，闵福德在其英译本《孙子兵法》中，除了提供了其他军事家和学者的注释与评论外，自己也做了不少阐释与评论。在"用间篇"中，对"非圣智不能用间，非仁义不能使间"（Without wisdom, it is impossible to employ spies. Without humanity and justice, it is impossible to employ spies），闵福德给出了自己的评论："难道我们能把'死间'①的方法称为人道或正义吗？"（Minford，2009：321）可以看出闵福德对"死间"做法并不认同，他虽然没有改动

---

① 据《孙子兵法新注》，"死间"指故意散布虚假情况，让我方间谍知道而传给敌方，敌人上当后往往将其处死。

原文内容，而且进行了忠实的翻译，但他通过此评论，表达了对"死间"方法的质疑，表明了自己的伦理立场，体现了其个人道德。从表面上来看，这是译者无奈之下的折中选择，既"忠实"地再现了原文思想，又保持了自己的伦理立场。然而，实际上，此译文会影响读者的理解与价值判断，部分读者可能会采纳译者的观点，对"死间"持否定态度。当然，也有译者会直接依据自己的道德观念，将原文内容进行编译和改译。此时，影响译者选择的因素主要来自两个方面：首先是译者的个人道德与原文所含道德、伦理观念的冲突程度，对于完全不能接受甚至厌恶的原文内容及相关道德观念，译者往往会拒绝翻译，比如，在译文中删去相关内容或者进行改写。其次，译入语文化对原文伦理内容的接受度，其中的接受主体包括普通读者和赞助人（出版社、文化审查机构等）。

第二，译者个人道德与译入语道德元素的伦理关系。译入语文化中的道德元素是决定译文接受情况、传播效果和社会影响力的重要因素，它会对译者产生多方面的影响。无论译者身份如何，他的个人道德与译入语社会道德的一致程度，决定了译文在译入语中接受和传播的效果。两者的一致程度越高，越有利于译文传播；反之，译文会在传播过程中遇到一些困难。例如，英美社会在对待他者文化的态度上，存在"自我中心"的优越感，如果译者对待源语文化抱有同样的态度，那译者的翻译策略，尤其是处理文化差异的方法往往更容易被译入语所接受。反之，如果译者坚持文化平等，"尊重他者"的道德观念，可能会在译文中保留更多"异质"。如此一来，译文在传播中可能会面临更多的困难。例如，韦努蒂倡导的"差异伦理"，就是译者个人道德与译入语道德元素冲突的最好范例。他所倡导的异化翻译策略在英美文化语境中遇到了很多挑战与质疑。

第三，译者个人道德与赞助人道德的关系。在由赞助人发起的翻译活动中，译者应该充分尊重赞助人的要求，完成翻译任务，实现赞助人的预设目的。这本属于翻译职业内部的伦理关系，是译者职业道德的重要内容之一。然而，有时候赞助人提出的要求会违背译者的个人道德和伦理观，译者不得不在两者间做出选择。例如，出于意识形态、价值观或其他方面的考虑，赞助人可能会要求译者在翻译过程中修改或者删除某些不利于赞助人的内容，而这又与译者的个人道德相违背，译者可能认为读者有权利了解原文的全部、真实内容。遇到这种情况时，译者需要在个人道德和赞助人道德之间做出伦理选择。回顾翻译史，我们会发现，绝大多数译者都表现出"被动地配合与顺从"（魏清光，2006），只有极少数译者会坚持按照自己的伦理道德进行翻译，而这样做的结果往往是译本被操作删减甚至无法出版。例如，罗普翻译的《佳人奇遇》一书，讲述了欧美地区灭亡国家的仁人志士以及中国逸民光复故土的故事，但其中涉及"反抗清朝"的内容全部被当时的编辑康有为强令删除（马祖毅，1998：391）。

二、翻译职业中的伦理关系与诉求

译者的翻译职业伦理是指译者对翻译职业相关规范的认可程度与遵守情况以及对翻译职业性质的理解。前者包括译者与原文（原作者）、译文（译入语规范、诗学和文化）、赞助人、读者之间的关系，主要是翻译活动中一些伦理规范、翻译策略选择等。后者是译者对于翻译职业理想的认知，体现了译者与翻译职业之间的关系。

第一，译者与原文（原作者）之间的伦理关系。原文是翻译的前提基础，翻译的过程是译者用译入语阐释原文的过程。译者对原文的定位会决定译者翻译原文的态度和方法。传统译学所倡导的"忠实伦理"要求译者尊重原文，真实地再现原文思想内容和表现形式，绝不可擅自更改原文，对于原文的形式与修辞也应尽量保留。当然，也有学者对此持有不同的观点，例如，瓦尔特·本雅明（Walter Benjamin）在《译者的任务》（"The Task of the Translator"）一文中指出，追求与原作相似的翻译是不可能的，因为译作是原作生命的延续，是"后来的生命"（afterlife）。原作在诞生的一刻就已经死亡，译作令原作在译入语中得到新生，译者在翻译过程中理应享有更多的自主权利（Benjamin，2000：16-17）。在文学翻译领域，有译者认为译文不一定从属原文，甚至可以超越原文。如许渊冲教授提出的翻译"竞赛论"就是一个很好的例子。很多文学翻译家本身就是作家，他们翻译外国文学作品时会根据自己的写作风格和对文学的理解，在译文中采取比较大胆的方法，甚至对原文做出一些改动。如前文所提到的伊万·金在翻译老舍名著《骆驼祥子》时，对原文做了大量改写，甚至将悲剧结尾改为喜剧结尾。这体现了与"忠实伦理"截然不同的伦理诉求。

第二，译者与译文之间的伦理关系，主要是指译者处理自己与译入语语言规范、诗学和文化的关系。译文是原文本在译入语环境中的"再生"。一般情况下，为了保证译义的接受度和传播效果，大部分译者会尽量让译文在语言表达方面遵循译入语的语言规范和诗学，在文化方面尽量融入译入语的社会语境，对译入语表现出充分的尊重。与之相对应的一种情况是，有些翻译理论家认为译入语的语言、诗学、文学系统乃至文化不应该是一个封闭的系统，吸收外来语言是译入语语言和文化得以发展的动力源泉（Schleiermacher，1992：53）。持此种观点的译者常常敢于打破译入语的现有规范，在译文中采取创新的表达形式，一定程度上体现了译者对译入语的客观认识，不再将原有规范视为"雷池"而不敢逾越。庞德英译中国诗歌就是一个很好的例子，他的译文中运用了大量不符合英语语言表达的语句，其英译中国古诗推动了美国新诗运动的发展，其倡导的意象派诗歌运动，也开启了英美现代诗歌的先河。

第三，译者与赞助人之间的伦理关系。具体到典籍英译活动，译者需要尊重赞助人的相关要求。例如，译者要尊重赞助人选择何种典籍进行翻译的权利，尽力达到赞助人预期的翻译目的，在翻译过程中保证翻译进度，确保按期交稿等具体事项。赞助人与译者之间是雇佣和被雇佣的关系，译者为赞助人提供服务，赞助人给译者以物质和精神方面的回报。这体现了译者的服务伦理，即尽最大努力满足赞助人的合理要求。

第四，译者和读者之间的伦理关系。译者还应尊重译文读者，这包括尊重读者期待和正确评估读者的理解能力。之前我们已分析过读者期待的两面性，巩固已有认知和了解异域文化都可能是读者期待，只是在不同读者人群之间，两者的比例关系有所不同。例如，"文化精英"通常比普通大众更期待带有"异域情调"的译本。读者的理解能力同样重要，译者不能低估普通读者的理解能力，不能越俎代庖将译文表述得过于明白，"剥夺"原本属于读者的"理解"乐趣和审美快感。对于典籍英译的译者来说，还需要明确读者身份，这样才能更好地评估读者期待，从而更加合理地处理与读者之间的关系。

第五，译者与翻译职业理想之间的伦理关系。翻译的职业理想是促进文化交流和人类社会发展。在翻译实践中，译者如何看待翻译职业理想，以及如何处理职业理想与其他伦理的关系都会对翻译活动产生直接的影响。译者对典籍英译的价值判断与诉求，往往直接反映了译者对翻译职业理想认知与态度。有的译者把典籍英译看作普通的有偿翻译活动，是赞助人委托的翻译任务，他们在翻译过程中会更多地考虑如何满足赞助人需求。此时，典籍英译的商业价值是译者翻译活动的主要价值诉求。以此为目的，译者会采取相应的翻译策略，以帮助赞助人实现译本商业价值的最大化，这属于规范翻译伦理中的目的论中的效益主义，即以译本最终的市场接受效果为标准指导和评判译者的翻译活动。例如，闵福德在接受孙子兵法网站（www.sonshi.com）采访时说，他翻译《孙子兵法》是受企鹅出版集团的委托，并指出应该对《孙子兵法》采取一种批判性的态度（Minford，2002）。鉴于与出版社的委托关系，闵福德在翻译过程中必定要考虑出版社的利益，即译本的接受情况和传播效果。也有译者将翻译职业理想，即推动社会文化发展看作是典籍翻译的核心价值，他们以此为己任，努力通过自己的翻译活动推动社会文化发展。当然这种情况又可以分为译入和译出，即为英语文化服务还是为中国文化服务，两种不同情况对译者的翻译伦理诉求会有不同的影响。

以上五种关系都属于译者的翻译职业伦理关系，其中前四条是译者在翻译过程中与其他方面的伦理关系，第五条则是译者对翻译活动的整体的、精神层面的认知，反映了译者的职业道德追求，译者的职业理想在一定程度上会影响译者对待其他元素的态度。面对不同的伦理关系，不同的译者会呈现出不同的伦理诉求，在翻译过程中，译者的个人道德往往是处理各种伦理关系的基础。

通过对典籍英译活动中各种主要伦理关系的梳理，本书发现，翻译活动在译者个人伦理关系与翻译职业伦理关系两个层面展开，两个层面又分别涉及译者与不同主、客体的关系。面对这些复杂的伦理关系，译者呈现出不同的伦理诉求，例如遵从自己的道德认知、尊重原文道德元素、服务伦理诉求和追求翻译职业理想的诉求等。

第五节　典籍译者翻译伦理诉求的层次性

在典籍英译活动中，译者的翻译伦理诉求选择呈现出层次性。根据马斯洛的人类需求层次理论，本书对应地将译者的伦理需求由低到高划分为四个层次，即基于生理需求的翻译伦理诉求、基于归属需求的翻译伦理诉求、基于尊重需求的翻译伦理诉求和基于自我实现需求的翻译伦理诉求。典籍译者的翻译伦理诉求也可以从这几个方面展开分析。

第一，在中国典籍英译活动中，译者的最高伦理诉求与中国典籍英译的目的和意义是完全一致的，即通过翻译实现文化交流，促进人类文化和文明发展。因此，基于自我实现的翻译伦理诉求应该是典籍译者努力达成的伦理诉求。当然，作为最高翻译伦理诉求，它的实现往往以其他三种伦理诉求为前提。

在典籍英译活动中，译者首先要获得良好的环境和条件，以帮助他们实现三种基本的伦理诉求，只有这样，译者才能将更多的精力放在实现最高翻译伦理诉求即基于自我实现的伦理诉求之上。如果译者连基本的生存都成问题，需要靠翻译的稿酬维持最基本的生活需求，那么"自我实现"和"翻译职业理想"很难成为他们的首要追求，毕竟生理需求的满足是所有精神需求的基础。目前，我国的翻译市场非常混乱，在市场恶性竞争的压力下，翻译稿酬近 20 年来没有发生太大变化。虽然文学翻译难度更大，要求更高，但可能因为译者署名和篇幅等原因，稿酬甚至还要低。畅销书《深夜食堂》的译者陈颖说，她译书时通常一两个月不参加社交活动，自己也不愿出门，因为翻译和写作一样，也需要状态。她翻译的《深夜食堂》，由于是畅销书，所以她能拿到 100 元/千字的翻译稿费。这对她已经算是很好的稿酬了，因为她的同行多数都是 80 元/千字甚至 60 元/千字，而且还是税前费用（刁凡超，2014），如此水平的稿酬让译者很难依靠翻译为生。在现代市场条件下，要求译者出精品、出名作是非常困难的，毕竟译者首先要考虑满足自己的生存需求，追求"翻译速度""译作风格大众化、市场化"难免会成为译者首要考虑的因素。

因大部分典籍是古汉语写成，典籍英译还涉及古汉语和现代汉语之间的"语内翻译"过程，典籍英译的难度可想而知。按照现在的市场标准，典籍译者难以靠英译典籍维持生活。因此，国家和行业协会可以通过制订相关的政策、制度和行业标准，来改善和提高专职翻译人员的工资待遇，或翻译稿酬，使译者不用为生计而译，为市场而译。这样既可以使译者更加专注于翻译事业本身，不必一心多用，还可以帮助译者尽量排除商业和市场因素的影响，为翻译而翻译。

再比如基于尊重需求的翻译伦理诉求，译者在满足了生理和归属感需求后，会努力通过翻译来获取社会的尊重和较高的社会地位。回顾翻译史，翻译事业和译者一直处在相对弱势的地位，不太被社会和学界重视。译者被比作"媒婆""传声筒"，这都反映了译者较低的社会地位。大部分人认为，翻译只是将文本进行跨语言的转换，没有任何创造性，根本无法与原作相提并论。在文学界绝大部分奖项都是为原创而设，文学翻译的奖项少之又少，甚至连文学翻译作品的归属问题都一直未有定论，即文学翻译作品到底是外国文学，还是译入国本国文学（谢天振，1999：208）。就连在外语界的学术评价体系之中，翻译也是不为重视和认可的。例如，在大多数高校的职称晋升中，翻译作品，无论篇幅、质量和发行量如何，其权重都无法和原创作品相比，十几万字的译作可能比不上一篇几千字的论文。有的高校，翻译作品尚未被计入科研成果。所有这些现状都表明，译者和译本不被认可，被人忽略，基本处于"隐形"的状态。为了赢取应有的尊重和相应的地位，一部分译者在翻译中会采用"创造性叛逆"的方法，以突出自身翻译的特点或者纯粹追求译文的读者反应。"译者的显身""与原文竞赛"等伦理模式都属于基于尊重需求的翻译伦理诉求。在翻译中采用适度的"创造性"翻译，可以增加译文的可读性和文学性，但在实际操作中，这很可能会抹杀原文的语言特色。例如，原文中粗俗词语的"雅化"翻译看似提升了译文语言的文明尺度，但实际破坏了原文的文学性。因此，我们有必要通过设立相关翻译奖项和建立翻译作品评价机制等方法，努力提高和改善译者的社会和学术地位，满足译者的尊重需求，使其在翻译过程中，不再单纯地为了赢得"尊重"而进行"创造性"翻译，以至损害原文的特点，甚至抹杀原文语言特色。基于尊重的翻译伦理诉求不应该是译者的最高翻译伦理追求。

当前三种基本翻译伦理诉求得以实现之后，译者的重点自然会转向到自我价值实现需求，这正符合中国典籍英译的根本目的和利益。因此，无论是国家还是社会学术组织，都应该积极努力地为译者提供一个良好的生存环境，包括物质和精神两个层面，使翻译实践回归到翻译的历史使命上来，这能促进译者对翻译职业理想和实现自我价值的追求。

第二，典籍英译研究必须将译者所处的时代背景纳入考量。通常情况下，译者在翻译伦理诉求上的选择呈现出自下而上的顺序。虽然基于自我价值实现的翻译伦理诉求是每位有责任译者的最高追求，但是现实语境中，面对复杂的现实情况，译者通常会按照层次顺序实现不同的翻译伦理诉求，这完全具有其合理性。译文评价绝不能不顾具体语境，只站在的道德的制高点去评判典籍英译。例如，闵福德翻译《孙子兵法》的过程就体现了伦理诉求的几个层次。首先，他是受出版社的委托进行《孙子兵法》的英译，作为译者他会收取相应的稿酬，在这个层面，他的伦理诉求是基于基本生理需要的。但因为翻译《孙子兵法》只是他的工作之一，他并不是完全以此为生，因此，基于生理需要的翻译伦理诉求不是其主要伦理诉求。其次，闵福德在翻译中会考虑归属感的需求，作为英国人，他的民族身份、文化背景和世界观等因素使其有意识或无意识地维护英语文化的中心地位。另外，用西方的价值观衡量和阐释《孙子兵法》的思想，也有助于满足译者自身的归属感需求。与基于生理需求的翻译伦理诉求一起，这个层面的伦理诉求使得闵福德在处理原文中文化专有词汇时，更趋向于采取较为归化的策略，用英语文化概念替代或阐释中国文化元素。例如，闵福德翻译《火攻篇》中的"日者，月在箕、壁、翼、轸也，凡此四宿者，风起之日也"一段时，分别用西方星座术语"Sagittarius，Pegasus，Crater，Corvus"对应翻译原文中的"箕、壁、翼、轸"四个中国星宿，体现了闵福德对英语文化的归属感，同时也抹杀了原文中中国文化元素。

在基本翻译伦理诉求之外，闵福德也同样具有获得尊重的需求。作为一名当代汉学家，闵福德希望通过翻译《孙子兵法》为自己赢得更多认可和更高的学术地位。因此，其翻译策略体现出他基于尊重需求的翻译伦理诉求，主要包括两个方面：第一，在众多《孙子兵法》的译者之中，他是少数几个采用散文韵体进行翻译的译者，他保留了原作行文简洁却意义深刻的特点，译文用词简洁且大胆。为了弥补原文韵律在译本中的流失，他根据英语诗歌的特点，将译文根据语义进行断句分行，以再现原文的节奏美。他努力再现《孙子兵法》的文学性特征，认为这样的译本能更好地突出其汉学家和文学家的身份，从而为其赢得更高的学术地位。第二，闵福德也不甘于"隐身"于译本之中，他通过不同的方式"凸显"自我存在以及他的学术思想和价值观，并有意无意地"试图"以此影响读者对《孙子兵法》的理解。例如，在长达 22 页的前言中，闵福德介绍了孙子及孙子军事思想与中国传统文化的关系，其中夹杂了很多他个人的评述。例如，他分析了儒家、道家和《易经》与孙子军事思想之间的关系，其中不乏带有"个人偏见"的阐释。他用"Cunning plans, Popular culture"（Minford，2009：XII）作为前言部分的第一个标题，带有鲜明的译者个人特点。除前言之外，在给译文提供的注释之中，闵福德将自己的理解和评论与《十一家注孙子》中各名家的注疏并列在一起提供给读者，表面看来这为读者理解原文提供了大量辅助性信息，仔细分析，这种做法多少带有译者"显身"的意愿，尤其是一些评论性文字，体现出译者想引起读者注意，引导读者价值判断的意图。这一点可以从霍华德·贾尔斯（Howard Giles）的传播适应论的角度进行阐释，贾尔斯认为，"在一个给定的语境下，我们需要根据不同的关系调整自己的语言，传播者通过运用语言策略来博取赞同或是显示个性"（转引自吴莎，2012：115）。

第十章　规范翻译伦理视域下的典籍英译

规范翻译伦理以翻译行为为研究对象，旨在制订相关规范规约译者的翻译行为，协调翻译过程中的各种伦理关系。换言之，规范翻译伦理告诉译者什么样的翻译行为是"好的"，什么样的翻译行为是"坏的"。在翻译活动中，译者努力使自己的翻译符合某一项或某些项翻译伦理的过程就是译者的翻译伦理诉求。根据不同的道德逻辑方法，规范翻译伦理可以分为两派，即规范翻译伦理目的论和规范翻译伦理义务论。

这两派在逻辑分析上的差别代表了规范伦理学中的两大基本理论主张，即目的论与义务论。前者以结果的"好、坏"判断行为的正当性；后者以义务，即行为应该如何，规范主体行为，并且认为"好的"行为必然有好的结果。规范翻译伦理的这两个派别都具有各自的合理性，分别可以用来解释具体的典籍翻译现象和译者的翻译策略选择。本章将以具体译文为例，从目的论和义务论两个不同的角度，分析译者表现出的不同翻译伦理诉求倾向。

第一节　典籍英译中的规范翻译目的论

根据目的论效益主义，翻译的最终结果，即译本对整个社会的利益最大化是评判译者行为的主要伦理规范。对于典籍英译活动，译者的主要翻译伦理诉求是实现译本整体利益最大化。要评判译本是否达到了整体利益最大化，首先需要确定"整体利益"的内涵，即"整体"是指中国社会还是英语国家社会？"利益"是商业价值还是社会价值？如果是社会价值，是以中国利益为主还是以西方国家利益为主？价值是客体对主体的有用性，那典籍英译的价值就是英译本对某个主体的有用性。译者对译本价值的定位和对读者的判断，使他们对"整体利益"有不同的认识，这使得译者的翻译伦理诉求有所差异。

一、以典籍英译本价值为核心的规范翻译伦理

译者对典籍"客观价值"的定位决定译者的翻译伦理诉求。以《孙

子兵法》的首个英译本为例，其译者是英国军人埃弗拉德·弗格森·卡尔斯罗普（Everard Ferguson Calthrop），1905 年他根据日文版《孙子兵法》翻译出版了第一本英文《孙子兵法》。随后在 1908 年，他又根据中文版对原译本进行了修订。虽然其英译本存在一些问题，受到了学界的一些质疑，但作为第一本英文《孙子兵法》，其历史意义影响深远。在修订版前言中，卡尔斯罗普指出，"《孙子兵法》主要论述了战争的根本性原则，政治和人性对军事行动的影响，并以最佳的方式表明这些原则的永恒性"（Calthrop，1908：7）。从中可以看出，他对《孙子兵法》军事价值的推崇，他的英译本主要用于对远东，尤其是当时日本军事策略的研究，其目标读者是西方军事家和战略家。帮助西方军界认识、理解远东军事思想，便是此翻译活动的"整体利益"。他对译本价值的定位和翻译目的决定了他的翻译策略与具体方法。例如，《孙子兵法》成书距今已有几千年的历史，书中很多特有的文化元素在当代中国社会已经难觅行踪，更不可能在英语文化中找到完全匹配的词语。解决此类问题的方法体现了卡尔斯罗普以准确传播原文军事概念与思想为根本的翻译伦理诉求。面对英语文化中没有的军事用语，他没有一味地让原文适应英语文化，用英语词汇进行阐释，而是采取了音译加注释的方式翻译相关词语。例如，《孙子兵法》第三篇"谋攻篇"，原文如下：

例 1：

　　孙子曰：夫用兵之法，全国为上，破国次之；全军为上，破军次之；全旅为上；破旅次之；全卒为上，破卒次之；全伍为上，破伍次之。[①]（中国人民解放军军事科学院战争理论研究部《孙子》注释小组，2005：17）

　　　　　　　　　　　　——卡尔斯罗普译（以下简称"卡译"）

Sun the Master said: Now by the laws of war, better than defeating a country by fire and the sword, is to take it without strife. Better to capture the enemy's army intact than to overcome it after fierce resistance. Better to capture the "Lu", the "Tsu" or the "Wu" whole, than to destroy them in battle. (Calthrop, 1908: 24)

这一小段中包括四个关于中国古代军队编制的专有术语"军""旅"

[①]　本书《孙子兵法》中文引用都选自中华书局 2005 年出版的《孙子兵法新注》。

"卒"和"伍"。根据相关文献，"军"为 12 500 人，"旅"为 500 人，"卒"为 100 个人，"伍"为 5 人（中国人民解放军军事科学院战争理论研究部《孙子》注释小组，2005：17）。除了用 army 笼统地翻译"军"之外，对于其他三个无法在英语文化中找到对应项的军事单位，卡尔斯罗普采取了音译，然后加脚注的方法，相应地解释了在中国古代军队中，每个编制对应的具体士兵人数。保证了译文在军事概念上的准确性和专业性，有利于读者了解和研究中国军事发展历史。

然而对此四个词语，因对译本价值或翻译"整体利益"的不同定位，其他译者采取了不同的翻译方法。著名汉学家翟林奈和闵福德在各自的英译本中，都采用了归化为主的翻译策略。除了同样用 army 翻译"军"之外，他们都将"旅"、"卒"和"伍"对应翻译成 regiment、detachment 和 company，使用了英语文化中的三个军事编制替代原文中中国文化独有的概念①。对于汉学家翟林奈和闵福德而言，其翻译结果的"整体效益"是以西方普通读者对译本的接受情况为标准，而军事术语的准确性对于普通读者的阅读和理解并不会有太大影响，因此，他们选择归化翻译策略的做法也就不难理解。然而，此译法似乎有些过于"随意"，只是相应地找了三个军事编制术语与原文的"旅"、"卒"和"伍"对应，似乎没有考虑原文中三个单位对应的士兵数目和三个单位之间由大到小的对应关系。根据维基百科相关资料，regiment 通常指规模在 1000 人左右的军队，detachment 指与大部队分离，单独驻扎的军队，人数一般在 40—50 人，而 company 一般是在 80—250 人。②这不仅不能与原文中"旅"、"卒"和"伍"包含的人数对应，还模糊了"卒"和"伍"之间的规模对比关系。

格里菲斯和林戊荪的译本中则将三个词语分别译成 battalion、company 和 five-man squad。据维基百科，battalion 通常指 300—800 人的部队，包含了原文的"旅"所指 500 人，company 的规模所指为 100 人，squad 通常指 8—14 人的班、小分队。③为了弥补 squad 与"伍"的语义差

---

① 闵福德在其英译本的前言介绍中，对翟林奈的译本赞赏有加，甚至认为翟氏译本中的评论可以与《十一家注孙子兵法》中的 11 位名家评论相媲美。因此，笔者认为，闵福德此处的翻译很可能借鉴了翟译本的用法。

② 请参见 https://encyclopedia.thefreedictionary.com/regiment; https://encyclopedia.thefreedictionary.com/Detachment+(military); https://encyclopedia.thefreedictionary.com/Company+(military+unit).

③ 请参见 https://encyclopedia.thefreedictionary.com/battalion; https://encyclopedia.thefreedictionary.com/squad.

别，译者添加了 five-man 这个限定成分，从而使得译文与原文基本对等。两位译者虽然采用了相同的翻译方法，但他们对译本价值的定位却有所区别。格里菲斯翻译《孙子兵法》的目的是传播其军事思想，用于研究战争问题，他对军事术语翻译准确性的"严格"要求与卡尔斯罗普一样体现了切斯特曼的交往伦理模式，即以信息的传播与理解为根本价值。而林戊荪作为中国学者，其英译《孙子兵法》是"大中华文库"系列丛书的一本，该系列丛书出版的目的在于"向全世界展示，中华民族五千年的追求，五千年的梦想"（杨牧之，1999：8）。林戊荪本人在接受相关采访时也指出他通过翻译《孙子兵法》获益匪浅，翻译的过程是他对《孙子兵法》深刻认识的过程，是一个很好的学习机会，他谦称自己对中国传统文化重要性和影响力的认识有待加强……他还说，中国是一个大国，我们有能力做好典籍翻译（林戊荪，2008）。由此可以得出两点启示：一方面，林戊荪对《孙子兵法》文化价值具有很高的认可度，认为《孙子兵法》是了解和认识中国传统文化有效途径；另一方面，他想向世界证明，中国人有能力做好典籍英译的工作。因此，向世界传播中国文化是林氏翻译的核心目的。这符合皮姆关于翻译伦理的主张，即翻译的目的是改善文化间性。因此，林戊荪在翻译中尽可能地保持中国文化的原有面貌，让世界了解中国典籍的精髓，但同时考虑到英语读者的接受能力，也做出了一些"妥协"。对原文中独有的文化项，译者选用译入语中与原文最为相近的词语进行翻译，并根据情况，使用增补的翻译方法解决语义差别问题。这是一种杂合的翻译策略，译者既尊重译入语读者的接受能力与阅读期待，也尽可能准确地再现原文的意义与内涵。

对这一组军事术语，五名译者的翻译策略或异化或归化或杂合。从译本"整体效益"的实现来看，五个译本的译法基本符合各自生成的语境与当时的翻译目的。对目的论者而言，他们的做法都符合规范翻译伦理，有助于实现译者的翻译伦理诉求。当然，如果从尊重原文的伦理角度来看，卡尔斯罗普的异化策略应为首选，格里菲斯和林戊荪杂合的翻译方法又比汉学家翟林奈和闵福德完全归化的译法更符合再现伦理规范。由此可见，译者虽然都从结果出发，规范和评价翻译行为，其翻译策略都可以用目的论效益主义进行解释，但由于对"整体效益"的不同定义或对文本价值的不同定位，对待同样的文本，译者会呈现出不同的翻译伦理诉求倾向：有的译者会呈现出再现伦理诉求，即忠实地再现原文；有的译者会呈现出交往伦理诉求，即以译文实现文化传播的目标为重点。

二、以服务读者为目的的规范翻译伦理

译者对译本读者的判断也会影响译者翻译伦理诉求。在现实的翻译实践中，几乎所有的译者在翻译时都会设想一个假定读者（群）。对于那些为自己而翻译，没打算将译作给他人阅读的译者来说，假定读者就是译者本人。典籍英译中，译者也会有其假定的目标读者人群，读者期待与接受能力会影响译者的翻译伦理诉求，从而让译者采取不同的翻译策略。例如，闵福德在其《孙子兵法》英译本关于"文本、翻译与评论"前言中明确指出，因为此译本的预期读者是非专业人士，因此我在绝大部分评论中没有提供原文细节，除非这对读者理解文本至关重要（Minford，2009：xxxvii）。对于译本提供的大量注释，包括著名的《孙子兵法》11 家注释和其他译者的注释，如翟林奈的评论，闵福德也解释了其用意所在——"我唯一的目的是帮助读者理解原文到底说了些什么"（Minford，2009：xxxviii）。对译文读者的定位，决定了闵福德在翻译过程呈现出的翻译服务伦理诉求，即尽量满足读者需求，便于读者理解原文。

译者为译文做注释和评论的不同方法也能体现出他们心中早已假定了译本的读者人群。例如，格里菲斯将其英译本读者定位于西方的军事家或想了解中国和苏联战略的人士，其译本中也提供了大量注释。为帮助读者理解《孙子兵法》的军事思想，他在注释中加入了大量中国历史上的经典战例，借以具体阐释孙子的军事思想。格里菲斯英译本以孙星衍《十一家注孙子》为底本，而在战例引用方面，引用杜牧的相关注释达 13 处，其中不乏全文引用，几乎占到全书引用战例总数的一半。在"十一家"注疏者中，杜牧作为文人，虽然缺乏实际军事经验，但相比武将出身的注疏者，其知识背景更深厚、视野更开阔。他对《孙子兵法》的注释以引用战例而出名，他"疏阔宏博，且多引战史以为参证，对《孙子》本旨多有发明"（孙武，2012：13）。注释的选择充分体现了格里菲斯对潜在读者的定位，其战例引用能更好地帮助军界读者理解和领悟《孙子兵法》军事思想。

而同样以《十一家注孙子》为底本的翟林奈，其英译本注释的篇幅甚至大大超过了正文。为帮助读者真正了解原文内涵，其注释大量夹杂中文，尤其注重对原文相关背景的介绍与评价，是以专业人士为目标读者的一种文献式翻译。直至今日，他的译本仍然是学理性最强的译本之一，其翻译与注释也经常被后来的译者参考和借鉴。

在林戊荪的译本中，注释的使用方法大不相同。林译本中的注释篇幅是 5 个译本中最短的，只对一些关键性术语进行了简单的解释，如"虚""实"。整个译文几乎没有译者本人的评论。这样做的原因可能是为了保持正文的整体性和读者阅读的流畅性不被破坏，但是对于那些对中国文化和《孙子兵法》了解不多的外国读者来说，注疏和名家评论可以将读者带回历史视域，有利于他们理解原文内涵。单从注疏使用角度来看，林译本更适合那些对中国文化和相关军事背景知识有一定了解的读者，比如懂英语的中国读者和研究或了解中国文化的外国读者。注疏的欠缺可能是林译本的一大缺憾，这在一定程度上可以解释，为什么林译本，包括"大中华文库"其他英译典籍，多在中国流行，而在国外反响一般，发行量有限（李宁，2015）。无论这种做法是译者的选择还是出版社（赞助人）的授意，其翻译策略未能充分考虑读者类型，未遵循翻译服务伦理规范，从而一定程度上影响了译本的接受与传播。

在注疏使用问题上，闵福德的做法颇具新意，值得借鉴。其英译本包括两个部分：一个是没有任何注疏的英译全文，另一个是带有详细注疏以及译者个人评论的英译全文。前者保证了译文的完整性和读者阅读的流畅性，后者则为读者提供了关于原文的多方面解读。当然，译者在评论中表现出的与原文不同的伦理观念，也会对读者的接受和伦理认知产生影响，在一定程度上不符合切斯特曼的再现伦理模式。因此，译者评论的使用需要慎重，注疏应该更多地集中于解释性、背景性的客观知识，而避免较为主观的个人评论与有倾向性的表述。

此外，译者对译本段落编排也体现出其服务伦理诉求。例如，《孙子兵法》的原文没有句读，翟林奈以句群和意义为单位将译文划为自然段落，并且为每个段落配以阿拉伯数字编码，而对于十三篇篇章序号，他使用罗马数字编码。这使得译文符合西方读者的阅读习惯，便于读者接受。格里菲斯也采用同样的编排方法，在十三篇的基础上，为译文分段，只是他的段落划分和翟林奈有所不同。

对读者的重视让译者呈现出服务伦理诉求，但由于对读者定位的差异性，服务伦理又会体现出不同的特点，有的译者侧重提供参考信息，以便读者更好理解译文，有的译者则加入个人评述，有意或无意地将个人观点和立场呈现给读者。无论译者呈现出何种翻译伦理诉求，其判断的依据和逻辑是以最终的接受和传播效果来评定译文，译者实现翻译伦理诉求的过程与译本的价值紧密相连。

第二节　典籍英译中的规范翻译伦理义务论

根据翻译伦理义务论的观点，译者在翻译过程中应该具有某种"善良意志"，进而应该遵循由此引发的义务与规范，以确保翻译行为的正当性。例如，根据贝尔曼和韦努蒂的翻译伦理思想，"善良意志"就是译者"对原文（他者）的尊重"，而由此引发的异化翻译策略便是译者应尽的义务。与此相反，也有学者将"对译入语规范的尊重"看作译者应具有的"善良意志"，从而认为归化的翻译策略是译者的义务。对两种文化的态度，体现了译者对翻译义务的不同理解与定位。

出于对"原文的尊重"，典籍英译译者通常会在译文中尽量保持原文在文化、文体和修辞等方面的特点，因此异化的翻译策略往往是译者的首选。例如，"奇""正"是《孙子兵法》的核心术语，它们通常"指古代军队作战的变法和常法，其含义甚广，如：先出为正、后出为奇，正面为正，侧面为奇，明战为正、暗战为奇，等等"（中国人民解放军军事科学院战争理论研究部《孙子》注释小组，2005：32-33），其内涵丰富，从哲学层面看，两者相依而存，之间是一种辩证关系，在一定情形之下可以互相转化。对于此中国文化专有的术语，几位译者都意识到了其重要性，在翻译中都采取了异化的方法进行处理，区别在于异化的程度有所不同。早期的格里菲斯用"the extraordinary and normal forces"，翟林奈译为"maneuvers direct and indirect"，当代的闵福德用"indirect and direct"，林戊荪译为"qi（奇）and zheng（正）tactics"。表面看来，三位外国译者都选择了相对归化的翻译策略，用一般英语词汇翻译"奇""正"。显然无论是 extraordinary、normal 还是 direct、indirect 都与"奇""正"在语义上有所差异，只涵盖了"奇""正"的部分所指，译文所指小于原文所指。然而他们都在注释中提供了相关注释和个人阐释，以保留原文的"异质"和弥补译文用词造成的语义流失。其中格里菲斯更是在注释中使用了拼音加汉字的方式，他还指出，当"奇"的作战策略被敌人发现或识破时，"奇"就自动地转化成了"正"（Griffith，1971：91）。林戊荪采用了异化的翻译策略，在正文中使用拼音加汉字，然后用文后注释的方式解释了"奇""正"的所指内涵。这说明了译者对异化翻译策略的坚持，对英语文化没有对应词汇的术语，宁音译加注也不愿意"削足适履"地选择语义相对"狭窄"的英文词汇，体现了译者以再现原汁原味中国文化为义务的翻译伦理观。

除具有中国特色的哲学和兵学概念之外,《孙子兵法》中也出现了很多中国古代日常生活中的特有事物,如日常工具器皿、度量衡单位等。例如,在《作战篇》中有这样一句:"食敌一钟,当吾二十钟;惹秆一石,当吾二十石。"其中"钟"和"石"分别是中国古代使用的容量和重量单位。"钟"是古代容量单位,每钟六十四斗。"石"是重量单位,每石一百二十斤(中国人民解放军军事科学院战争理论研究部《孙子》注释小组,2005:14)。对于中国古代的这两个计量单位,三位外国译者都采用了相对"归化"的翻译策略,翟林奈译为 cartload(钟)和 picul(石);格里菲斯用 bushel(钟)和 hundredweight(石);闵福德译为 peck(钟)和 picul(石)。其中格里菲斯根据自己的理解,使用了与原单位接近的英语文化中的度量单位。bushel(蒲式耳)是在美国用于计算固体容量的单位,1 个蒲式耳等于 8 加仑。hundredweight(英担)在英国等于 112 磅,在美国等于 100 磅。格里菲斯采用了完全归化的翻译策略。翟林奈和闵福德都用 picul 译"石",属于直译,体现了他们的异化倾向。根据维基百科[①],picul 一词在最早出现在 9 世纪中叶的爪哇语中,后来被西方国家如荷兰、西班牙、英国,用于和亚洲一些国家的贸易往来之中,因此在不同国家,picul 所指的重量不完全一致。在中国 picul 通常指"石"。而对于"钟",因为没有现成对应的英语词汇,两位译者都根据各自的理解,选用了英语中原有的词语进行翻译,无论是翟林奈的 cartload(一辆车的装载量)还是闵福德的 peck(配克,相当于两加仑)都属于归化的翻译。而林戊荪则在译文中使用了音译+文中注释的方法,对应的翻译为 zhong(tr.:1,000 liters)和 dan(tr.:60 kilos),保留了中文特有的文化元素,真实再现了原文的文化特色。

又比如,"九地篇"中"厉于廊庙之上,以诛其事"中的"廊庙"一词是中国古代特有的一种文化现象,它指皇室宗庙,古代皇帝及家族在这里祭祖。此外,国家有重要军事行动之前会在此举行仪式,预测胜负(广西军区,1975:80)。译者显然无法在英语文化中找到与此对应的事物,对此词语,不同的译者采用了不同的处理方法,格里菲斯和闵福德根据字面含义,保留原文中的"庙",将其译为 temple council,翟林奈根据英语国家文化习惯译为 council-chamber,林戊荪则以"庙堂"的实际含义为依据,直译为 ancestral temple。根据《英汉大词典》[②]的释义,council 通常

---

① 请参见 https://encyclopedia.thefreedictionary.com/picul.
② 陆谷孙主编《英汉大词典》2007 年第一版,上海译文出版社出版。

指政务委员会、理事会、顾问委员会等近现代政体中的组织，这明显与中国古代以皇室为核心的"庙堂"不是一种概念，其运作模式也截然不同，前者以成员的商谈、讨论为基础，以对某些事情达成共识；而后者主要是皇帝为主，大臣为辅的模式。因此翟林奈使用英语文化中原有的 council-chamber（议事室、会议室）替代原文中国文化特有的"庙堂"，属于完全归化的翻译策略。格里菲斯和闵福德的 temple council 则采取了相对折中的处理方法，一方面，他们使用英语读者熟悉的 council，以确保给读者对此概念有一个认知的基础或参照物，不至于完全陌生，不知所云；另一方面，他们又保留了原文中"庙"（temple）这个概念。这样做不仅使译文保留原文中的一些"异国情调"，满足读者的审美需求，还能表明这个概念与英语中 council 不尽相同，是中国文化特有的现象。与以上两种译法相比，林戊荪采用直译的方法，用 ancestral temple 翻译"庙堂"。他采用了完全异化的翻译策略处理文化专有词汇，原因可能有二：一是作为中文母语译者在理解中国典籍语言和文化方面的先天优势；二是自身的民族身份和中国文化背景"天然"地赋予了译者传播中国文化的历史使命感。而随着中国国际政治经济地位的提高，与过去的译者相比，当代译者拥有了更多的文化自信，愿意也敢于用异化的策略传播原汁原味的中国文化。从语义和文化层面来看，林戊荪的译文最贴近原文，但由此给读者带来的阅读或理解障碍恐怕也是在所难免，不容忽视。解决此类问题，通常需要译者采用其他的方法进行补救，例如文内解释或添加脚注。

　　通过以上三个具体翻译实例的分析，本书发现四位译者都认识到了原文中的文化专有词汇，都倾向采用偏异化的处理方法，这里的异化处理方法包括翻译策略和相关注释。例如，正文采用归化翻译，但同时提供了相应注释，包括汉字、拼音和逐字直译等形式，传达原文的异国情调，弥补译文中的文化流失。但是各译文的异化程度不同，这通常取决于他们对翻译活动的认识，即对翻译活动中应尽义务的理解，体现了译者的翻译伦理观。译者的身份和所处的时代背景都会影响译者的翻译伦理观，四位译者中，中国译者林戊荪完全坚持异化翻译策略，而三位外国译者则根据情况，在一定范围内采取了异化的翻译策略，异化的程度随着时代发展和社会历史变迁而呈现出加深的趋势。不难看出，相对于翟林奈对待文化词汇的翻译策略，闵福德和格里菲斯对中国文化专有名词翻译的异化程度更高。外国译者对中国文化专有词汇的归化策略取决于他们自身的文化立场和民族身份，无论他们对中国文化了解和热爱程度有多深，其深层次的民族文化优越感始终存在，并决定了他们对待中国文化的态度①。这一点在闵福德译本的前言和他接受采访回答相关问题时尤其明显。闵福德在不同的场合，都表达过对《孙子兵法》中某些观点的不认同，如前面提到的闵福德对"死间"的批评。根据以上案例情况，本书发现在典籍英译的文化专有名词翻译策略中，中国译者通常比外国译者更趋向于异化策略；近现代译者比历史译者异化程度更高。但这只是译者对待文化差异的翻译策略，体现的是译者在中英文文化层面的翻译伦理观。在面对翻译其他层面的问题时，如原文的文体、修辞等，译者可能会遵循不同的翻译伦理观，从而采用不同的翻译策略。

---

①　当然极少数译者因个人经历和背景的特殊原因会表现出对中国文化的偏爱，如前文提到的赛珍珠。

第十一章　美德翻译伦理视域下的典籍英译

正如美德伦理学以规范伦理学的批评者身份而出现，试图解决规范伦理学所不能解答的问题，美德翻译伦理也同样可以承担类似的任务，毕竟规范翻译伦理遇到的问题无法在其内部找到答案，美德翻译伦理可以让我们跳出"规范"，转而通过研究译者主体品德，找到一条出路。它不仅可以解释现有典籍译本的特点，还可以为今后中国典籍英译及其研究打开一个全新的局面。

第一节　典籍英译中的"美德"

根据译者社会属性和职业属性，典籍英译译者的美德包括译者的个人道德和译者的职业道德。影响前者的因素比较复杂，包括译者的民族身份、世界观、价值观、信仰、社会历史环境等，因此，译者个人道德是一个动态概念。在众多道德元素和体系之中，"尊重"是一条普遍性、底线性的道德，这同样适用于典籍译者。在翻译活动中，典籍译者通常需要面对两个客体：一个是典籍以及其代表的中国文化；另一个是英语和英语国家文化。"尊重"是译者处理与两个客体之间关系时应具备的基本道德品质。

首先，无论译者身份、信仰、民族如何，所处何种社会历史环境，在翻译中都要保持对典籍的尊重，包括内容、思想、形式和文化。不能因个人的喜好、价值观和文化立场对所译典籍做出片面性评价，甚至进行删减或改译。上述四位译者中，闵福德就是一个典型的例子，他在其英译本的前言、注释和评论等部分经常会直接或间接地表达他对《孙子兵法》的不认同甚至批评。例如，其《孙子兵法》译文前言的第一句便暗示了他个人对《孙子兵法》的矛盾态度："Master Sun's short treatise *The Art of War* is both inspirational and worrying. It is beautiful and chilling."（Minford，2009：xi）其中的 worrying 和 chilling 带有较为明确的否定意义，表明了译者本人对原文思想的不认同或者质疑。如果说这种暗示不会给读者的阅读和价值判断带来太多影响的话，那下面这个例子则把读者完全放在了

《孙子兵法》乃至中华民族的对立面。同样也是在前言中，在提出任何一个在和中国或者日本打交道的人都应该阅读《孙子兵法》的观点后，他引用了二战期间 E. 马切尔•科克斯（E. Machell Cox）为英国皇家空军翻译《孙子兵法》时的相关述评，而那时日本是英国的敌人。这种关联对比的方法很容易引导读者把中国和中国文化视为西方的敌人或者是对手。稍后他又指出，"由于中国在世界舞台的角色越来越重要，《孙子兵法》已经成为全球企业家的必读典籍"（Minford，2009：xi）。结合上文语境，闵福德完全将读者置于与中国对立的位置，学习《孙子兵法》能帮助西方读者和中国人打交道。又比如，"兵者诡道"是孙子军事思想一大亮点，它指出了军事活动中要虚虚实实，善用计谋。然而闵福德将"诡道"等同于"欺骗"，认为这违背了诚实守信的道德要求，甚至认为"诡道"渗透在中国文化与智慧之中，宣称这是不值得宣扬与传播的（Minford，2009：xii-xvii）。此外，他在接受孙子兵法网站采访时指出，孙子的"诡道"受到很多人的推崇，这是值得我们警惕的（Minford，2002）。从闵福德自身的民族身份和价值观分析，这是他个人道德标准的体现，具有其合理性，但是这种做法违背了尊重原文、尊重源语文化的伦理。因为译者的批评和立场会或多或少影响读者对典籍思想内容的理解和价值判断，不利于源语文化的传播，或者更确切地说，不利于中国文化的有效传播，因为歪曲、片面、带有偏见性的译本不能真正地促进中国文化的传播。中国典籍是中华民族几千年文化的结晶，它不仅是中华民族的宝贵财富，同样也是世界文明的重要组成部分。在文化全球化的进程中，每种文化都应该享有平等的权利，得到同等的尊重，这样才能确保世界文化的多样性。尊重典籍及其代表的中国文化应该是每一位典籍译者都要遵循的道德元素，同时也是译者美德的最高追求。

其次，译者将中国典籍译入英语，需要尊重英语国家文化和英语语言本身的特点与接受能力。译者要考虑英语语言和文化的特点，这决定了译文在多大程度上可以被译入语接受，事关中国典籍在西方的传播效果。然而译者也应该认识到，对英语语言和文化的尊重不应该是简单地以英语语言规范为标准、以英语文化为中心，完全在英语文化视域下翻译和阐释中国典籍。有的译者以尊重译入语及文化为首要考虑，采取相对归化的翻译策略，用西方的概念阐释中国文化，甚至将中国文化纳入西方的哲学和价值体系，这并不是对英语及英语文化的真正尊重，因为他们忽视了译入语及译入语文化自身发展的需要。例如，霍克斯英译《红楼梦》时，把"谋事在人，成事在天"译成"Man proposes, God disposes"，用基督教的

"上帝"替代中国人尊崇的"天",明显将中国的文化意象纳入了西方文化体系(李征,2013)。正如施莱尔马赫所指出,德国自身文化得以发展的最有效的方法之一便是译介外国作品,通过在译作中保留外国作品语言和文化上的差异来丰富德语、德国文化和思潮(Schleiermacher,1992:53)。吸收和接纳外来语言和文化的精华成分,有利于防止自身文化的停滞与僵化,这是每个民族、自身发展的重要途径,是民族文化发展的内在需求。因此,译者对英语国家文化和语言的尊重应该包括重视译本对英语文化和语言发展的积极作用,一味地迁就英语文化特点和语言表达,会令英语失去丰富和发展的机会。回顾中国典籍英译历史,典籍英译本对英语文化和语言的推动并不少见。例如,美国诗人埃兹拉·庞德翻译了很多中国的古诗,其《华夏集》译本收录、译介的诗歌便是很好的例证。庞德的译文注重传达原诗蕴含的节奏和表达的意象,"采取一种背离译入语的翻译策略,即重视原诗的总体效果,尤其以表达美感经验来寻求原作者和译者思想感情的对等"(于艳华,2011)。在庞德翻译的诗歌中,常见其使用不符合英语语言习惯的语句。从翻译伦理角度分析,庞德尊重典籍原文,尤其是原诗的文学特质,在翻译中倾向采用异化的策略。众所周知,他翻译的中国古诗推动了美国新诗运动的发展,其倡导的意象派诗歌运动也开启了英、美两国现代诗歌创作的先河。因此,对英语语言和英语国家文化的尊重包含两个层面的内涵:一方面要使用归化的方法保证译文的接受程度和传播效果;另一方面也要充分考虑英语语言和文化发展的内在需求。前者要求译者使用归化的策略,后者更偏向异化策略,两者在矛盾对立之中共同存在。

无论面对中国文化还是英语文化,"尊重"是每名译者都需要坚守的道德。首先,这是译者共同的道德要素,因为"尊重"的美德是人与人乃至民族与民族之间交流的基础,真正的交流必须建立在平等对话基础之上。其次,"尊重"的道德又是译者的最高追求,是每位译者终生翻译生涯中努力追求的一种境界。因为实际情况的限制,有时译者不得不采取一些归化策略,以保证译文被读者接受,这是一种不得已的妥协,体现了译者对译入语诗学规范的尊重。

以上是典籍英译中译者的个人道德分析,此外,译者也同样应该具备相关的职业道德,这主要包括译者应该尊重读者和赞助人,以及译者的历史责任或使命。

尊重读者就是尊重读者的阅读期待,包括读者接受能力和审美期待,这首先需要确定典籍英译本的读者身份。我们可以根据文化背景,将典籍英译本的大众读者人群分为三类：英语文化读者、汉语文化读者和其他文化读者。其中，英语和其他文化读者对于译文中的文化元素接受能力基本一样，中国文化对于他们来说都是异域文化。而且影响其接受程度的因素基本一样，包括中国文化的世界地位及影响力，与读者自身民族文化的国际影响力。而语言层面，两者略有差别，与英语母语者相比，普通非英语母语读者可能英语语言能力相对欠缺，通常更习惯接受英语更为标准的译本。而对于懂英语的汉语文化读者来说，文化层面的接受基本不存在问题。但是在语言层面，或因为英语语言能力的限制，或出于学习英语的目的，中国读者更倾向于阅读使用标准英语的译本。中国典籍英译本承载着传播中国文化和让世界了解认知中国的任务，其主要目标读者应该由前两类人群构成，即英语母语读者和（其他国家）非英语母语读者。因此在翻译中涉及文化因素时，要充分考虑外国读者的理解能力和接受程度，毕竟大部分典籍成书于几百年甚至几千年前，其中涉及的古代文化因素和事物，连中国读者都可能会感到陌生，更何况那些对中国了解不多的西方读者。这是译者处理典籍中的文化因素时需要特别关注的地方，当然这并不是说要一味使用归化的翻译策略，用西方的概念阐释或替代原文中中国的事物和文化。过度归化、用英语文化概念替代原文中的概念，可能会使中国文化成为西方文化的"附属品"，间接巩固英语文化在全球文化体系的强势地位。这既不利于中国文化的发展，也不符合文化全球化对文化多样性的要求。为弥补读者接受能力不足或阅读期待的差异，可以采用文内注释或者脚注、文末注的方式，对译文中的文化因素进行阐释，必要时可以使用类比的方法，使用英语文化概念辅助注释，以帮助读者获得清晰的认识。像以上分析的《孙子兵法》各译本，翟林奈和闵福德的译本都提供了大量的注释，包括历代名家对《孙子兵法》的注疏。从整本书的体例上来看，前者将注释紧跟译文，后者与前者相比，除了带注释的译文之外，还提供了一个没有任何注释的译本，目的是保证读者阅读的流畅性和完整性。按照中国典籍的注疏方式，注释篇幅往往是原文的几倍，这在一定程度上影响了读者的阅读体验，是一般读者所不能接受的。比如翟林奈的译本，虽然注释翔实且专业，但在体例上可能不太适合普通读者，更受专业人士的欢迎。而闵福德在体例上的做法很有新意，既保证了读者的良好阅读体验，又提供了详细的注释，可供有兴趣的读者细读，对原文内容做更深入的了解。

译者的职业身份决定了在商品经济社会中，翻译是一种商业活动，翻译工作被看作是一种服务，是译者以翻译作品从赞助人处获取回报的一种雇佣关系。理论上讲，译者应该尊重翻译赞助人对译本的所有要求，包括选材、翻译策略、译稿完成时间等。否则，不仅译者的物质回报不能得到保障，而且译本可能根本就没有机会呈现在读者面前。因此，绝大部分情况下，译者会尊重赞助人的意识形态及翻译目的，以确保自身利益得以兑现。而在少数情况下，当赞助人的要求与译者的个人伦理相违背时，译者可能会做出不同的选择。对中国典籍英译而言，赞助人通常包括三种类型：中国的社会团体（如出版社、新闻集团、研究机构）；英美国家的社会团体（出版社、新闻集团、研究机构）；译者自发的翻译活动，这种情况下（至少在翻译过程中）没有明确的赞助人。在第三种情况下，译者的翻译是一种非商业活动，其翻译策略主要取决于译者自身因素，如民族身份、文化背景、个人道德和意识形态等。而前两种情况中，无论译者自身民族身份和意识形态如何，其翻译策略肯定会受到赞助人的影响，其中最重要的因素是赞助人的意识形态。通常来说，中国赞助人和西方赞助人在意识形态、文化背景和伦理道德方面存在明显的差异。虽然他们都以商业盈利为主要目的，但他们对待中国典籍和中国文化的态度不尽相同。前者对中国典籍抱有更强的认同感，并将传播典籍文化视为己任；后者更多地将中国典籍和文化视为陌生而神秘的"他者"，甚至对中国文化会带有少许"负面"情绪，译介中国典籍的首要目的是为西方文化的发展服务，传播中国文化是相对次要的目的。显然，从中国文化的利益来看，中国出版社作为赞助人，更有利于实现中国典籍英译的目的——传播中国文化，塑造中国形象。在译者方面，无论个人和赞助人的民族身份如何，首先要尊重赞助人的要求，毕竟赞助人为译者的翻译提供物质资助；其次，译者在贯彻赞助人要求时，要坚守自己的底线，追求翻译职业的理想，不能对赞助人完全"言听计从"，这个底线就是对"他者"的尊重，翻译职业的理想就是通过彰显他者的译本，促进文化交流和发展。

翻译本身具有服务社会的属性，译者的工作也因此具有社会效益，其最高的目标是推动社会和人类的进步。翻译作为不同民族之间沟通的桥梁，从根本上可以推动人类文明的发展和社会进步。中国典籍英译向世界传播中国文化，有助于文化间的交流和协同发展，而且有利于全球文化的多样性。这是典籍英译译者的责任和历史使命，是他们的最高职业理想。每位典籍英译译者都应勇于承担责任，努力完成自己的历史使命。按照贝尔曼的翻译伦理思想，实现这一目的的途径便是以彰显他者（异质）的方式进行翻译，这是每位典籍译者的行为准则虽然在现实的翻译中常常受到各种外界条件的束缚、干扰或限制，但译者应该始终不忘自己的责任和使命，根据实际语境和条件，最大限度上采取异化策略进行翻译。

因此，从翻译职业道德来看，因尊重读者和赞助人的基本要求，译者可能会采取不同的翻译策略，归化翻译在所难免。然而，尊重翻译职业理想则是每位译者努力追求的最高境界，异化翻译是译者始终不变的指导原则。这就如同人类对真理的追求，我们总是通过一个个相对真理，向着绝对真理无限靠近。随着时代和社会变革，中国典籍英译的翻译策略也将是一个逐步异化的过程。

译者的美德包括个人道德和职业道德，两者都会影响译者的翻译伦理诉求。以"尊重"为底线的个人道德要求译者在翻译过程中尽量采取异化的翻译策略，这体现了对中国典籍和文化的尊重。同时，这也是对英语语言和文化发展需求的尊重，符合英语文化发展的长期利益。译者的职业道德要求译者将翻译服务视为商品，使译文尽量满足读者和赞助人的需求，同时，也要重视"商品"的社会价值，以此为职业的最高追求。

第二节　美德翻译伦理——目的论与义务论的平衡器

在规范翻译伦理视域中，规范翻译伦理目的论和规范翻译伦理义务论在一定情况下会发生冲突，对译者要遵循的伦理模式提出不同的要求。两者因为对"善"——什么是"好的翻译"的道德逻辑判断方式不同，所以彼此都很难证明对方论点的谬误性，这正是规范翻译伦理研究中面临的困境。

具体到中国典籍英译，规范翻译伦理目的论者坚持认为，译本的传播范围、读者的接受程度、具体到译本的发行量和专家的评论是衡量译本翻译质量主要因素。在商品经济社会中，以市场的"成败论英雄"同样适用于中国典籍英译。例如，谢天振在谈及中国文学、文化"走出去"的问题时，曾以其博士生耿强对"熊猫丛书"的研究为例，指出从该丛书在各国的销售量和图书馆收藏量来看，除了个别译本获得英美读者好评之外，大部分译本并未产生太大影响。根据这些数据，他进一步指出中国文学作品译介中的问题和传播效果的不佳，认为"应该尽量采取归化策略及'跨文化阐释'的翻译方法，使译作阅读起来流畅自然，增加译本的可接受性，避免过于生硬和陌生化的文本"（谢天振，2013：49）。这是规范翻译伦理目的论的典型代表，即以传播效果为衡量译本好坏的主要标准，持此种观点的学者不在少数，他们主要以相关传播数据为例证，评价译本和翻译策略的优劣成败。如耿强（2010）在其博士论文中，引用了很多出版发行的数据，用来评价典籍英译本的得失。简而言之，就是发行销售量大、国外收藏多的译本就是好的译本，反之则是不好的译本。这些学者认为，中国文化"走出去"是典籍英译的首要目的，最重要的是被读者接受，译本的读者数量越多，中国文化的传播效果就越好。他们的翻译伦理模式以尊重读者和英语文化为核心，更趋向于归化的翻译策略，以"流畅自然"的译文赢取更多的读者。规范翻译伦理目的论者对译本质量的这种评判方法，在逻辑上具有其合理性，也的确"一针见血"地指出了中国典籍英译中存在的最大问题。无论是"熊猫丛书""大中华文库"，还是一些当代文学的译本，在海外的发行销售情况都不尽如人意，就算是莫言的作品，在其获得诺贝尔文学奖之前，其英译本的销量也非常有限。例如，葛浩文翻译的《红高粱家族》在美国颇受欢迎，但即使这样其发行出版十年期间的累计销量也就只有近两万册（贾楠，2011），而该书中文版在中国的销量恐怕要以百万计。然而，以译本的销量和读者接受程度来评判译文质量却存在三个方面的问题。

第一，译文质量不是决定译本传播（如销量和读者接受等）效果的唯一因素，因此，不能将译本传播的困境完全归于译文质量。如上面提到的莫言作品英译，葛浩文的译文质量在译界广为称赞。如果单凭其译本销量评判译文质量，恐怕会得出完全不同的结论。中国文学和文化"走出去"面临的困境是由多方面因素造成的：宏观方面，由于历史、东西方文化差异和意识形态等原因，中国文学作品目前在国外的整体认可度相对较低，目标读者人群相对较小；微观方面，出版社、西方国家审查制度、市场营销等具体因素也制约了中国作品译本的传播。译文质量只是众多影响因素之一，把传播效果的不佳或销量不尽如人意完全归咎于译文质量是片面且不合理的。

第二，读者和译入语文化对译本的接受程度是一个动态概念，具有历史性。在某个时代不被认可的作品有可能在几十年后成为经典，这与文学作品的读者接受情况具有相同的特点。回顾世界文学史，我们会发现并不是所有巨著在问世之初就大获成功，非常受读者欢迎，有不少作品都是在成书后的十几甚至几十年后，文学价值才被人们所发现和认可，并最终成为经典。例如，爱尔兰意识流文学家詹姆斯·乔伊斯（James Joyce）的代表作《尤利西斯》（*Ulysses*）在传播、读者接受和审查制度等方面的遭遇便是一个很好的例子。该书写于 1914 年至 1921 年间，从 1918 年起，分章节在美国的《小评论》（*The Little Review*）杂志连载，在刊登到第四章时，因被指责为淫秽作品，被停止继续刊登。一直到 1932 年，《尤利西斯》在美国仍然是彻头彻尾的禁书，无法正式出版。有出版商建议乔伊斯对原文进行删减和修改，以能通过审查得以出版，但乔伊斯坚持"宁可不出，也不删改"（杨造贤，1994）。最终，美国兰登书屋（Random House）通过法律诉讼程序于 1933 年赢得了该书在美国的出版权。由此可见，即使伟大的作品也可能因"不合时宜"而遭受冷遇甚至被封杀，但随着时间推移和社会的变革，好的作品终究会被认可。翻译作品也同样如此，在问世之初便赢得口碑、广为读者接受的译本，随着社会的发展，几十年后其可读性可能会大大下降，经典作品的重译现象就是译本时代性的最好例证。比如，林纾翻译的多部国外小说，其译本本身并未发生变化，但因为历史、社会背景的差异，读者的接受程度和审美需求却发生了明显的变化。如果分别以历史读者和现代读者的接受度为依据，我们会对其译文质量得出两种完全不同的评价，这显然是不合情理的，此种评判译文质量的方法是不可行的。此外，因为过于异化而不被当代读者接受的译本，随历史变迁、语言和文化的发展以及读者认知水平的提高，有可能会在多年后获得成功。因此，仅凭某段时间内的销售情况和传播效果来评价典籍译本质量是不客观，也不够全面的。

第三，译本的销量和读者接受只能证明译本的传播范围，并不完全等同于中国典籍与文化的有效传播。这里的"有效传播"是指让中国典籍和文化以本真的面貌呈现在外国读者面前，从而树立良好、积极的中国形象。这就好比中国人去国外旅行，入乡随俗地穿上当地的服饰，并尊重西方的风土人情，而且适度地按照当地的文化行事，这都有助于更好地交流，能让西方人了解中国人和中国文化。但如果"涂脂抹粉"甚至"戴上面具"掩盖甚至抹杀原有形象，完全依照西方的文化说话办事，刻意迎合、讨好，从而失去中国人的特点，不仅无助于西方对中国人和中国文化的认识，还可能会产生误导，使片面的，甚至歪曲的中国形象在西方传播。纵观历史，中国在国际舞台上的形象，大多是西方国家根据自己的理解和需求所塑造的"中国形象"，其中充斥着想象和偏见。这些"形象"的树立是为满足西方文化体系和社会自身发展以及巩固其中心地位的需要而设定的。中国典籍英译承载着消除误解、澄清事实，还原中国文化以本真面貌的任务。如果依然以西方文化体系为中心去译介中国典籍，只会适得其反，对树立正面、积极的中国形象没有太大帮助，甚至会加深、巩固西方对中国文化的原有定位和偏见。此类译本传播范围越广，反作用力越大，越不利于塑造良好的中国形象。

在中国典籍英译的评价方法上，规范翻译伦理义务论者则采用了不同的逻辑方法。他们批判目的论者"唯目的是从"的逻辑分析方法，认为并不是所有带来好结果的行为都是"善"的行为。对于典籍英译而言，译本传播范围不能用作评价译本质量的唯一或主要标准。他们认为应该以翻译行为为判断依据，因为行为本身具有"善恶"之别，只要确保行为（译者的翻译）是"善的"（符合翻译伦理的），"好的"结果（译作）便是水到渠成之事。规范翻译伦理义务论者认为，"尊重"是译者应该始终保持的道德，是译者的核心义务，它要求译者采取彰显他者的翻译策略。结合中国典籍英译活动，译者应该始终以"尊重"作为首要的翻译伦理诉求，履行翻译的义务。例如，林戊荪在翻译《孙子兵法》中的文化元素时，始终以保留原有文化元素为原则进行翻译，体现了他尊重原文及中国文化的翻译伦理诉求。西方译者在翻译中国典籍时则体现出不同的翻译伦理诉求，他们也尊重原文和中国文化，但是他们更尊重西方文化和读者，认为中国典籍英译为西方服务，因此维护西方文化的地位和确保良好的读者接受是译者应尽的义务。但如果译者能"跳出"自己的民族身份，站在人类文明发展的高度来审视翻译，译者在翻译中的义务应该是尊重所有文化，推动整个人类文明的发展。虽然译者很难完全平等地对待所有文化，但作为文化交流的使者，译者应该采用异化的策略，尽量在译文中保持原文文化元素，在平等的基础上真实地再现中国文化，这同时也符合读者的阅读期待。异化策略也符合英语国家文化的自身利益。当代英语的通用性和英语文化的强势地位，在很大程度上是其吸收和借鉴他者语言和文化的结果。语言方面，据曹亚民 2000 年的统计，英语辞书和其他媒体语料库中，至少有 1189 个词源于中文（曹亚民，2000）。文化方面，如庞德所说，"引以为豪的英国传统文学也是建立在翻译作品之上，由翻译作品来补充的。"（侯永胜，1998）在规范翻译伦理义务论者看来，中国典籍英译活动中，用异化的策略再现中国文化是译者的义务，也是评判翻译"好坏"的核心标准。当然，翻译伦理义务论使用的逻辑分析方法也同样存在一些问题，主要表现在两个方面。

第一，翻译伦理义务论重在强调行为，即翻译策略的正当性，而忽视了对行为结果，即译本传播效果的评估。他们认为良好的传播效果是正确翻译策略的必然产物，但是这种逻辑分析方法往往过于理想化，等于把译本翻译与传播完全置于"真空"之中，而且还忽略了民族主义中文化中心主义的影响。我们知道，几乎所有民族文化，无论强弱大小，都具有一定的排他性，更何况居于世界文化中心的英语文化。因此，中国典籍译本和中国文化在英语文化中的传播注定不会是一帆风顺、毫无阻力的，译者翻译策略的正当性并不能确保良好的传播效果。杨宪益、戴乃迭夫妇的英译《红楼梦》就是很好的例子，其译文忠实原文，尽量再现中国文化因素，而其传播效果却无法与霍克斯译本相比。

第二，翻译伦理义务论者将异化策略置于核心地位，认为这是译者的主要义务。这虽然体现了对文化（包括中国和西方国家）发展的尊重，但在一定程度上忽略了西方读者的认知和接受能力，毕竟尊重读者也应该是译者的义务之一，其义务的履行是以牺牲或部分牺牲另外一种义务为代价的。因时代背景、社会因素、文化程度和宗教信仰等因素，我们不能期待西方读者一次性、完全地理解和接受中国典籍蕴含的思想和中国文化。中国文化的传播不能"毕其功于一役"，这应该是一项长期事业，应该以"润物细无声"的方式逐步渗透于西方文化。中国文化的传播是一条漫长且充满阻力和困难的征程，在这条路上有很多阶段性目标，只有循序渐进，一个目标接一个目标地实现，才能最终到达终点，忽略过程直奔最终目标的做法是不切实际的，而且可能会引发更大的阻力。

通过以上梳理，本书发现在中国典籍英译中，总的来说，目的论者趋向于归化的翻译，认为中国文化传播的首要任务是"走出去"，而义务论者则认为异化的翻译是更好的翻译，他们更重视"以什么样的方式'走出去'"。从表面上看，由于两种翻译伦理模式的道德逻辑判断方式的不同，它们的争论与矛盾无法调和。然而，作为规范翻译伦理的分支，它们都具有一个相同的特点或者说是不足，那就是"只见规则不见人"，忽略了对译者道德研究，而这正是美德翻译伦理学研究的重点。译者作为行为的主体、翻译活动中的主要执行者，其伦理和道德是目的论和义务论的契合点，它将两者统领于译者道德研究之下，探索出了一条新的道路，但这不是简单的折中主义，因为在译者道德的引领下，翻译规范与伦理呈现出动态发展的趋势，其终极目标是促进人类文化与文明的发展。美德翻译伦理学对目的论和义务论两种翻译伦理模式的统领主要体现在两方面。

其一，美德翻译伦理学可以调和目的论和义务论之间的矛盾冲突，并能从译者美德的高度将两者结合到一起。在美德翻译伦理学中，无论是译者个人道德还是职业道德，它们都将"尊重"的品德视为底线与核心。要而言之，译者对翻译活动涉及的各主体和客体要抱有最基本的"尊重"，即在典籍英译实践中，无论译者采用归化还是异化的翻译策略，其原因和出发点不应该是译者对某个主体或客体的偏爱或者偏见，而应该是译者根据具体语境和时代背景做出的最优化选择。面对中国典籍、文化和西方国家文化，译者应表现出同样的"尊重"，不能"厚此薄彼"。当译者根据具体情况，在翻译过程中最大可能地贯彻了"尊重"美德后，目的论和义务论的规范翻译伦理面临的问题或困境也就相应得到了解决。具有了"尊重"美德的目的论者，不会再为了实现翻译目的——译本传播而一味采用归化的翻译策略，因为译者要尊重典籍和中国文化，不能为了译本的传播而强制给中国典籍和文化"改头换面"。美德翻译伦理可以从道德层面指导目的论者，时刻提醒和约束他们不能打着目的之名，过度归化或随意删减改译中国典籍。而从译本质量评价的角度来看，以译本传播效果为核心评判译本质量时，需要同时考虑译本对中国典籍和文化的处理方法和态度。不顾原文的语言和文化特点，刻意"逢迎"英语文化的译文，无论传播范围有多广，都不能算得上是好的译文。虽然从全局和长远利益上来看，义务论者倡导的异化策略体现了对译出和译入两者利益的尊重，但是它在一定程度上忽略了读者的理解和接受能力，不符合译者美德中主体对客体的尊重规范。因为过度异化的译文会给一部分读者（尤其是对中国文化了解较少的读者）造成阅读困难，甚至剥夺了其阅读译文的机会。美德翻译伦理让义务论者在完成使命、履行义务的同时，不忘尊重客观现实、尊重读者理解和接受能力，让他们努力在两者之间达成平衡。因此，在译者美德伦理学视域中，因为译文质量的评判标准上升到了译者的美德，即对翻译活动各主客体的尊重，所以以目的论和义务论为指导的两种规范翻译伦理获得了和谐相处、共同发展的机会。

其二，美德翻译伦理将翻译伦理研究带入新的高度。它是以翻译的最高理想为目标的翻译伦理模式，是译者不断追求、为之努力的最高境界。无论从译者的个人道德还是职业道德来看，通过彰显源语文化传播和促进人类文化发展的译文，是翻译事业的最高境界，这也是翻译伦理的最高要求。以此为目标，译者可以不必再计较译文一时的"得失"，衡量译文质量的标准既不是译本的传播效果，也不是译本异化程度，而应该是译本是否在"传播和促进人类文化发展"的道路上取得了新的发展，是否距离最高目标更近了一步。译者在英译中国典籍时，可以综合考虑当时的历史和社会背景、读者理解和接受能力、赞助人等多方面的因素，采取不同的翻译策略。以《孙子兵法》英译为例，译者既可以使用归化的翻译策略以便于译本传播和接受，如格里菲斯；也可以更多异化以保证传播真正的中国文化，如闵福德；或者采取杂合翻译，针对不同元素采取不同的翻译策略，如翟林奈和林戊荪。但无论采取何种策略，译者都要始终以译者的美德即翻译的最高目标——推动人类社会和文化进步为自己的理想，努力使自己的译本最大限度地推动这个进程，为实现翻译的最高目标做出自己的贡献。

第三节　美德翻译伦理的民族性

尽管美德翻译伦理旨在从道德层面构建一种具有普遍意义的翻译伦理模式，但是它依然具有一定的民族性。它要求译者在翻译过程中，尽量不受主观因素和偏见的影响，能站在人类社会发展的高度，以一种中立的态度对待典籍英译中涉及的中国文化和英语文化问题。然而，我们不得不承认，在现实的翻译实践中，译者很难完全摆脱其民族身份与民族意识，甚至可以说，完全不受民族文化主义影响的译者是不存在的。因民族身份的差异，译者美德尤其是译者的个人道德必定会呈现出民族性，进而使美德翻译伦理也具有一定的民族性。此外，"伦理"概念自身的民族性也决定了美德翻译伦理民族性。伦理是社会群体中人与人之间关系的规范，其目的是为保障社会群体内部的秩序，促进群体的发展。因此，如果将一个民族或国家看作一个社会群体，他们的伦理必定是对其自身发展有利的，这就是"伦理"自身的民族性，即伦理必定将自身民族的利益放在首位。具体到翻译领域，译者美德也会体现译者的民族身份。译者在典籍英译中对待两种文化的态度和翻译策略的选择都会有意或无意地以自身民族利益为重。

承认和认识美德翻译伦理的民族性具有非常重要的意义。一方面，这有助于译者清楚地认识翻译工作的特点，将自身民族身份和意识的影响降到最低，尽可能以中立的立场处理翻译中的文化差异问题。译者美德要求译者要尽量避免狭隘的民族主义情结，对中国译者来说，切忌"唯吾独大""沉醉"在中国几千年的历史之中，从而忽略西方文化背景对中国典籍英译的影响与制约。而对于外国译者，则要尽量用客观、中立的态度处理典籍中独有的中国文化因素，要避免简单地用西方的文化体系和价值观阐释中国文化，更不能轻视、诋毁中国文化元素。另一方面，美德翻译伦理的民族性对选择什么样的译者担任中国典籍的英译工作具有重要意义。长期以来，"译者身份之争"一直是典籍英译研究的一个重要问题，主要存在两种截然不同的观点，以西方汉学家为主的一部分学者认为，中国典籍英译需要由母语为英语的西方译者承担，例如，英国汉学家葛瑞汉曾指出，"……在翻译上我们几乎不能放手给中国人，因为按照一般规律，翻译都是从外语译成母语，而不是从母语译成外语的，这一规律很少例外"

（Graham，1965：37）。而一些中国学者则持有不同观点，他们认为中国译者有能力也更有资格承担典籍英译的工作，汉籍英译不是外国人的专利，中国学者和翻译工作者完全有能力承担这一工作（潘文国，2004）。因为美德翻译伦理的民族性，不同民族身份的译者在个人道德问题上存在明显的差异。具体到中国典籍英译来说，中国译者对中国典籍和文化的认同感更强，如林戊荪采用异化的策略处理《孙子兵法》中的中国文化元素；而西方译者则或多或少地对汉语和中国文化有误解，怀有轻视甚至敌对态度，如闵福德在《孙子兵法》译本的前言和注释中表达的与原文不同的价值观。

我们研究中国典籍英译，是站在中国的角度研究这种译出活动，其目的是更好地传播中国文化，树立良好的中国形象，因此中国译者的美德翻译伦理观显然与此背景和目的更为契合。而尽管大多西方译者了解、热爱中国文化，但归根结底其美德翻译伦理无法完全摆脱其民族性，在原文理解、译文表述方面他们都会受其民族文化背景的影响。因此，从美德翻译伦理角度来看，一般情况下，中国译者比西方译者更适合担任中国典籍英译的工作。这为译界长期以来一直争论的"中国典籍英译应该由谁翻译"的问题，提供了一个新的研究视角。当然，西方译者也有自己的语言和文化优势，他们在译文表达方面更为自如，对普通读者的理解和接受程度具有更好的判断能力，他们的译文通常在接受和传播方面体现出一定的优势。因此，在典籍英译活动中他们理应占据一席之地，关键是他们以什么身份或角色参与中国典籍英译。霍跃红提出"润色翻译"的概念，认为以中国译者为主，外国译者为辅的模式应该是典籍外译的最佳选择。中国译者负责初译，发挥理解方面的优势；外国译者负责后期的文本润色，发挥文字表达优势（霍跃红，2005）。如此分工方式既考虑了美德翻译伦理的民族性，又符合规范翻译伦理的要求——尊重读者和译入语。无论是中国译者还是西方译者，在美德翻译伦理的关照下，他们对翻译职业最高理想的坚持和追求便是他们之间合作的基础和保障。

第十二章　影响典籍译者翻译伦理诉求的主要因素

在从元翻译伦理、规范翻译伦理和美德翻译伦理三个方面分析了典籍英译的特点后，本章将分析影响译者伦理诉求选择的三大因素在典籍英译活动中的具体情况，结合典籍英译的具体实例，从典籍翻译的价值、语境和译者道德三个方面梳理影响典籍译者伦理诉求的各因素。

第一节　典籍英译的核心价值

在第四章，本书提出翻译价值的确定主要取决于三个方面的因素，即原文文本、读者期待和翻译赞助人。本节将分析在典籍英译语境中，三个因素分别呈现出何种特点，它们对典籍英译价值的影响，以及对译者翻译伦理诉求产生何种影响。

一、文本特点对典籍英译价值的影响

中国典籍数量众多，涉及的学科领域也是包罗万象。以内容为依托，不同的典籍是了解中国不同学科发展史的最好史料。因此，从这个意义来看，典籍呈现出知识性和信息性的特点，典籍译本承载着信息传播的重要功能。译者也自然会呈现出真实、再现原文内容的伦理诉求，尤其是自然科学方面的典籍，信息的准确性和真实性至关重要，往往成为译者的首要翻译伦理诉求。另外，随着时代变迁和社会发展，一部分典籍的价值也会随之发生变化，比如《孙子兵法》不只是军事著作，其价值在很多领域都得到了体现，如哲学、文学乃至现代的商业和体育竞技领域。

由于典籍成书于古代，从文本特点来看，其语言形式也呈现出与现代文本不同的特点。一些典籍的价值不仅在其内容层面，其语言形式本身就对研究和了解中国语言的发展具有重要的意义，这一点在文学类典籍中尤为突出。不同译者面对这些特有语言形式，出于不同的伦理诉求，会采取不同的翻译策略。

译者对典籍文体的翻译策略体现出其翻译伦理诉求。文体对于文学

作品的重要性自然不用多说，即使是非文学性的典籍，因其成书于不同年代，受当时语言、文风与作者写作习惯的影响，文体上也呈现出各自的特点。有的译者在翻译过程中，也会将原文的文体特点纳入考量，译文尽量使用相同或接近的文体。文体主要指文章的语言风格与篇章结构，与文本传达的思想相比，是文本在外在表现形式，是文本文学性的主要组成部分，例如诗歌中的押韵。许渊冲就特别强调诗歌翻译应突出原诗的音乐性，他指出"译诗不但要传达原诗的意美，还要尽可能传达它的音美和形美"（许渊冲，2006b：73）。其中的"音美"和"形美"都属于文体范畴。《孙子兵法》成书于春秋时期，和当时的很多文学作品一样，它也受到民谣语言特点的影响，如《诗经》中的四言句式在《孙子兵法》中随处可见。此外，"口语化""富有音乐感"、用词简单、易懂，且概括性强，这些特点使得《孙子兵法》易于传诵和为将士所接受。张预对此如此评论："学者观此不独简而易习，明而易晓，抑亦知孙子之书不为空言，而古之贤将所以成立功名者，岂无法哉"（转引自许保林，1990：332）。《孙子兵法》在体裁方面属于议论性散文，长短句结合，富有极强的韵律。尤其是"也"字的用法，对此后的文学写作产生了深远的影响。林纾认为，欧阳修的《醉翁亭记》、苏东坡的《酒经》、王荆公的《度支郎中萧公墓铭》等名篇中"也"字的用法，都是受到了《孙子兵法》中"也"字用法的影响（转引自石涛，1999）。面对《孙子兵法》的文体特点，尽管译者都尝试传达原文表达的"气势"和音韵之美，但大部分译者未保留原文"长短句结合，富有韵律"的特点。只有闵福德在译文的形式方面做了大胆的创新——以散文体行文，并在一些段落使用押韵，在传达原文军事思想的同时，努力追求再现原文在音韵、节奏与形式上的文体特点。虽然我们不能断言此散文体译文在文学性上高于其他译文，但是仅从形式上来看，它的确比其他译文更贴近原文文体。注重原文的文学性是闵福德译本的一大特点，他在译本的前言中提到，根据汉学家葛瑞汉的观点，早期的中国古代思想家通常是随手记下警句、诗文和思想，真正在竹简上写作始于公元三世纪。《孙子兵法》就是通过记录在竹简上成书的，其中包含大量格言警句，以散文体行文，而且采用了自由韵体，类似西方的军歌（Minford，2009：xxiii）。在接受孙了兵法网站的访问中，闵福德明确指出，"我尽自己最大的努力去把握我所理解的原文本的文学性，并尽自己所能地在译文中反映原文警句式、诗性和音韵上的特点。在用词、韵律和段落划分上，我花了大量精力，以保证译文最大限度地反映原文的结构"（Minford，2002）。为了保留原文的音韵特色，尤其是长短句杂用带来的节奏感，闵福德通过断句的方式，将原本完整的句子分成两行或者多行，一方面有助于再现原文简洁明快的文风，另一方面，部分译文符合英文诗歌的韵律规则，避免了译文中的韵律流失。例如，原文"形篇"和"势篇"最后都有一句对篇章中心词"形"或者"势"的总结性句型：

例 2：

"称胜者之战民也，若决积水于千仞之谿者，形也。"（"形篇"）（中国人民解放军军事科学院战争理论研究部《孙子》注释小组，2005：28）

"故善战人之势，如转圆石于千仞之山者，势也。"（"势篇"）（中国人民解放军军事科学院战争理论研究部《孙子》注释小组，2005：37）

两个句子结构一样，而且都是用了比喻的方法，归纳了"形"和"势"的内涵所在，虽不在同一篇章之中，但起到前后呼应之效果，符合"形"和"势"对行军作战的重要性。闵福德在译文中充分考虑了两者的内在联系，使用了同样的句式进行翻译，其译文如下：

> A victorious army
>
> Is like
>
> Pent-up water
>
> Crashing
>
> A thousand fathom
>
> Into a gorge.
>
> This is all
>
> A matter of
>
> Forms and
>
> Dispositions. （Minford, 2009：24）

> Skillfully deployed soldiers
>
> Are like round boulders
>
> Rolling down
>
> A mighty mountainside.
>
> These are all matters
>
> Of potential energy. （Minford, 2009：30）

闵福德的译文充分尊重了原文的文体特点。首先，原文"……行也"和"势也"两个短促而有力的结论性论断句式，在译文中得到了忠实地再现，闵福德使用"this (these) is (are)…"定义型句式，而且把 Forms and Dispositions 和 potential energy 放在句末，与原文结构完全对应。其次，闵福德将原文包含三个分句的一个整句，对应译为两个句子，但为了传达原文的节奏，他对两个整句又进行了分行断句，以从形式上创造出停顿，从而形成抑扬顿挫的音韵感。另外，他分别用 crashing 和 rolling down 译积水从高处冲下和石头从高山滚下的势态，而且都单独成行，起到了凸显气势和唤起读者注意力的效果。闵福德对文体的处理方式，体现了他对原文文学性的尊重，呈现出再现原文文学价值的翻译伦理诉求。

丰富的修辞手法是中国典籍文本的一大特点，在译文中保留原文修辞有助于保留原文的语言特点及文学性。但因为中国与英语国家在语言和文化上的差异，要完全保留原文的修辞手法几乎是不可能完成的任务，译者通常会有自己的处理原则和方法。《孙子兵法》仅六千余字，行文简洁流畅，全文没有一处关于具体战例的引用分析，都是从战略层面展开论述，探讨了战争中的普遍规律。孙子不拘泥于细节描述，而注重理论分析，并且善于化繁为简，用通俗的语言进行表述。例如，大量比喻的运用不仅使其论证形象生动，给人以深刻印象，而且还有助于读者更好地理解其军事思想。《孙子兵法》中比喻随处可见，个个精妙，曾有评论认为"庄子妙于用虚，左传妙于用实，兼之者孙子之论兵也"（杨少俊，1992：271）。译者对具体比喻的翻译方法体现了译者的翻译伦理诉求倾向。例如，《孙子兵法》原文"军争篇"中，有一段关于行军作战的描述：

例 3：

故其疾如风，其徐如林，侵掠如火，不动如山，难知如阴，动如雷震。（中国人民解放军军事科学院战争理论研究部《孙子》注释小组，2005：52）

翟译[①]：Let your rapidity be that of the wind, your compactness that of the forest.

In raiding and plundering be like fire, is immovability like a mountain.

Let your plans be dark and impenetrable as night, and when you

---

① 翟林奈译文，下同。

move, fall like a thunderbolt. (Giles, 2000: 27)

格译①: When campaigning be swift as wind; in leisurely march, majestic as the forest; in raiding and plundering, like fire; in standing, firm as mountains. As unfathomable as the clouds, move like a thunderbolt. (Griffith, 1971: 209)

林译②: When the army advances, it is as swift as the wind; when it is immobile, as still as the forest; when the army attacks, as destructive as a fire; when it defends, as immovable as the mountain; when it conceals itself, it is as though hidden behind an overcast sky; and when it strikes, it can be as sudden as a thunderbolt. (林戊荪, 1999: 49, 51)

闵译③: Be rushing as a wind;

　　　　　　Be stately as a forest;

　　　　　　Be ravaging as a fire;

　　　　　　Be still as mountain;

　　　　　　Be inscrutable as night;

　　　　　　Be swift as thunder or lightning. (Minford, 2009: 42)

孙子分别用"风""林""火""山""阴""雷霆"做比喻，形容不同情况下，军队应表现出的状态或态势。对于这一组比喻，翟林奈、格里菲斯、林戊荪和闵福德都在译文中沿用了原文中的比喻方式，且所用喻体基本一致，前面四个词语，几位译者选词相同，分别用 wind 译"风"，forest 译"林"，fire 译"火"，mountain 译"山"。而对于"阴"和"雷霆"，几位译者用词有所不同，尤其是对"阴"的理解与翻译存在明显区别。对于"阴"，翟林奈和闵福德都译成 night，格里菲斯用 clouds，林戊荪译为 hidden behind an overcast sky。那此处的"阴"的真正含义是什么呢？根据《十一家注孙子》对"难知如阴"注疏，李筌解释为"其势不测如阴，不能睹万象"；杜牧释为"如玄云蔽天，不见三辰"；梅尧臣解释为"幽隐莫测"；王晳释为"形藏也"；张预解释为"如阴云蔽天，莫睹辰象"（孙武，2012：129）。五个注释之中，杜牧和张预明确地将"阴"解释为

"乌云遮蔽以至于难见天象"，另外三位虽然没有明确提及"乌云"，但释义都是 "因遮蔽导致情况难辨"。由此可见，林戊荪的翻译最为准确，保留了原文喻体，格里菲斯虽然译出了"云"，但是原文喻体"因乌云遮蔽而情况难辨"被译成"像云一样而难以判断"，比喻形式虽在，但喻体发生了变化，这很可能是译者对原文理解出现了偏差，属于误译。而翟林奈和闵福德将"阴"译为 night 则和原文差距较大，而且在一定程度上破坏了这一组比喻喻体内在的和谐统一性，原文中的喻体都属于自然实物（云和雷也具有一定的实体性），而 night 则是时间概念，不具有实体性。这是因译者能力所限而产生的误译吗？本书认为，这似乎与格里菲斯的误译并不相同，后者的产生源于译者自身对原文的理解能力。作为汉学家的翟林奈和闵福德，他们对原文的理解能力应该不会弱于格里菲斯，而且两人都是以《十一家注孙子》为翻译底本，完全有机会也应该了解各名家对"阴"字的注释，并由此理解原文的本意。这一点，可以在他们引用的注释中得到证明。例如，闵福德在其译文"Be inscrutable as night"后，引用了张预的话作为注释，其英文译文为"When dark clouds cover the sky and it is impossible to detect the first light of morning"（Minford，2009：204）。

翟林奈的情况也与此类似，即译者明明知道"阴"的含义（或绝大多数学者对"阴"的解释），但依然选择了用另外 night 来翻译"阴"，这可以看作是一种"创造性叛逆"（creative treason）。此术语由法国文学社会学家罗伯特·埃斯卡皮（Robert Escarpit）提出，他认为"翻译总是一种创造性的叛逆"，其中"创造性"是指译者凭借自己的创造能力，努力使译作接近或再现原作的一种努力；而"叛逆"则是指译者为了达成某种愿望而不得不造成的译文对原作的客观背离或叛逆（谢天振，1999：137）。因为与原作相比，译作发生的参照体系（如语言、文化、社会等因素）完全不同，译者是为了某种需要（如读者接受、意义传达等），对原文内容做出的"叛逆"。非常有趣的一点是，翟林奈的这种做法很可能是受其父亲翻译思想的影响。他的父亲是著名汉学家翟理斯，翻译过《聊斋志异》《道德经》等多部中国典籍和大量诗歌，在其英译作品中就可以发现"创造性叛逆"的译例。例如，在翻译唐朝诗人杨巨源的《城东早春》时，翟理斯将 "诗家清景在新春，绿柳才黄半未匀"译为：

例 4：

The landscape which the poet loves is that of early May,

When budding greenness half concealed enwraps each willow spray.

（转引自谢天振，1999：138）

　　从中国的时序角度来看，early May 已不能称作"早春"，而且在五月初，中国大部分地区的柳树早已枝繁茂盛，静待初夏了。在中国不同城市生活工作多年的翟理斯不可能不知道这一情况，译为 early May 应该是译者的"创造性叛逆"。究其原因，译者可能存在两方面的考虑：一方面可以用 May 和 spray 传达原诗中"春"和"匀"的押韵；另一方面，对于英国季节来说，early May 还可以算是"早春"。这既体现了译者重视原文文学性的翻译伦理诉求，又在一定程度上呈现出尊重译入语文化的伦理诉求。也许在译者看来，如果遵循再现伦理，真实再现原文内容，将其译作 early March 不仅会失去原诗韵律，而且可能不易于读者接受理解，因此他通过"牺牲"一种翻译伦理诉求，"保全"另外两种翻译伦理诉求的方法，对原文进行了"创造性叛逆"的翻译策略。这是译者在面对不同翻译伦理诉求发生冲突时的一种个人选择。

　　回到上面提到的例子，翟林奈和闵福德在明知"阴"在原文中含义的情况下，将其译为 night，而且都使用了 *adj.*+as night 结构，尤其是闵福德，为了保持原文的简洁和译文结构的一致性，对这一组比喻都使用了 *adj.*+as+*noun* 的句型结构。翟林奈虽然没有使用相同的句型翻译这一组比喻，但是他在译文中全部使用名词翻译原文中的喻体"风、林、火、山、阴、雷"。由此分析，译者为了尽量传达原文文体和修辞特点，需要使用一个名词翻译"阴"，但他们认为 cloud 无法传达原比喻的含义，所以用 night 译"阴"。根据译文需要和译者自身理解，译者对喻体做了细微的改变，呈现出尊重原文文学性的伦理诉求，同时也"暂时"放弃了真实再现原文内容的伦理诉求。

　　然而，即使译者使用了相同的英文词汇翻译原文喻体，译者对喻体本身特点的解释和是否需要在译文中将其显化仍会表现出不同的选择。例如，四位译者对"雷霆"的翻译选词基本一致，除了闵福德用了 thunder or lightning，其余三位译者都用 thunderbolt。但对于原文"动如雷霆"，翟林奈和格里菲斯未将喻体特点进行"显化"的表达，把理解的任务留给了读者；而林戊荪和闵福德则译出各自对"雷霆"的理解，前者强调 sudden 后者强调 swift。对于"雷霆"，《十一家注孙子》中评论家也存在不同解释，李筌认为是"盛怒也"，杜牧解释为"如空中击下，不知所避也", 王皙认为是"不虞而至", 其余几位解释相近, 都强调"雷霆"快的特点, 如太公的"疾雷不及掩耳", 梅尧臣的"迅不及避"(孙武, 2012: 129)。从不同评论家注释可以看出喻体"雷霆"在原文中的含义可能包括"突然"和"迅速"两层含义, 但考虑到第一句的"其疾如风"已包含"迅速"这一特点, 孙子用"雷霆"一词, 表达的主要含义应该是"军队行动作战出乎敌人意料","行动迅速"可能只是第二位的。由此看来, 也许林戊荪的 sudden 比闵福德的 swift 可能更接近原文, 但两者在选择将喻体的某个特点"显化"表达时, 同时牺牲、放弃了喻体的其他特点。从这一点来看, 翟林奈和格里菲斯的做法最为"传真", 不仅给读者以思考和阐释的机会, 还保留了喻体多方面的特点。

通过以上翻译实例分析可以看出, 译者在典籍英译通常会尽量保留原文中比喻, 包括尽量使用相同的喻体, 这体现了译者尊重原文文学性的翻译伦理诉求。然而在具体翻译实践中, 因为行文结构、文体、读者和译入语文化等因素的制约, 为了这种翻译伦理诉求, 译者不得不更改原文喻体, 放弃忠实再现原文的翻译伦理诉求, 这体现出译者面对两种不同翻译伦理诉求做出的选择。

此外,《孙子兵法》中常见的修辞还有排比、对偶、顶针等。它们的运用不仅仅增强了文章论述的气势, 而且使论证之间衔接紧凑, 从而增强了论证的逻辑性与说服力。对于这些修辞的处理方法也同样体现了译者的翻译伦理诉求。

"对偶"是中国古代典籍中常用的修辞方法之一, 通常以字数相同、句法相近的语句描述具有相反或相类关系两种事物。通过这种对比, 不仅可以使两者之间的"异同"跃然纸上, 便于理解, 而且还可以增加文章的可读性与气势。英语与汉语的"对偶"最为接近的修辞手法称为antithesis, 虽然译为"对比或对偶", 但实际上, 它和汉语的"对偶"不完全一样, antithesis 是指"不可调和的对立面或对比强烈的意思骈置一道并处于持久的张力中"(汪洪章, 2004: 224)。汉语对偶要求两个句子不仅结构相同, 而且字数一样, 英语因语言自身特点的关系, 其对偶没有严格的字数要求, 通常句式相同, 长度大致一样即可。本书以"虚实篇"中的一组经典对偶句的翻译, 分析其中的译者翻译伦理诉求:

例 5:

　　夫兵形象水, 水之形, 避高而趋下; 兵之形, 避实而击虚。水因地而制流, 兵因敌而制胜。故兵无常势, 水无常形。

（中国人民解放军军事科学院战争理论研究部《孙子》注释小组，2005：46）

翟译：Military tactics are like unto water; for water in its natural course runs away from high places and hastens downwards. So in war, the way is to avoid what is strong and to strike at what is weak. Water shapes its course according to the nature of the ground over which it flows; the soldier works out his victory in relation to the foe whom he is facing. Therefore, just as water retains no constant shape, so in warfare there are no constant conditions. （Giles, 2000: 23）

格译：Now an army may be likened to water, for just as flowing water avoids the heights and hastens to the lowlands, so an army avoids strength and strikes weakness.

And as water shapes its flow in accordance with the ground, so an army manages its victory in accordance with the situation of the enemy.

And as water has no constant form, there are in war no constant conditions. （Griffith, 1971: 204）

林译：Now the law governing military operations is as that governing the flow of water, which always evades high points, choosing lower ones instead. To operate the army successfully, we must avoid the enemy's strong points and seek out his week points. As the water changes its course in accordance with the contours of the terrain, so a warrior changes his tactics in accordance with the enemy's changing situation. There is no fixed pattern in the use of tactics in war, just as there is no constant course in the flow of water. （林戊荪, 1999：43,45）

闵译：Military dispositions

　　　　Take form like water.

　　　　Water shuns the high

　　　　And hastens to the low.

　　　　War shuns the strong

　　　　And attacks the weak.

Water shapes its current
From the lie of the land.
The warrior shapes his victory
From the dynamic of the enemy.

War has no
Constant dynamic
Water has no
Constant form.　（Minford, 2009: 37-38）

　　对原文中的三组对偶，四位译者中只有闵福德在译文的句型结构上，再现了三组对偶，对偶两句运用相同的句型，而且两句的字数都基本一样，只有个别冠词和介词的出入。第一组对偶句，两句都使用"…shun… and hastens to (attacks)…"并列句，第一句 9 个词，第二句 8 个词，多出的一个是动词搭配需要，本身无实意的介词 to。第二组对偶句，两句都使用"… shape something from something"句型，第一句 10 个词，第二句 11 个词，多出的一词是 enemy 之前的冠词 the。第三组对偶句，两句都使用"something has no…"句型，且两句字数完全一样，都是 5 个词。甚至在用词方面，闵福德也尽量保留原文特点。原文三组对偶中，两句都有一个相同的词，即第一组的"避"、第二组的"制"和第三组的"常"。他在译文中也采用了相同的英文分别译为 shun、shape 和 constant。尽管有学者会质疑闵福德译文用词的准确性，如用 war 译"兵"，使译文与原文的意义有所出入，但是如果从译文外在形式和修辞特点上分析，闵福德的译文肯定是最贴近原文。这充分体现了闵福德对《孙子兵法》文学价值的推崇和他自身汉学家的身份，体现了闵福德保留、传达原文的文学特点翻译伦理诉求。

　　翟林奈几乎没有考虑从形式上保留原文的对偶句，他根据英语的表达习惯使用了完全不同的句型和短语翻译原文对偶的两个句子，且两句的字数也相差较多。但翟林奈根据自己的理解，在语义方面，努力向读者传达原文对偶句的特点。他通过在译文中加入连接副词，从语义上保留原文对偶句的内在联系。例如，他在第一和第三组对偶句之间加入了 so。虽然原文两句之间关系是否可以用 so 来连接，还有待商榷，但它的确起到了串联两句的作用，对原文对偶句算是一种弥补。此外，为了尊重英文的表达习惯和行为的一致性，翟林奈不仅将原文"故兵无常势，水无常形"

调换了顺序，还把"兵"从主语改成了状语 in warfare 译为"… as water retains no constant shape, so in warfare there are no constant conditions"，主要原因可能是为了保持和上面两组句子的一致性，即先"水"后"兵"。至于原文对偶句中相同的三组词语，翟林奈仅把"常"统一译为 constant，"避"和"制"则根据自己的理解，译为不同的单词或词组。这体现了翟林奈的以读者和译入语为中心的翻译伦理诉求。翟林奈译本是最早的《孙子兵法》英译本之一，他明确表达了对卡尔斯罗普译本质量的批评，指出其中存在的误译。这决定了他的翻译伦理诉求——用易于英语读者接受的文字，让西方读者了解《孙子兵法》，纠正卡尔斯罗普译本中的纰漏。

格里菲斯在译文中保持了前两组对偶句形式，使用了相同的句型，第一组用"… avoid… and hasten to （strike）…"，第二组用"… shape（manage）… in accordance with…"。但是受英语语言特点的限制，译文很难保证对偶两句字数相同，格里菲斯对此未作刻意的处理，对偶句之间的字数相差较大。对于第三组对偶，因意义表达的需要，格里菲斯并没有使用相同的句型，而是和翟林奈一样，改变了对偶两句的先后顺序。三组相同的词语，格里菲斯保留了两个，分别用 avoid 译"避"，constant 译"常"。格里菲斯努力保留原文对偶，但是当形式与内容（意义）相冲突时，他选择了牺牲形式，保留内容（意义），这种翻译伦理诉求也符合其对译本价值的定位，军事家出身的格里菲斯更注重忠实地再现原文内容及军事意义。

林戊荪在译文中，保留后两组对偶的形式，使用了大致相同的句子框架，第二组用"… changes something in accordance with"，第三组用 there be 句型。而且他和翟林奈一样，在两句之间加入了连接副词 so 和 as，从意义上把对偶的两个句子串联起来，弥补了形式上的损失。而对于第一组对偶，他不仅没有保留原文对偶形式，还将两个分句拆分成了两个独立的句子，第一句和前面的"夫兵形象水"（Now the law governing military operations is as that governing the flow of water）组成一句，第二句单独成句。对于三个相同的词语，他仅保留了第二组对偶句中的相同词语，用 change 译"制"。林戊荪的译文更像是对原文的一种阐释，其语句结构与原文存在较大差异。对于那些只能读译文的读者来说，他们很难从译文中体会到（或发现）原文中对偶修辞。

《孙子兵法》中另外一种常见的修辞方法是"顶针"，它指用前一句末尾的词语，作为下一句开头，从而使句子之间首尾相连，在意义上起到上传下达的作用，使句子结构整齐，语气贯通，突出事物之间的环环相扣，对于议事说理性的文章而言，顶针的运用使作者的论证更加准确、严谨和周密。例如，《孙子兵法》中有这样一个句子：

例6：

地生度，度生量，量生数，数生称，称生胜。（中国人民解放军军事科学院战争理论研究部《孙子》注释小组，2005：28）

孙武将"度""量""数""称"重复连用，准确、严密地表达了军队根据对地形的判断，推出战场容量，进而估计双方投入兵力，将两者进行对比衡量，得出胜负判断的这一逻辑论证关系（中国人民解放军军事科学院战争理论研究部《孙子》注释小组，2005：30）。顶针的运用使论证环环相扣，各因素之间紧密相连，增强了文章的说理性。如换成普通句型，必定会削弱原文的气势，影响其说服力。对此修辞，四位译者的译文分别为：

翟译：Measurement owes its existence to Earth; Estimation of quantity to Measurement; Calculation to Estimation of quality; Balancing of chances to Calculation; and Victory to Balancing of chances. （Giles, 2000: 14）

格译：Measurements of space are derived from the ground. Quantities derive from measurement, figures form quantities, comparisons from figures, and victory from comparisons. （Griffith, 1971: 88）

林译：Measurements of space refers to the difference in the territories of the opposing parties; from that derives estimation of quantity, which refers to the difference in the resources; from that, calculation of numbers, which refers to the difference in the size of their troops; from that, comparison of the relative strengths of their armies and finally, assessment of the material base for the chances of victory.（林戊荪，1999: 29）

闵译：Earth determines

Measurement;

Measurement determines

Estimation;

Estimation determines

Calculation;

Calculation determines

Comparison;

Comparison determines

Victory.（Minford, 2009: 24）

　　翟林奈和格里菲斯按照英语的表达习惯，淡化了原文中的顶针修辞，译文失去了原文环环相扣、逻辑紧密的特点。翟林奈用"owe…to…"翻译"生"，改变了原句中的主语和宾语关系，如"地生度"对应译为 Measurement owes its existence to Earth，"度"由原文中的宾语成分变成了译文中的主语。从语义表达方面这毫无问题，且符合英语的表达习惯，但完全破坏了原文的顶针效果，因为原文中重复出现、首尾相连的词语在译文中分别出现在前句的句首和后句的句尾，连贯之势全无，削弱了论证气势。从修辞角度而言，因使用了相同的句型（owe …to…），且后面省略了动词结构，从而使译文呈现出排比效果。格里菲斯采用了相同的翻译策略，他用 be derived from 翻译"生"，但也因此同样改变了原文中主宾关系，从而使顶针的修辞无法保留。译者采用这种翻译策略的原因为何？难道是译者没有认识此处的修辞？如果说军事家出身的格里菲斯未能认知到此处的修辞还勉强可以解释，但身为汉学家并且翻译过多部中国典籍的翟林奈是不太可能不知道这里的顶针修辞的。两位译者放弃传达顶针的修辞体现了他们尊重译入语语言表达习惯的翻译伦理诉求。而林戊荪的译文虽然不如两位西方译者的译文简洁，更趋向于充分阐释原文内涵，但他显然意识到了顶针对此句的重要性，虽然没有完全保持原文首尾相连的特点，但他连用三组 refer to 和 from that 将原文的"度""量""数""称"四个因素串联起来，表明了它们之间的逻辑关系和环环相扣的特点，这是译者在译入语表达方法和原文修辞特点之间的一种折中处理。译者采用杂合的翻译方法处理两者之间的矛盾，体现了译者面对两种翻译伦理诉求"难以取舍"的困扰。闵福德的译文是四个译文中唯一完整保留了原文顶针修辞的译文，他使用 determine 一词保证了原文中的主宾关系，还利用断句分行的办法，使每组重复词语出现在相邻两行，从而使得两个相同词语垂直对齐，从视觉效果上增加了译文顶针修辞的连贯性。当然为了实现与原文的形似——简洁的顶针修辞，译文在传达原文思想和读者接受方面可能不如另外的三个译文，普通读者可能无法仅凭译文理解原文要表达的内涵。这体现了闵福德以原文为中心的翻译伦理诉求，尤其是对原文文学性的尊重，这与闵福德汉学家、文学家的身份相吻合。当然闵福德也并非完全不考虑读者，毕竟他的书中还提供了一个带注释的译文，在注释中，他不仅提供了曹操和杜牧关于此句的注疏，引用《道德经》中的名句与此句形成对比，还结合李约瑟（Joseph Needham）对此句的评论，给出了自己对这个句子的理解，并对四个核心词语进行了具体解释（Minford，2009：158-159）。

通过分析四位译者对《孙子兵法》文体和修辞这一类文学特性的处理方法和翻译策略，可以发现，因译者对原文文学性重视程度的不同，译者对译本价值判断不尽相同，译文从而呈现出不同的翻译伦理诉求，或以忠实再现原文内容为主要伦理诉求，注重原文意义的传达，在译文形式上做出一定让步，如翟林奈和格里菲斯的译本；或以尊重原文文学性为主要伦理诉求，尽力保持原文文体和修辞特点，如闵福德，他的译文在文体结构和语言修辞方面异化程度非常高；或者采用杂合翻译策略，在不同翻译伦理诉求之间寻求一种平衡，如林戊荪的翻译在保障内容的前提下，也尽量在译文中保持原文的文学性。

二、读者期待对典籍英译价值的影响

读者期待是影响典籍价值的第二个因素，它体现了读者作为主体对于客体价值的判断与接受，译者对读者期待的判断会影响译者的翻译伦理诉求，本节将对典籍英译本的读者期待进行分析。根据读者的民族属性，典籍读者人群可以分为：英语文化读者、汉语文化读者和其他文化读者三个类别。分析读者期待，需要结合具体历史语境和读者教育背景。

在以传播中国文化为首要目的的背景下，典籍英译本的主要读者人群是英语文化读者，以英国和美国两个国家读者为主。他们阅读中国典籍译本的主要目的是了解中国文化、文明和历史发展。早期的典籍英译活动可以追溯到明末清初，进入中国的传教士译介了很多中国典籍，为西方世界打开了认识中国的窗口，也在一定基础上"成就"了西方视域中的中国形象。了解、认识神秘的东方古国是这个时期读者阅读典籍英译本的首要目的，中国文明自此进入西方读者的视野。19世纪中叶，随着鸦片战争爆发，西方列强大肆掠夺中国的资源，这个时期的典籍英译活动可以分为两种类型：西方传教士为译者，向西方介绍中国文化、历史和文明的译介活动，其目标读者是英美国家想了解中国文化，以便更好地与中国打交道，从中获取更多利益的人群；中国译者旨在向世界传播中国文化，树立良好的中国形象的译介活动，其目标读者是西方国家对中国文化感兴趣的读者，包括学术界的专业读者。中华人民共和国成立后，在政府政策的支持下，国内的出版社出版发行了大量中国典籍英译本，译者主要以中国译者为主，其中还有一些长期生活在中国的西方译者。虽然这些译本的目标读者以英语文化读者为主，还包括懂英语的中国读者，但在实际传播中，后者对译本接受和评价都好于前者。改革开放后，随着中国政治经济文化的发展和中国世界地位的提高，越来越多的西方读者对中国文化产生兴趣，西方出版商也在此期间出版或再版了不少典籍英译本，其目标读者很明确，就是英语文化读者。以《孙子兵法》四个译本为例，译者的翻译都在一定程度上受到了所在时代目标（或潜在）读者的阅读期待的影响。翟林奈译本出版于 1910 年，那时的西方读者愿意了解被炮艇打开国门的中国，他们以一种居高临下的姿态对弱势文化表达关注，翟林奈译本旨在向西方读者介绍《孙子兵法》所蕴含的中国文化和军事思想。格里菲斯译本出版于 1963 年，在第二次世界大战中，中国取得了抗日战争的胜利，学习和理解《孙子兵法》的精髓以及毛泽东军事思想，是当时军界读者的主要阅读期待。林戊荪和闵福德的两个译本诞生于当代，中国的国际地位极大提高，西方读者了解和学习中国文化的热情空前高涨，中国文化的弱势地位已经得到了很大的改观，西方读者更多是以一种相对平等的姿态了解和学习中国文化。这正可以解释，与同为汉学家的翟林奈相比，闵福德采用了更多的异化翻译策略。

读者期待包括读者审美需求和接受能力两个方面，两个具体情况都会影响典籍价值定位与实现。因此译者对读者期待的判断与态度，都会体现在他们的翻译伦理诉求之上。

三、赞助人对典籍英译价值的影响

如前文分析，中国典籍英译活动的赞助人主要为三种类型：中国的社会团体（如出版社、新闻集团、研究机构）；英美国家的社会团体（出版社、新闻集团、研究机构）；译者自发的翻译活动（至少在翻译过程中没有明确赞助人）。其中第三种情况下，出版译本的出版社会在发行审查环节扮演赞助人角色，影响译者的翻译活动。

中国赞助人和西方赞助人在翻译目的、诗学规范和意识形态方面存在着明显差异。中国赞助人通常对原文本文化怀有更强的认同感。例如，出版了大量典籍英译本的中国外文出版社隶属于中国外文局，后者作为中央所属事业单位，是承担党和国家书、刊、网络对外宣传任务的新闻出版机构。因此，外文出版社在组织译介典籍的活动中必定是以我国主流意识形态和价值观为导向，译介的目的也应该符合国家的利益，有益于中国文化的推广与发展。

典籍英译活动中，西方赞助人主要以出版商的角色出现，商业利益往往是他们对典籍英译价值的首要定位。但鉴于不同的背景，出版商对典籍英译价值的理解也各有侧重。例如，有的出版商偏重译本的学术价值，如牛津大学出版社；有的可能更看重译本的商业价值，即经济回报，如著名的企鹅出版集团，他们在译本选材、翻译过程、发行策划和市场推广方面有着非常丰富的经验，对典籍价值的定位更符合西方读者的期待，由他们出版的典籍英译本往往非常受西方读者欢迎，如"企鹅经典系列丛书"中的霍克斯英译《红楼梦》和闵福德的《孙子兵法》，以及近年出版的《狼图腾》。其中有两个问题需要引起注意：第一，商业利益是这些出版社的首要考虑因素，西方读者对中国文化的兴趣和了解中国的愿望为典籍英译创造了商机，因此译本的接受是出版社最关注的问题，当然这并不是否认译本传播中国文化的价值，但这个价值处于从属地位；第二，从宏观层面分析，这些知名出版商代表的是英、美主流文化和意识形态，其价值观是以英、美文化为中心的。典籍英译本是西方了解、认知中国的途径，目的是帮助他们更好地处理与中国相关的事务。如格里菲斯英译本《孙子兵法》的主要价值是，为军事人员理解中国乃至远东军事战略思想和相关战事而服务。

在中国典籍英译历史中，有一些典籍英译活动是译者自发开展的，至少在翻译之初，没有出现赞助人的角色。如清末民初，出于对西方译者英译中国典籍质量的不满，著名翻译家辜鸿铭英译了《论语》《中庸》和《大学》，其翻译目的就是澄清西方译者对中国文化的"歪曲"或"误解"，让西方了解中国文化本真面貌。他的翻译活动属于一种自发行为，呈现的翻译伦理诉求也未受到赞助人影响。《论语》和《中庸》的英译本分别于 1898 和 1906 年在上海出版发行，但第三部《大学》在当时未能正式出版，这印证了赞助人对于典籍英译的重要作用。没有赞助人的支持，译本的出版和发行无从而谈，译本自身的价值无法得到最好实现，译者翻译目的和翻译伦理诉求也就很难实现。这要求译者在典籍英译选材和翻译过程中，寻求赞助人的支持，了解其需要，提供满足其要求的译本，只有这样才能保证译本价值和自己翻译伦理诉求的实现。当然这种局面的出现与当时信息传播特点有着密切的关系，清末民初的中国，纸质书是书籍的主要传播方式，而且费用不菲，一般译者无力自行出版图书。译本发行或者传播的方式在信息时代发生了巨大的改变，电子图书和网络的普及极大地降低了图书出版和传播的成本，译者的独立性也会随之增强，译者的翻译伦理诉求和翻译目的对赞助人的依赖性相对下降。关于这一点，本书将在典籍翻译语境中进行具体分析。

显然，从传播中国文化的利益出发，中国赞助人更有利于实现中国典籍英译的价值——传播中国文化，树立良好的中国形象。而对于译者而言，要尊重赞助人的要求，毕竟赞助人为译者的翻译提供物质资助并保证译本得以出版发行。虽然西方出版商有丰富的业界经验，但是我们不能忽略西方出版商所代表的是英美国家的意识形态，是为西方国家的社会和文化服务的，与中国典籍英译的目的始终存在差别。

第二节　典籍英译活动的语境

翻译是一种社会活动，因此要将译文的接受情况、传播效果和翻译价值的实现放在它们的时代与社会语境中进行分析。翻译伦理研究也同样具有时代性，研究译者的翻译伦理诉求也需要结合具体历史和社会语境。翻译活动展开的语境主要包括两个方面内容：第一是时代背景，主要指原文文化和译入语文化在世界文化体系中的地位以及两者之间关系；第二是信息传播技术，主要指信息传播的载体、技术和特点。本节将从这两个方面分析典籍英译所处的语境特点。

一、典籍英译活动的时代背景

根据之前对中国典籍英译历史的回顾，典籍英译活动可以大致划分为四个时期，即19世纪之前、19世纪、20世纪初至70年代末和20世纪80年代至今。以下将具体讨论这四个阶段的时代背景对典籍英译活动尤其是译者伦理诉求选择的影响。在此基础上，将分析当今时代背景对译者伦理诉求的影响。

在19世纪之前，典籍英译处于初期发展阶段。明末清初，外国传教士进入中国，随着经济和文化交流的增多，西方世界对神秘的中国产生了极大的兴趣，传教士们开始把中国典籍译介到西方，中国典籍外译进入第一个高峰。在这个阶段的典籍外译活动中，典籍英译也处于起步阶段，伴随英国的"前汉学"研究一起发展，英译的古典文学作品大都转译自其他语言的版本（汪榕培、王宏，2009：222）。例如，以法语版《中华帝国全志》为原文，英国出版了相应英译本《中国通史》。典籍英译初期的主要翻译领域集中在古典文学作品，《好逑传》是 18 世纪英国翻译的第一部中国古典小说。这个阶段时代背景具有三个方面的特点：第一，英语文化还未真正成为世界文化体系的中心，英国的经济和文化仍然处于发展上升阶段。第二，中国处于明清时期，经济文化处于平稳发展阶段，17-18 世纪的康乾盛世让中国经济和文化发展进入了一个阶段性的繁荣期。在西方的眼中，中国形象由"神秘"走向"文明"。第三，中英两种文化直接交流相对较少，很多译本不是从汉语文本翻译，而是根据其他语种译本转译入英语。此外，精通中英两种语言和文化的专业人才也非常稀少。这个时期的译者大都是到中国传教或做生意的外国人，他们在翻译中国典籍时，呈现出以信息交流为主的翻译伦理诉求，也可以说译者自身的语言水平限制了其他翻译伦理诉求的实现，传达信息是彼时译者的"务实选择"。

进入 19 世纪，典籍英译迎来发展期。清朝末期，清政府一直奉行闭关锁国的政策，不仅政治、经济方面缺乏对外交流，文化、科技的发展也限于国内。鸦片战争失利后，英国商人、传教士和外交人员进入中国，他们中一部分人开始学习汉语和了解中国文化，逐渐发展成专业学者，成为英国第一代汉学家。

这个时期的中英两国在政治、经济方面的实力对比发生了变化。清朝末期的中国依然处于封建社会，社会各行业的发展都出现了停滞的局面，而英国在 18 世纪后期到 19 世纪初，完成了工业革命，政治、经济飞速发展，大英帝国开始了它的全盛时期。1914 年，英国占有的殖民地比本土大 111 倍，成为第一殖民大国。中英两国在交往中呈现出了不平衡的趋势，鸦片战争后，英国完全占据了上风，在交往中具有更多的话语权。两国政治经济实力对比的变化，也同样反映到文化领域。中国"文明古国"的形象开始被"封建、落后和愚昧"所替代。在此种历史背景下，典籍英译活动呈现出三个特点：第一，英译典籍数量明显增加，尤其是代表中国传统文化和思想的典籍。第二，典籍英译译者主要以传教士为主，其目的是让西方了解中国文化和传统，从根本上讲，是以传教或传播英语文化为根本或最终目的。同时，由于两国实力对比悬殊，译者或多或少地对中国文化抱有一种居高临下的姿态。第三，中国本土知识分子开始意识到向西方传播中国文化的重要性，他们想通过自己的译本改变西方世界眼中消极的中国形象。中国译者自发地承担传播中国文化的历史重任，如辜鸿铭英译了《论语》（1898）《中庸》（1906）和《大学》（1915）。在这样的时代背景下，西方译者的翻译伦理诉求呈现出一定的矛盾性，一方面，作为学者，他们喜爱中国文化，要将中国文化介绍到英语世界，他们呈现出忠实再现原文的翻译伦理诉求。另一方面，在英国赢得鸦片战争，并在中国大肆掠夺的背景下，西方译者的"民族自豪感"和文化优越感或多或少地会影响其翻译活动，面对两种文化的差异，译者往往呈现出"英语文化至上"的翻译伦理诉求。

20 世纪初到 70 年代末，典籍英译活动进一步深入发展。"五四运动"后，中国文化进入新民主主义文化阶段，中国与西方的文化交流日益增多。这个时期中国经历了巨大的历史变革。辛亥革命、军阀混战、抗日战争和解放战争极大地阻碍了中国的经济发展。新中国成立之后，国内局势得以稳定，但社会的各个行业和领域百废待兴，亟待发展。在两次世界大战影响下，20 世纪的英国经济发展速度放慢。此外，随着第三世界国家的纷纷独立，英国在海外的殖民地也急剧减少，英国的政治、经济影响力有所下降，但英语文化的中心地位却得到了进一步的加强，这一方面是因为长期的殖民统治中，英语文化对殖民地文化产生了深刻的影响。另一方面，美国的崛起巩固了英语文化的话语权和中心地位。在这个时期，典籍英译活动呈现出新的特点：第一，典籍重译现象增多。一些译者对早期译本质量不满意，或因学界对典籍有新的理解，不少译者对典籍进行重译。第二，西方译者在选择典籍的范围进一步扩大，除了代表传统中国文化和思想的典籍之外，更多的文学作品和具体应用领域的典籍也被译入英语，如几部古典小说都出现了英文的全译本。第三，中华人民共和国成立之后，我国政府非常重视典籍英译的文化传播功能，制订了相关政策，组织译者进行典籍英译，传播中国文化。在这个时期，大部分西方译者身份单一，不再具有传教士或其他身份背景，大都是汉学家、文学家或翻译家。他们在英译典籍中更加注重典籍的学术性，注重译本对英语文化、文学的促进作用，他们的翻译呈现出尊重译入语文化的翻译伦理诉求。同时期的中国译者则体现更多民族文化自信，中国译者将英译典籍、传播中国文化视为自己的历史使命，呈现出尊重翻译职业理想的翻译伦理诉求。

20 世纪 80 年代后，伴随着改革开放，中国经济进入了飞速发展时期，国内生产总值逐年提高，现已发展成世界第二经济大国。经济实力的提高使中国在国际政治舞台和文化领域都拥有了更多的话语权。同时，中国的强大，也让西方各国人民对了解中国、认识中国产生了更大的兴趣，西方文化领域产生了新一轮"中国热"，越来越多的外国人开始学习汉语和中国文化。据教育部相关统计，来华留学生人数由 2000 年的 5 万发展到 2009 年 23 万（赵金坡，2011）。在这个时期，美国随着其政治、经济实力的日益强大，逐渐发展成英语文化的另外一个主要代表国，英语文化完全确立了其在世界文化领域的中心地位。虽然中国文化的国际地位得以提高，但依然不能和英语文化的地位相比，两者的交流仍然处在一种非平衡或不平等的状态。随着世界各国文化交流日益增多，中国典籍英译迎来了新的发展机遇，呈现出以下特点：第一，改革开放后我国政府注重对外宣传和文化交流，把典籍外译尤其是英译作为中国文化"走出去"的重要途径，先后组织、资助了多种典籍英译丛书系列，其中规模较大的当属"大中华文库"和"熊猫丛书"。这些丛书的出版发行契合西方读者认识和了解中国的愿望。第二，在 20 世纪 90 年代，随着经济文化交流的增多和信息技术的发展，典籍作品不再是西方读者了解中国的最主要渠道，典籍英译的传播面临新的挑战。第三，国外出版社在组织典籍英译时，读者接受和市场销售是首要因素，更多的当代文学作品被译介到西方。第四，英语国家对中国和中国文化早已形成了"刻板形象"或固有认识，中国典籍英译作品的对外传播依然面临困难。面对这些情况，中国译者呈现出矛盾的翻译伦理诉求，他们希望通过译本传播中国文化，树立积极、客观的中国形象，但同时英语文化的中心地位，让译者呈现出尊重英美读者接受能力的翻译伦理诉求。

典籍英译的四个阶段呈现出不同的时代和社会特点，中英两种文化以及相应的国家政治、经济和社会的变化构建了典籍英译的具体历史语境，这从宏观层面决定了译者的翻译伦理诉求选择。进入 21 世纪后，随着文化全球化和信息技术的发展，典籍英译活动面临新的历史语境，译者的翻译伦理诉求也会受到相应影响。

二、信息传播技术

加拿大学者马歇尔·麦克卢汉（Marshall McLuhan）认为"媒介即信息"，即信息传播的方式和载体在一定程度上比信息本身更重要（郭庆光，1999：36）。尽管这可能夸大了媒介或形式的重要性，但媒介对信息传播的意义重大却是不争的事实。例如，活字印刷术的发明降低了书籍出版发行的成本，极大地推动了科学和社会文化的发展。对于典籍英译活动来说，其媒介或传播载体主要是纸质版图书，这是译本得以广泛传播的必要途径。然而，译本的出版需要一定的经济投入，往往译者个人无法承担，需要借助赞助人或出版社的支持。译本出版后的发行必须通过国家相关文化审查，只有这样译本才能进入市场，供读者选择。迄今为止，绝大部分的典籍英译都是以纸质书出版的形式进行传播。为保障译本的传播，译者的翻译伦理诉求必然会受到赞助人、读者、市场和译入语社会等因素的影响。

随着计算机和网络技术的发展，典籍译本的媒介形式正在发生变化，纸质版图书不再是唯一选择。纸质图书的电子版本和电子出版图书（以下统称为电子书）为译本传播提供了新的选择。电子书和网络技术为典籍英译的传播带来了新的变化：第一，电子书会降低典籍译本的出版发行费用，译者甚至可以通过网络的形式发表译作，相比传统出版形式，赞助人、读者、市场等因素对译者的约束力有所下降，译者的翻译伦理诉求选择呈现出更多的自主性。例如，选择何种文本进行翻译，采取何种翻译策略。第二，读者的接受能力有所提高，这是因为网络让信息传播极为方便，对于不理解的内容，读者既可以通过网络获取相关参考资料，也可以通过社交网络向他人寻求帮助。这为异化"译本"的传播创造了良好的条件。第三，网络时代下，每个人都可以成为媒体和信息源，信息和知识的传播呈现去中心化的趋势，传统诗学和权威观点面临更多考验与挑战，这让典籍译本中的"异质"更容易被译入语社会中的读者所接受，网络传播的特点削弱了译入语自身诗学规范和文化的中心和权威地位。

第三节　典籍英译的译者道德

典籍的价值和翻译语境是影响译者翻译伦理诉求的客观因素，它们会结合译者道德，共同对译者翻译伦理诉求产生影响。"美德翻译伦理——翻译主体的道德研究"一章已经从个人道德和职业道德两个方面分析过典籍译者道德的具体情况。在此就不需要再进行具体分析，对于典籍译者的道德，需要注意以下三个问题。

第一，"尊重"是译者道德的核心价值，是译者的最高追求，也是处理各种伦理冲突的基本原则。这是典籍译者道德的最高境界，它具有普适意义，同时也是译者道德之底线。

第二，译者道德尤其是译者的个人道德具有民族性。这是讨论典籍译者身份时的一个核心问题。无论西方译者如何认同或热爱中国文化，其个人道德的民族属性是无法磨灭的，这必然会反映到他们的翻译伦理诉求之上。

第三，典籍译者道德是译者结合具体翻译语境和情况，处理各种伦理关系的行为准则。对典籍英译的价值判断、翻译语境的分析都依赖于译者道德，并通过译者伦理诉求的形式呈现出来，具体体现在译本中就是译者翻译策略的选择。

　　上文从中国典籍英译自身特点入手，通过分析典籍英译研究中相关问题，可以看出典籍英译的翻译伦理属性。翻译伦理是解释典籍英译活动、解决相关争论和指导典籍英译活动的核心所在。将典籍英译研究置入翻译伦理研究的视域，可以从翻译伦理学的三个领域，即元翻译伦理、规范翻译伦理和美德翻译伦理分别分析典籍英译的各种问题。在元翻译伦理方面，本书厘清了典籍英译涉及的相关概念，如"典籍"的定义、典籍英译的价值和典籍英译活动所涉及的各种伦理问题。在规范翻译伦理方面，根据不同逻辑判断方式，本书将关于典籍英译的现有研究和主张划分为规范翻译伦理目的论和规范翻译伦理义务论两个方面，并结合《孙子兵法》的不同译本的具体翻译实例，对典籍翻译中的具体问题展开了翻译伦理视角的分析，并指出两者都无法单独用来解释典籍英译现象，指导译者翻译活动。美德翻译伦理的提出为规范翻译伦理目的论和义务论的结合提供了可能，美德翻译伦理从译者美德（品德）层面对译者提出要求，其中包括译者的个人道德和职业道德，译者美德成为指导译者行为的核心纲领。对于典籍英译译者，无论从个人道德还是职业道德方面分析，传播中国文化、促进文化交流都应该是译者的最高追求。当然，译者美德同时具有民族性，会影响译者的价值判断，这对于"典籍英译译者的主体之辨"具有借鉴意义。

　　在翻译伦理研究框架内，本书结合典籍英译的具体案例，分析了影响译者翻译伦理诉求的三大因素，即典籍英译的价值、典籍英译的语境和典籍英译译者的道德。"典籍英译的核心价值"一节重点分析了文本特点、读者期待和赞助人三个主要因素对典籍价值定位和实现的影响与制约。"典籍英译活动的语境"一节通过回顾典籍英译的发展历史，具体分析了不同阶段的时代背景对译者伦理诉求的影响。同时，结合信息技术的发展，分析了传播方式对典籍价值和读者带来的影响。在分析两个客观因素之后，又分析了主观因素，即译者道德的特点，及其对译者翻译伦理诉求的影响。

第十三章　结语与展望

第一节　结　　语

本书借鉴伦理学学科相关理论与研究方法，提出将翻译伦理研究置于伦理学的视域之下，从哲学的高度，以科学的方法展开翻译伦理研究。本书将伦理学的三大分支元伦理学、规范伦理学和美德伦理学投射到翻译伦理研究之中，提出翻译伦理研究也对应包括三个领域，即元翻译伦理、规范翻译伦理和美德翻译伦理，三者构成了翻译伦理研究的整体框架。这是本书的主要创新之处。

本书认为，现有的主要翻译伦理理论基本属于规范翻译伦理的范畴，都是以制订翻译行为的准则和标准为目的而展开研究。具体而言，皮姆和切斯特曼的翻译伦理思想呈现出更多的规范伦理目的论特点；而贝尔曼和韦努蒂的翻译伦理思想则呈现出更多的规范伦理义务论倾向，将"彰显异质或他者"作为翻译行为的义务。此外，美德伦理也在切斯特曼和韦努蒂两人后期的翻译伦理思想中有所体现，只是没有被明确提及或受到应有重视。规范翻译伦理视角有助于我们对现有翻译伦理思想形成更深刻的认识，发现它们所处困境的原因。

在伦理学观照下，本书构建了翻译伦理研究整体框架，将翻译伦理研究分为纯理论研究和应用性研究。元翻译伦理属于纯理论性研究，是翻译伦理研究的首要问题，这是因为对于任何一个学科，元理论是其学科建立的根基所在。在元翻译伦理研究中，我们定义和分析了翻译伦理的核心概念，如翻译价值、翻译伦理、译者伦理和翻译伦理诉求以及翻译伦理诉求的层次性，其中翻译伦理诉求这一概念是本书的创新之一。译者对翻译伦理诉求的选择体现在译者选材、翻译策略和方法之中。翻译活动中存在不同的伦理关系，译者的翻译伦理诉求是一个复数概念，即译者会呈现出不同翻译伦理诉求，这些诉求之间具有一定层次性，译者的选择往往受到翻译价值、翻译语境和译者个人道德的影响。

根据研究对象，应用性翻译伦理又分为规范翻译伦理和美德翻译伦理，前者注重对翻译行为的研究，后者则以译者美德为研究对象。根据不同的逻辑判断方法，规范翻译伦理可以分为目的论和义务论两个分支。目的论者以翻译目的的实现情况（如译文传播和读者接受情况等）为依据，规范译者翻译行为。义务论者则从翻译的义务出发，认为翻译行为必须尽到某些义务，才能保障翻译目的的实现。目的论和义务论两者之间具有一定的矛盾性，而美德翻译伦理正是解决这个矛盾的关键。与规范翻译伦理关注行为如何和应该如何相比，美德翻译伦理以人为本，注重译者道德的研究，在美德翻译伦理看来，译者的美好道德是实现翻译目的的保障。译者道德包括个人道德和职业道德两方面的内容，前者是有关译者社会属性的道德，后者与翻译职业密切关联。前者是后者的基础，一般通过后者影响译者翻译活动。由于个人道德包含多种不同的美德品质，而且因民族和社会、历史环境的差异性，本书借鉴"全球伦理"这一概念，探寻适合译者个人道德中具有普适性和底线性的道德品质。两者都蕴含着一条相同的道德，即"尊重他人"。本书认为，"尊重他人"应该是译者个人道德的核心内容，是解决所有问题的基本准则。在理想语境条件下，译者对翻译中各个主体的尊重与译者对翻译职业理想的追求是完全一致的，它们都要求译者彰显"他者"，实现翻译的历史任务——传播文化，促进文化间的交流乃至人类社会发展。

在理论与实践结合方面，本书认为，翻译伦理诉求是翻译伦理理论与翻译实践相结合的契合点，译者的翻译伦理诉求决定了译文的最终状态，影响译者伦理诉求的因素主要来自主、客观两个方面。客观方面包括翻译价值和翻译语境，翻译价值的确定与实现又受到原文文本、读者期待和赞助人的影响，是翻译伦理诉求的基础。翻译语境是翻译价值实现的外部条件，包括时代背景和信息传播技术两个方面，它们在一定程度上制约或促进价值的实现。译者道德是影响翻译伦理诉求的主观因素，译者根据翻译价值，结合所处语境，依据主观道德判断来决定如何协调翻译过程中各种伦理关系，即选择哪些翻译伦理诉求。翻译伦理诉求为翻译实践中的译者行为、策略和态度提供了理论支撑，是翻译伦理研究结合翻译实践的关键所在，这也是本书的创新之处。

中国典籍英译是传播中国文化，树立中国形象的重要途径之一。根据本书构建的理论框架，典籍英译研究也主要包含三个方面的问题，即元翻译伦理、规范翻译伦理和美德翻译伦理。元翻译伦理研究确定了典籍英译核心概念的定义与特点，如典籍英译的内涵、特点、价值定位，并对其中的翻译伦理诉求进行了分析。译者在典籍英译活动中会呈现出不同的伦理诉求，这些诉求之间有时存在一些矛盾，译者需要对其做出选择或排序。

在典籍英译实践研究方面，本书发现规范翻译伦理目的论和规范翻译伦理义务论都对典籍英译具有实质性的指导作用，可以解释典籍英译中的一些现象，如译者的翻译目的和翻译策略。规范翻译伦理目的论者认为，典籍英译可以以英译目的的实现情况为规范和评价翻译行为的标准。而规范翻译伦理义务论者则认为，典籍英译活动中译者具有一定的义务，是译者必定要遵循和保证实现的，只有这样典籍英译才是符合伦理规范的。规范翻译伦理目的论和义务论都会对译者产生影响，这可以解释为什么译者在同一译本中会体现出不同的翻译策略，呈现出"矛盾"的选择。美德翻译伦理可以化解两者间的矛盾。对于典籍英译译者来说，"尊重"是他们在典籍英译中应该具备的基本道德元素，是每名译者应该具备的道德。此外，译者道德的民族性是一个不容忽视的问题，会影响译者的翻译伦理诉求。

典籍译者的翻译伦理诉求是翻译伦理在典籍英译中的具体表现形式。价值、翻译语境和译者道德是影响译者翻译伦理诉求三大要素。典籍的价值往往不是单一的，会体现多重价值，译者对典籍价值理解和定位会影响其翻译伦理诉求的选择。翻译语境方面，随着时代变迁，中国国际地位的提高也会反映到译者的翻译伦理诉求之上。随着中国综合国力的增强，无论是西方译者还是中国译者都会对典籍中的文化元素表现出更多的尊重，原文中的异质也将更多地得以保留。

第二节　未来展望

本书在批评现有翻译伦理思想的基础上，尝试构建了翻译伦理研究的框架，并以此为理论根据，结合典籍英译展开了具体研究，旨在推动翻译伦理研究的发展，乃至翻译伦理学科建立，并将典籍英译纳入翻译伦理视域进行分析和研究。受时间和材料上的限制，本书还存在一些可以进一步完善的地方。

首先，本书对伦理学相关概念和内容的研究和分析还不够深入，仅从宏观的角度解释了伦理学的发展以及三大分支的特点，实际上这可能只是伦理学的冰山一角。相信对伦理学的深入学习和研究会为翻译伦理研究带来新的启示。

其次，限于篇幅和精力，本书仅选用了中国典籍英译作为案例分析，验证本书提出的翻译伦理研究框架，论证与说服力可能存在一定的局限性。诚然，典籍英译具有鲜明的特色，其文本大多成书于古代，语言使用与不同于现代汉语，涉及的社会文化背景也异于当代，翻译过程中往往包括"语内翻译"和"语际翻译"两个部分，不仅对译者有很高的语言功底和文化背景要求，还涉及了更多的伦理关系，如价值观、文化等元素的时代差异。虽然典籍英译涉及了复杂多样的伦理关系，能在一定程度上，从不同角度验证本书提出的翻译伦理研究框架，但它毕竟不能完全代表其他类型的翻译实践，如应用型文本翻译实践中，翻译发起人（赞助者）往往会有更多的话语权，对译者翻译策略和方法的选择有更大的影响力，这在典籍英译中是相对少见的。因此，以不同类型的翻译实践来验证我们的翻译伦理研究框架，是本研究后续工作的重点之一。同时，在典籍英译内部，本书引用的译例可能也不够丰富，有些分析也可能不够透彻，希望在今后的研究中，能结合更多的典籍译本进行分析。总之，本书力图做到有所创新，但因主客观条件之限制和翻译伦理研究内容和关系之庞杂，提出的翻译伦理研究框架难免有不成熟之处，但是我们希望，也相信本书做出的这些有益探索会引起译界学者的关注，带来更多的讨论，为翻译伦理研究的发展起到些许积极作用。

自翻译伦理概念的正式提出至今，虽有学者倡导建立翻译伦理学，但却始终停留在翻译伦理研究的层面，未能上升至学科的高度，这无疑不利于翻译伦理研究的深入发展。如本书对现有翻译伦理思想的分析，这些翻译伦理思想虽然在提出之时推动了翻译伦理研究的发展，但却后继乏力，归其原因是它们都将研究局限于翻译活动本身，或者某个方面的伦理，未能将研究带入更高的哲学层次。同时，大多数翻译伦理思想缺乏系统性，因此，建立翻译伦理学学科是当务之急，是翻译伦理研究进一步发展的必然保障，一个成熟的学科建立需要统一的术语概念和完整的学科框架。此外，现有翻译伦理思想大都停留在"规范"的层面，即关注翻译行为的"善""恶"，或重视"翻译应该如何"的研究，一定程度上忽视了译者美德研究。美德伦理的引入，为翻译伦理研究带来一个新的视角。对译者道德的分析、思考和深入探索，能帮助我们解决规范翻译伦理无法解答的问题。因此，美德伦理学的理论和研究方法有待译界进一步发掘并加以运用，这将有助于改变翻译伦理研究只关注行为规范，而忽视行为主体的现状，从而推动翻译伦理研究的深入发展。

总之，我们希望本书成为引玉之砖，推动翻译伦理研究的深入发展，并能对建立翻译伦理学学科有所贡献。

参 考 文 献

蔡新乐. 2005. 翻译的本体论研究: 翻译研究的第三条道路、主体间性与人的元翻译构成. 上海: 上海译文出版社.

蔡新乐. 2006. 文化史就是翻译史——陈寅恪的历史发现与其翻译观初探. 外语与外语教学, (10): 53-56.

蔡元培. 2008. 中国伦理学史. 北京: 人民出版社.

曹亚民. 2000. 英语中的汉语借词. 江苏教育学院学报(社会科学版), (4): 91-96.

陈福康. 2010. 中国译学史. 上海: 上海人民出版社.

陈琳, 张春柏. 2006. 文学翻译审美的陌生化性. 清华大学学报(哲学社会科学版), (6): 91-99.

陈水平. 2014. 生态翻译学的悖论——兼与胡庚申教授商榷. 中国翻译, 35(02): 68-73.

崔凤梅. 2007. 义务论和功利论的比较分析. 宿州教育学院学报, (2): 30-32.

刁凡超. 2014-9-18. 拾起译者被遗忘的著作权. 民族与法制时报, 014.

范水生, 朱朝枝. 2011. 基于马斯洛需要层次理论的休闲农业开发探讨. 中国农学通报, (14): 286-290.

方长安. 2002. 论外国文学译介在十七年语境中的嬗变. 文学评论, (6): 78-84.

方薇. 2013. 中西翻译伦理研究: 方兴未艾还是根基未稳?——兼论国内的"翻译伦理"概念界定. 外国语, (4): 86-95.

符蓉, 胡东平. 2014. 典籍翻译的伦理研究视角——以《道德经》中"水"的翻译为例. 淮海工学院学报(人文社会科学版), (7): 53-55.

傅惠生. 2011. 彦琮《辩证论》对我国译论的历史贡献. 中国翻译, (1): 19-23.

葛传椝. 1980. 漫谈由汉译英问题. 中国翻译, (2):1-8.

葛浩文. 2014-4-21. 中国文学如何走出去? ("镜中之镜: 中国当代文学及其译介研讨会"上的主旨发言). 上海: 华东师范大学.

葛校琴. 2003. 女性主义翻译之本质. 外语研究, (6): 35-38.

耿强. 2006. 阐释学翻译研究反思. 四川外语学院学报, (2): 77-82.

耿强. 2010. 文学译介与中国文学"走向世界"——"熊猫丛书"英译中国文学研究. 上海: 上海外国语大学博士论文.

龚群. 2000. 现代西方伦理学的历史承继及其理论特征. 教学与研究, (12): 37-43.

辜鸿铭. 1996. 辜鸿铭文集(下卷), 黄兴涛, 等编译. 海口: 海南出版社.

辜正坤. 1990. 世界名诗鉴赏词典. 北京: 北京大学出版社.

广西军区部队联合注释. 1975. 《孙子兵法》浅释. 南宁: 广西人民出版社.

郭建中. 2000. 当代美国翻译理论. 武汉: 湖北教育出版社.

郭建中. 2008. 韦努蒂访谈录. 中国翻译, (3): 43-46.

郭庆光. 1999. 传播学教程. 北京: 中国人民大学出版社.

韩子满. 2003. 翻译商业化与译者的生存. 上海科技翻译, (3): 71-74.

汉斯·昆. 2002. 世界伦理构想. 周艺译. 北京: 生活·读书·新知三联书店.

何刚强. 2005. 瑕瑜分明, 得失可鉴——从 Arthur Waley 的译本悟《论语》的英译之道. 上海翻译, (4): 15-19.

何怀宏. 1996. 寻求共识——从《正义论》到《政治自由主义》. 读书, (6): 20-28.

何怀宏. 2002. 伦理学是什么. 北京: 北京大学出版社.

何立芳. 2008. 理雅各英译中国经典目的与策略研究. 国外理论动态, (8): 68-71.

洪堡特. 2001. 洪堡特语言哲学文集. 姚小平译. 长沙: 湖南教育出版社, 2001.

侯永胜. 1998. 谈文学翻译中的创作. 解放军外语学院学报, (02):63-68.

胡庚申. 2008. 生态翻译学解读. 中国翻译, 29(06): 11-15+92.

胡庚申. 2017. 若干生态翻译学视角的应用翻译研究. 上海翻译, (05): 1-6+95.

黄海翔. 2009. 论典籍中意识形态的翻译与文化功能对等——基于《孙子兵法》两个英译本的比较为基础的翻译批评研究. 合肥工业大学学报(社会科学版), 23(5): 130.

黄汉平. 2003. 文学翻译中"删节原作"和"增补原作"现象的文化透视——兼论钱钟书《林纾的翻译》. 中国翻译, (4): 26-29.

黄建中. 1998. 比较伦理学. 济南: 山东人民出版社.

黄友义. 2011. 推动翻译立法, 促进翻译行业的健康发展. 中国翻译, (3): 29-30.

黄元军, 覃军. 2010. 苏曼殊翻译实践述评. 佛山科学技术学院学报(社会科学版), (1): 25-30.

黄长奇. 1996. 翻译工作者章程. 中国翻译, (5): 2-5.

黄忠廉, 方仪力. 2017. 基于翻译本质的理论翻译学构建. 中国翻译, (04):5-10+128.

黄中习. 2007. 文化典籍英译与苏州大学翻译方向研究生教学. 上海翻译, (1): 56-58.

黄中习. 2009. 典籍英译标准的整体论研究——以《庄子》英译为例. 苏州: 苏州大学博士学位论文.

霍跃红. 2005. 典籍英译: 意义、主体和策略. 外语与外语教学, (9): 52-55.

季明. 2013. 核心价值观概论. 北京: 人民日报出版社.

季羡林. 1997. 中国翻译词典序//林煌天. 中国翻译词典. 武汉: 湖北教育出版社: 1-2.

贾楠. 2011. 翻译与视野——《狼图腾》英译本的个案分析. 安徽文学, (7): 124-125.

江帆. 2007. 他乡的石头记:《红楼梦》百年英译史研究. 上海: 复旦大学.

江雪莲. 1996. 元伦理学的理论地位和价值. 齐鲁学科, (2): 59-64.

姜秋霞, 杨平. 2004. 翻译研究理论方法的哲学范式——翻译学方法论之一. 中国翻译, (6): 12-16.

姜秋霞, 张柏然. 1996. 是等值还是再创造?——对文学翻译的一项调查与分析. 外语教学与研究, (4): 53-56.

姜燕. 2010. 理雅各《诗经》英译. 济南: 山东大学博士学位论文.

蒋骁华. 2010. 典籍英译中的"东方情调化翻译倾向"研究——以英美翻译家的汉籍英

译为例. 中国翻译, (4): 40-45.

金敬红. 2004. 后殖民主义翻译策略研究. 东北大学学报(社会科学版), (2): 135-137.

康德. 1957. 道德形而上学探本. 北京: 商务印书馆.

柯飞. 1996. 关于翻译的哲学思考. 外语教学与研究, (4): 48-52.

柯平. 1993. 英汉与汉英翻译教程. 北京: 北京大学出版社.

孔汉思、库舍尔编. 1997. 全球伦理: 世界宗教议会宣言. 何光沪译. 成都: 四川人民出版社.

老子. 2007. 道德经. 杨广恩注译. 北京: 民主与建设出版社.

李春华. 2007. 德里达解构主义语言哲学观评析. 求索, (8): 143-145.

李晗佶, 陈海庆. 2020. 技术化时代的翻译伦理研究: 挑战与拓展. 东北大学学报(社会科学版), 22(01): 112-119.

李红玉. 2009. 女性主义翻译的先锋——芭芭拉·戈达尔德. 外国语, 32(02): 62-67.

李建华, 邹晖. 2011. 从规范走向价值的伦理学: 问题、定位与使命. 哲学研究, (8): 110-114.

李宁. 2015. 《大中华文库》国人英译本海外接受情况调查——以《孙子兵法》为例. 上海翻译, (2): 77-82.

李文革. 2000. 中国文化典籍中的文化意蕴及其翻译问题. 外语研究, (1): 42-44.

李玉良. 2009. 《诗经》译本的底本及参考系统考析. 外语学刊, (3): 101-104.

李征. 2013a. 中国典籍翻译与中国形象——文本、译者与策略选择. 长春大学学报, (9): 1147-1151.

李征. 2013b. 翻译伦理观照下的动画电影翻译. 当代电影, (6): 188-191.

李征. 2014. 归化与异的历史溯源. 长春大学学报, (1): 53-56.

林火旺. 2005. 伦理学入门. 上海: 上海古籍出版社.

林戊荪. 2008. 快乐与责——翻译家林戊荪的译海生涯. http://www.taiwan.cn/twrwk/ywysh/200807/t20080725_708445.htm[2014/9/30].

林语堂. 1999. 林语堂作品集. 昆明: 云南人民出版社.

刘卫东. 2008. 翻译伦理的回归与重构. 中国外语, (6): 20-25.

刘晓丽. 2006. 试论文学翻译中的功利主义. 解放军外国语学院学报, (6)66-70.

王宁, 钱林森, 马树德. 1999. 中国文化对欧洲的影响. 石家庄: 河北人民出版社.

鲁迅. 1976. 关于翻译的通信//鲁迅. 二心集(征求意见本). 北京: 人民文学出版社: 194-214.

陆颖. 2011. 珍妮·葛哈德在新中国的重生——评傅东华 1959 年重译《珍妮姑娘》. 社会科学, (8): 183-192.

罗·埃斯卡皮. 1987. 文学社会学. 王美华, 于沛译. 合肥: 安徽文艺出版社.

罗迪江, 盛洁. 2017. 胡庚申的"生态翻译学"思想分析及其本体论立场. 外语教育研究, 5(01): 55-60.

骆贤凤. 2009. 中西翻译伦理研究述评. 中国翻译, (3): 87-95.

骆贤凤. 2012. 后现代语境下的译者伦理研究. 长沙: 湖南师范大学博士论文.

吕俊, 侯向群. 2001. 英汉翻译教程. 上海外语教育出版社.

吕俊, 侯向群. 2006. 翻译学: 一个建构主义的视角. 上海: 上海外语教育出版社.

吕俊. 2001. 跨越文化障碍——巴比塔的重建. 南京: 东南大学出版社.

吕俊. 2002. 翻译学: 解构与重建——论哈贝马斯交往行动理论对翻译学的建构性意义. 外语学科, (2): 87-92.

马红军. 2003. 为赛珍珠的"误译"正名. 四川外语学院学报, (3): 122-126.

马斯洛. 1987. 动机与人格. 许金声等译. 北京: 华夏出版社.

马祖毅. 1998. 中国翻译简史: "五四"以前部分. 北京: 中国对外翻译出版公司.

马祖毅, 任荣珍. 1997. 汉籍外译史. 武汉: 湖北教育出版社.

毛英. 2012. 后殖民主义翻译理论概述. 四川省干部函授学院学报, (1): 31-34.

缪经, 李莹莹. 2011. 翻译伦理视角下的典籍英译——《楚辞》国内英译本探析. 合肥工业大学学报(社会科学版), (10): 116-119.

莫东寅. 2006. 汉学发达史. 郑州: 大象出版社.

莫言. 2000. 我在美国出版的三本书. 小说界, (5): 170-173.

穆雷, 诗怡. 2003. 翻译主体的"发现"与研究——兼评中国翻译家研究. 中国翻译, (01):14-20.

诺德(Nord, C). 2005. 译有所为——功能翻译理论阐释. 张美芳等译. 北京: 外语教学与研究出版社.

欧阳东峰. 2017. 翻译伦理研究的跨学科反思. 社会工作与管理, 17(2): 88-92.

潘文国. 2004. 译入与译出——谈中国译者从事汉籍英译的意义. 中国翻译, (2): 40-43.

潘学权. 2003. 无声的另一面: 食人主义与翻译研究. 北京第二外国语学院学报, (3): 46-49.

彭萍. 2008. 伦理视角下的中国传统翻译活动研究. 北京: 外语教学与研究出版.

钱灵杰, 操萍. 2013. 翻译规范与德庇时《中国小说集》英译. 南昌航空大学学报: 社会科学版, (4): 71-76.

秦越存. 2008. 20 世纪西方伦理学理论发展类型的变迁. 社会科学战线, (8): 49-53.

覃江华. 2010. 英国汉学家蓝诗玲翻译观论. 长沙理工大学学报(社会科学版), (9): 117-121.

任丑. 2008. 目的论还是义务论——伦理学的困境与出路. 武汉大学学报(人文科学版), (4): 401-406.

任文. 2020. 新时代语境下翻译伦理再思. 山东外语教学, 41(03): 12-22.

榕培. 1991. 中国英语是客观存在. 解放军外国语学院学报, (1):1-8.

舍勒. 2004. 伦理学中的形式主义与质料的价值伦理学: 为一门伦理学人格主义奠基的新尝试. 倪梁康译. 北京: 三联书店 .

石春让. 2008. 翻译研究的文化转向与文化研究的翻译转向. 外语教学, (3): 81-84.

石涛. 1999. 孙子兵法的文学成就. 淮北煤师院学报(哲学社会科学版), (3): 75-77.

舒晋瑜. 2005-8-31. 十问葛浩文. 中华读书报, 13.

司显柱. 2005. 中西翻译观对比研究. 外语与外语教学, (3): 45-48.

宋希仁. 2006. 西方伦理学思想史. 长沙: 湖南教育出版社.

宋希仁. 2007. 社会伦理学. 太原: 山西教育出版社.

宋以丰, 曹波. 2019. 翻译伦理的多元论与一元论. 伦理学研究, (01): 114-121.

宋长生. 1988. 职业理想导论. 徐州: 中国矿业大学出版社.

孙会军. 2005. 普遍与差异: 后殖民批评视阈下的翻译研究. 上海: 上海译文出版社.

孙慕天. 2010. 论精髓——兼论认识论基本问题. 江海学刊, (6): 10-16.

孙武撰, 曹操等注, 杨丙安校理. 2012. 十一家注孙子. 北京: 中华书局.

孙武, 孙膑. 2011. 孙子兵法 孙膑兵法. 吴如嵩等校释, 林戊荪英译. 北京, 长沙: 外文
    出版社, 湖南人民出版社.

孙艺风. 2004. 视角阐释文化: 文学翻译与翻译理论. 北京: 清华大学出版社.

孙致礼. 2007. 译者的责任. 中国翻译, (4): 14-18.

谭素琴. 2019. 社会认同下译者身份的翻译伦理. 牡丹江大学学报, 28(05): 111-114.

谭载喜. 1984. 奈达论翻译. 北京: 中国对外翻译出版公司.

谭载喜. 1988. 试论翻译学. 外国语, (03): 22-27.

谭载喜. 2004. 西方翻译简史. 北京: 商务印书馆.

谭载喜. 2011. 译者比喻与译者身份. 暨南学报(哲学社会科学版), (3): 116-127.

唐凯麟. 2006. 西方伦理学流派概论. 长沙: 湖南师范大学出版社.

特里·L·库珀. 2001. 行政伦理学: 实现行政责任的途径(第四版). 张秀琴译. 北京:
    中国人民大学出版社.

涂兵兰. 2010. 论切斯特曼翻译伦理模式. 内蒙古工业大学学报, (1): 32-35.

万俊人. 2002. 制度伦理与当代伦理学范式转移——从知识社会学的视角看. 浙江学科,
    (4): 11-16.

万俊人. 2003. 论道德目的论与伦理道义论. 学术月刊, (1): 75-84.

汪洪章. 2004. 比较文学与欧美文学. 上海: 学林出版社.

汪榕培. 1992. 译可译, 非常译——英译《老子》纵横谈. 外语与外语教学, (1): 26-30.

汪榕培. 2006. 为中国典籍呐喊——在第三届全国典籍英译研讨会上的发言. 中国外语,
    (1): 66.

汪榕培, 黄中习. 2008. 加强民族典籍的英译, 弘扬民族优秀文化. 广西民族研究,
    (04):164-165.

汪榕培, 王宏. 2009. 中国典籍英译. 上海: 上海外语教育出版社.

王大智. 2005. 关于展开翻译伦理研究的思考. 外语与外语教学, (12): 44-47.

王大智. 2009. "翻译伦理"概念试析. 外语与外语教学, (12): 61-63. 168.

王东风. 2004. 解构"忠实"——翻译神话的终结. 中国翻译, (6): 3-9.

王东风. 2008a. 译学关键词: abusive fidelity. 外国语, (4): 73-77.

王东风. 2008b. 韦努蒂与鲁迅异化翻译观比较. 中国翻译, (2): 5-10.

王海明. 2001. 伦理学原理. 北京: 北京大学出版社.

王海明. 2002. 谈元伦理学. 江南社会学院学报, (2): 54-56.

王浩. 2013. 从切斯特曼翻译伦理模式析辜正坤《道德经》的英译. 南宁: 广西大学.

王宏. 2012. 中国典籍英译: 成绩、问题与对策. 外语教学理论与实践, (13): 9-14.

王宏印. 2006. 文学翻译批评论稿. 上海: 上海外语教育出版社.

王宏印. 2009. 中国文化典籍英译. 北京: 外语教学与研究出版社.

王辉. 2003. 盛名之下, 其实难副——《大中华文库·论语》编辑出版中的若干问题. 华中科技大学学报(社会科学版), (1): 37-43.

王宁. 2009. 翻译研究的文化转向: 解构主义的推进. 清华大学学报(哲学社会科学版), (6): 127-139.

王硕, 李萍. 2013. 中西比较视阈下公益慈善的伦理诉求. 道德与文明, (4): 117-124.

王晓元. 2002. 意识形态与文学翻译的互动关系//张柏然, 许钧. 面向 21 世纪的译学研究. 北京: 商务印书馆: 575-588.

王玉樑. 2006. 21 世纪价值哲学: 从自发到自觉. 北京: 人民出版社.

韦晓, 王芙蓉, 张锋. 2000. 论"马斯洛自身实现论"的性质. 云南师范大学学报, (5): 102-105.

魏家海. 2010. 宇文所安的文学翻译思想. 北京理工大学学报(社会科学版), (6): 146-150.

魏清光. 2006. 赞助人对译介活动的操纵. 天津外国语学院学报. (3): 38-41.

魏耀川. 2008. 中译外与中国文化的对外传播. 第 18 届世界翻译大会论文集.

翁显良. 1983. 意态由来画不成?. 北京: 中国对外翻译出版公司.

吴建华. 2004. 中国比较文学的奠基者辜鸿铭新评. 求索, (6): 215-216.

吴莎. 2012. 跨文化传播学视角下的《孙子兵法》英译研究. 长沙: 中南大学博士论文.

谢天振. 1992. 论文学翻译的创造性叛逆. 外国语, (1): 30-36.

谢天振. 1999. 译介学. 上海: 上海外语教育出版社.

谢天振. 2013. 中国文化走出去: 理论与实践//上海市社会科学界联合会编. 中国梦: 道路·精神·力量——上海市社会科学界第十一届学术年会文集.

谢天振. 2013. 中国文学、文化走出去: 理论与实践. 东吴学术, (2): 44-54.

谢天振. 2014. 中国文学走出去: 问题与实质. 中国比较文学, (1): 2-6.

谢寅翠. 2008. Terry L. Cooper 行政责任伦理思想研究. 武汉: 华中师范大学.

辛全民, 高新华. 2010. 中国古代翻译立法及其现代启示. 湖北广播电视大学学报, (5): 77-78.

熊文华. 2007. 英国汉学史. 北京: 学苑出版社.

徐珺, 霍跃红. 2008. 典籍英译: 文化翻译观下的异化策略与中国英语. 外语与外语教学, (7): 45-48.

许保林. 1990. 中国兵书通览. 北京: 解放军出版社.

许钧. 2002. 译事探索与译学思考. 北京: 外语教学与研究出版社.

许钧. 2004. 翻译价值简论. 外语与外语教学, (1): 35-39.

许钧, 袁筱一. 1998. 当代法国翻译理论. 南京: 南京大学出版社.

许渊冲. 1979. "毛主席诗词"译文研究. 外国语(上海外国语学院学报)), (1): 9-17.

许渊冲. 1983. 再谈"意美、音美、形美". 外语学刊, (4): 68-75.

许渊冲. 1984. 翻译的艺术. 北京: 中国对外翻译出版公司.

许渊冲. 1987. 三谈"意美、音美、形美". 深圳大学学报(人文社会科学版), (2): 70-77.

许渊冲. 1993. 翻译是两种语言的竞赛——《红与黑》新译本前言. 外国语(上海外国语学院学报), (3): 23-28.

许渊冲. 1999. 译学要敢为天下先. 中国翻译, (2): 4-9.

许渊冲. 2001. 再谈《竞赛论》和《优势论》——兼评《忠实是译者的天职》中国翻译, (1): 51-52.

许渊冲. 2006a. 典籍英译, 中国可算世界一流. 中国外语, (5): 70-72.

许渊冲. 2006b. 翻译的艺术: 论文集. 北京: 五洲传播出版社.

威尔伯·施拉姆, 威廉·波特. 2010. 传播学概论. 何道宽译. 北京: 中国人民大学出版社.

杨牧之. 1999. 《大中华文库》总序//孙武, 孙膑. 孙子兵法 孙膑兵法. 吴如嵩等校释, 林戊荪英译. 北京, 长沙: 外文出版社, 湖南人民出版社.

杨牧之. 2007. 国家"软实力"与世界文化的交流——《大中华文库》编辑出版启示. 中国编辑, (2): 22-27.

杨少俊. 1992. 孙子兵法的电脑研究. 北京: 解放军出版社.

杨向荣. 2005. 陌生化. 外国文学, (1): 61-66.

杨小梅. 2009. 马克思主义真理观的本质——从实践层面的理解. 新西部, (9): 5-7.

杨晓荣. 1989. 小说翻译中异国情调的再现原则(续完). 外语研究, (4): 16-22.

杨晓荣. 2005. 翻译批评导论. 北京: 中国对外翻译出版.

杨莹, 杨寿康, 王曙. 2018. 伦理学视域中的翻译伦理. 外语与翻译, 25(01): 36-40.

杨造贤. 1994. 一本惊世骇俗的天书——《尤利西斯》简介. 中文自修, (10): 12-13.

杨镇源. 2013. 翻译伦理研究. 上海: 译文出版社.

杨自俭. 2005. 对比语篇学与汉语典籍英译. 外语与外语教学, (7): 60-62.

尹衍桐. 2001. 读者反应与文学翻译——驳读者中心论. 山东师大外国语学院学报, (4): 53-56.

于美晨. 2013. 建国 60 年中国古代文化典籍外译书目研究. 北京: 北京外国语大学.

于艳华. 2011. 翻译伦理视角下的庞德汉诗英译探索. 外国语言文学, (1): 49-53.

余苏凌. 2011. 翟理斯英译《聊斋志异》的道德和诗学取向. 天津大学学报(社会科学版), (5): 466-470.

余晓菊. 2003. 全球伦理不等同于底线伦理. 道德与文明, (2): 36-39.

袁筱一. 2011. 从翻译的时代到直译的时代——基于贝尔曼视域之上的本雅明. 外语教学理论与实践, (1): 89-95.

岳峰. 2004. 架设东西方的桥梁: 英国汉学家理雅各研究. 福州: 福建人民出版社.

张景华. 2009. 翻译伦理: 韦努蒂翻译思想研究. 上海: 上海交通大学出版社.

张曼. 2001. 时代文学语境与穆旦译介择取特点. 中国比较文学, (4): 49-58.

张南峰. 2004. 中西译学批评. 北京: 清华大学出版社.

张全. 2010. 全球化语境下的跨文化翻译研究. 昆明: 云南大学出版社.

张莹瑞, 佐斌. 2006. 社会认同理论及其发展. 心理科学进展, (03): 475-480.

张智中. 2006. 许渊冲与翻译艺术. 武汉: 湖北教育出版社.

赵长江. 2014. 19 世纪中国文化典籍英译研究. 天津: 南开大学博士论文.

赵金坡. 2011. 新世纪以来我国来华留学生教育发展状况、分析及展望. 高教探索, (1): 97-102.

赵祥禄. 2010. 论当代义务论伦理学的困境. 山西师大学报(社会科学版), (5): 14-17.

郑师渠. 2006. 社会的转型与文化的变动: 中国近代史论. 北京: 商务印书馆.

郑述谱. 2005. 关于中国术语学建设的构想. 科技术语研究, (1): 10-13.

郑晔. 2012. 国家机构赞助下的中国文学对外译介. 上海: 上海外国语大学.

郑振铎. 1984. 林琴南先生//罗新璋. 翻译论集. 北京: 商务印书馆.

智量. 2005. 一部名作译本的五十年//杨绛, 李文俊等著, 郑鲁南编. 一本书和一个世界: 翻译家笔谈世界文学名著"到中国". 北京: 昆仑出版社:88-95.

中国人民解放军军事科学院战争理论研究部《孙子》注释小组. 2005. 孙子兵法新注. 北京: 中华书局.

钟明国. 2010. 典籍翻译中译者文化意图与译作文化取向的差异——以辜鸿铭《论语》英译为例. 重庆电子工程职业学院学报, (4): 37-39.

朱安博. 2013. "译可译, 非常译"——汪榕培教授访谈录. 山东外语教学, (3): 3-6.

朱馥芸. 1998. 巴斯德. 石家庄: 花山文艺出版社.

朱徽. 2004. 博大精深 典雅精美——海外版《中国古典文学译文集》(第一卷)简评. 中国比较文学, (3): 178-180.

朱健平. 2008. 翻译研究·诠释学和接受美学·翻译研究的诠释学派. 外语教学理论与实践, (2): 78-84.

朱金香. 1997. 职业伦理学. 北京: 中央编译出版社.

朱生豪著. 朱尚刚整理. 2003. 朱生豪情书. 上海: 上海社会科学院出版社.

朱志瑜. 2009. 翻译研究: 规定、描写、伦理. 中国翻译, (3): 5-12.

庄华萍. 2010. 赛珍珠的《水浒传》翻译及其对西方的叛逆. 浙江大学学报(人文社会科学版), (6): 114-124.

卓振英. 2002. 典籍英译: 问题与对策. 汕头大学学报(人文社会科学版), (3): 23-26.

Abdallah, K. 2012. Translators in production networks: Reflections on agency, quality and ethics (Doctoral dissertation). http://urn.fi/URN:ISBN:978-952-61-0609-0[2015-3-22] Eastern Finland: Doctoral dissertation, University of Eastern Finland.

Benjamin, W. 2000. The task of the translator. Harry Z. tr. In L. Venuti. *The Translation Studies Reader* (pp. 15-23). London & New York: Routledge.

Berman, A. 1984. *L'épreuve de l'étranger: Culture et Traduction dans l'Allemagne Romantique: Herder, Goethe, Schlegel, Novalis, Humboldt, Schleiermacher, Hölderlin*. Paris: Gallimard.

Berman, A. 1999. *La Traduction et la Lettre ou l'Auberge duLointain*. Paris: Editions du Seuil.

Berman, A. 2000. Translation and the trials of the foreign. Venuti L. tr. In L. Venuti. *The Translation Studies Reader* (pp. 284-297). London & New York: Routledge.

Calthrop, E. F. 1908. *The Book of War: The Military Classic of the Far East*. London: John

Murray, Albemarle ST., W.

Chesterman, A. 1993. From "Is" to "Ought": Laws, Norms, and Strategies in Translation Studies. *Target*, 5(1): 1-20.

Chesterman, A. 1996. Teaching translation theory: The significance of Memes. In C. Dollerup and V. Appel (Eds.), *Teaching Translation and Interpreting* (pp. 63-71). Amsterdam: Benjamins.

Chesterman, A. 1997a. Ethics of translation. In M. Snell-Hornby et al. (Ed.), *Translation as Intercultural Communication* (pp. 147-160). Amsterdam and Philadelphia: John Benjamins Publishing Company.

Chesterman, A. 1997b. *Memes of Translation: The Spread of Ideas in Translation Theory*. Amsterdam and Philadelphia: John Benjamins Publishing Company.

Chesterman, A. 2001. Proposal for a Hieronymic Oath. *The Translator*, (2): 139-154.

Cronin M. 2010. The Translation Crowd. *Tradumtica*, (8): 1-7.

Derrida, J. 1985. *The Ear of the Other: Texts and Discussions with Jacques Derrida*. M. Christie (Ed.) & K. Peggy (Tr.). Lincoln& London: University of Nebraska Press.

Gentzler, E. 2004. *Contemporary Translation Theories* (Revised Second Edition). Shanghai: Shanghai Foreign Language Education Press.

Giles. L. 2000. *Sun Tzu on the Art of War*. Leicester: Allandale Online Publishing.

Godard, B. 2001. L'Éthique du Traduire: Antoine Berman et le «virage éthi- que» en Traduction. *Traduction Terminologie Et Redaction*, (14) 2: 49-82.

Goldblatt, H. 2002-4-28. The Writing Life. *Washington Post*, BW 10.

Graham, A. C. 1965. *Poems of the Late T'ang*. London: Penguin Classics.

Hawkes, D. 1973. Introduction. In D. Hawkes, tr. *The Story of the Stone: A Chinese Novel* (Vol I). London: Penguin Books Ltd.

Holmes, J. 1972. The Name and Nature of Translation Studies. In Holmes, 1988: 67-80.

Hung E. 1998. An Anthology of Chinese Literature: Beginnings to 1911. *Translation and Literature*, (1): 121.

Hursthouse, R. 1999. *On Virtue Ethics*. Oxford: Oxford University Press.

Itamar Even-Zohar I. 1990. The Position of Translated Literature within the Literary Polysystem. Poetics Today, (1): 45-51.

Jauss, H. R. 1982. *Toward an Aesthetic of Reception*. Minneapolis: University of Minnesota Press.

Ku, H. M. 1898. *The Discourses and Sayings of Confucius*. Shanghai: Kelly and Walsh, Ltd

Ku, H. M. 1906. *The Universal Order, or Conduct of Life*. Shanghai: The Shanghai Mercury, Ltd.

Lefevere, A. 1992. *Translation, Rewriting, & the Manipulation of Literary Fame*. London: Routledge.

Lovell, J. 2009. Interview: Julia Lovell. https://paper-republic.org/pers/eric-abrahamsen/

interview-julia-lovell/[2014-12-7].

Minford, J. 2002. Minford Interview. http://www.sonshi.com/john-minford-interview.html [2014-9-17].

Munday, J. 2001. *Introducing Translation Studies: Theory and Application*. London, New York: Routledge, 2001.

Newton, K. M. 1988. *Twentieth-Century Literary Theory*. London: Macmillan Education LTD.

Nord, C. 1991. *Text Analysis in Translation*. Amsterdam and Atlanta, GA: Rodopi.

Owen, S. 1990. What is World Poetry?. *The New Republic*, (11): 28-32.

Owen, S. 1996. *An Anthology of Chinese Literature: Beginnings to 1911*. New York: Norton.

Owen, S. 2003. Stepping Forward and Back: Issues and Possibilies for "World" Poetry. *Modern Philology*, Vol. 100, No. 4, *Toward World Literature: A Special Centennial Issue* (May, 2003): 532-548.

Plato. 1955. *The Republic*. London: Penguin Books.

Pym, A. 1997. *Pour une éthique du Traducteur*. Arras: Artois Presses Université, Presses de l'Université d'Ottawa, 1997. *Pour une Ethique du Traducteur*

Pym, A. 1999. Venuti's scandals (review note). http://usuaris.tinet.cat/apym/on-line/reviews/venutireview. html [2014-7-22].

Pym, A. 2000. On Cooperation. http://usuaris.tinet.cat/apym/on-line/intercultures/cooperation. html, [2014-7-16].

Pym, A. 2001. Introduction: The return to Ethics in Translation Studies. *The Translator*, (2): 129-138.

Pym, A. 2003. Translational Ethics and Electronic Technologies. http://usuaris.tinet.cat/apym/on-line/translation/lisbon_ethics. pdf, [2014-7-21].

Pym, A. 2010. *Translation and Text Transfer: An Essay on the Principles of Intercultural Communication*. Tarragona: Intercultural Studies Group.

Pym, A. 2016. *Method in Translation History*. London: Routledge.

Robinson, D. 1997. *Translation and Empire*. Manchester: St. Jerome.

Robinson, D. 2007. *What Is Translation? Centrifugal Theories, Critical Interventions*. Beijing: Foreign Language Teaching and Research Press.

Roth, J. 1995. *International Encyclopedia of Ethics*. London: Routledge.

Schäffner, C. 1999. *Translation and Norms*. Clevedon, Philadelphia: Multilingual Matters.

Schleiermacher, F. 1992. On the different methods of translating. Bartsht, W. tr. In R. Schulte & J. Biguenet (Eds.), *Theories of Translation: An Anthology of Essays from Dryden to Derrida* (pp. 36-54). Chicago and London: The University of Chicago Press.

Sengupta, M. 1990. Translation, colonialism and poetics: Rabindranath Tagore in two worlds. In A. Lefevere, & S. Bassnett (Eds.), *Translation, History and Culture* (pp. 56-63). London: Cassell.

Simon, S. 1996. *Gender in Translation: Cultural Identity and the Politics of Transmission*. London: Routledge.

Snell-Hornby, M. 2006. *The Turns of Translation Studies: New Paradigms or Shifting Viewpoints*. Amsterdam: John Benjamin Publishing.

Sun, T. 1971. *The Art of War*. Griffith, S. B. tr. Oxford: Oxford University Press.

Sun, T. 2009. *The Art of War*. Minford. J. tr. New York: Penguin Group.

Venuti, L. 1995. *The Translator's Invisibility: A History of Translation*. London: Routledge.

Venuti, L. 1998. *The Scandals of Translation: Towards an Ethics of Difference*. New York: Routledge.

Venuti, L. 2000. Translation, community, utopia. In L. Venuti. *The Translation Studies Reader*. London & New York: Routledge.

Vermeer, H. J. 1996. *A Skopos Theory of Translation: Some Arguments For and Against*. Heidelberg: TEXTconTEXT Verlag.